SCANDALEUSE MISÉRICORDE

Quand Dieu dépasse les bornes

En employant les expressions « La Vierge apparaît… » ou « La Vierge dit… », l'auteur et l'éditeur de ce livre n'entendent nullement devancer le jugement de l'Église quant à l'authenticité des apparitions de Marie à Medjugorje. Ils ne font que donner ici leur opinion personnelle ou celle des témoins des faits qui se déroulent à Medjugorje actuellement.

Ils déclarent publier ce livre dans un but d'information et se soumettront au discernement de l'Église dès que celle-ci se prononcera.

ISBN : 979-10-306-0137-4

Société des Œuvres Communautaires, février 2017
Conception de la couverture : Martin Casteres
Photo de couverture : © *Forgiveness,* huile sur toile, Daniel F. Gerhartz

Sœur Emmanuel Maillard

SCANDALEUSE MISÉRICORDE

Quand Dieu dépasse les bornes

EdB

Ouvrages du même auteur aux EDB :

Les Enfants, aidez mon cœur à gagner ! Épuisé.

Medjugorje, la guerre au jour le jour. Épuisé.

Medjugorje, le triomphe du Cœur, les années 90, 1996.

L'extrême miséricorde. Non, Judas, il n'est pas trop tard !, 2000.

L'Enfant caché de Medjugorje, 2006.

L'étonnant secret des âmes du Purgatoire, 2010, 80 pages.

Délivrances et guérisons par le jeûne, version augmentée en 2014. *

La paix aura le dernier mot, Fioretti et témoignages, 2014, 288 pages. *

Mariam de Bethléem, la petite Arabe, 2015, 132 pages. *

* Disponible en version numérique sur notre site :

http://www.editions-beatitudes.com

À Gaby, Anne, Laurence, Bruno et Pascal,
qui ont ajouté à ce livre une touche de beauté,

Aux bons larrons et aux mauvais larrons,
À tous ceux qui se reconnaîtront dans les personnages évoqués
et qui ont soif de bonheur.

PRÉFACE

Le Jubilé de la Miséricorde proclamé par le pape François s'est clôturé avec la fin de l'année liturgique 2016. Cette conclusion n'est évidemment pas un point final, après lequel la méditation de l'Église devrait se focaliser sur d'autres thèmes. L'année de la miséricorde ouvre au contraire une nouvelle étape dans la vie de l'Église, où ce mystère inépuisable doit être toujours davantage compris et accueilli.

Plus l'Église poursuit sa mission dans le monde, plus elle est appelée à vivre de l'infinie miséricorde divine et à en témoigner. Elle est son unique trésor, sa seule vraie richesse ; l'Église n'est vraiment elle-même et n'accomplit la mission qui lui a été confiée par le Sauveur que dans la mesure où elle proclame et communique à tous les cœurs l'amour miséricordieux qui est le cœur de la Révélation.

Le livre de Sr Emmanuel nous offre la chance, avec les récits très variés qu'il propose, de la voir à l'œuvre de manière extrêmement vivante et personnelle. La miséricorde n'est pas une idée abstraite, mais une réalité qui a bouleversé et transformé en profondeur la vie de tant de personnes. Les divers chapitres illustrent la manière dont l'amour bienveillant et gratuit de Dieu peut faire irruption dans une existence humaine et opérer, là où parfois tout semblait perdu, de véritables résurrections.

Cela n'aurait pas beaucoup de sens que de faire une longue préface à un livre dont la force n'est pas celle des discours mais des témoignages vivants. Je voudrais cependant me permettre une petite réflexion sur le thème du pardon.

La miséricorde divine se manifeste sous des formes extrêmement diverses, elle est beaucoup plus large que la seule grâce du pardon. Il n'en est pas moins vrai que le pardon est une des expressions les plus belles et les plus importantes de la miséricorde. Le pardon reçu de Dieu, qui nous libère et reconstruit de manière extraordinaire, mais aussi le pardon que nous sommes capables d'accorder, qui est une des plus belles victoires de l'amour. Beaucoup des récits rassemblés par Sr Emmanuel illustrent ce thème d'un pardon reçu de Dieu, ou d'un pardon donné à l'autre. Pardon qui parfois semblait impossible, mais qui finalement a été accordé par une personne à quelqu'un qui fut un terrible ennemi.

Nous sommes dans un monde épris de liberté. Pourtant, de manière un peu étonnante, notre monde ne se rend pas suffisamment compte de la force libératrice du pardon. On aspire à la liberté, mais on n'en prend pas toujours les moyens ! Un des bienfaits du livre de Sr Emmanuel, à travers les exemples vivants qu'elle nous propose, est de nous aider à prendre conscience de cela. En recevant et en accordant le pardon, on devient vraiment libre.

C'est seulement en accueillant, avec confiance et humilité, le pardon que Dieu est toujours disposé à nous accorder, quelle que soit la gravité de nos fautes, que nous devenons libres. Il y a dans le cœur de tout homme une exigence de vérité que l'on ne pourra jamais totalement éliminer. Qui a péché gravement, qui a commis le mal, pourra autant qu'il voudra chercher à étouffer sa conscience ou se trouver des justifications de tout ordre, il ne pourra jamais se sentir libre à l'égard du mal qu'il a commis sans recevoir le pardon divin. L'homme ne peut pas s'absoudre lui-même. S'il veut être libéré, il faut qu'un jour il reconnaisse en vérité ce dont il a été coupable et invoque la pitié de Dieu. On ne peut se pardonner à soi-même et se réconcilier pleinement avec soi-même qu'en recevant le pardon de Dieu. C'est alors que peut advenir cet incroyable miracle de la miséricorde qui fait que le pire des criminels se sent purifié, renouvelé, pacifié, guéri jusqu'au plus profond de l'âme. De tout le mal qu'il a commis ne reste qu'une chose : une immense gratitude envers Dieu. *« Bénis le Seigneur, mon âme, n'oublie aucun de ses bienfaits. Lui qui pardonne toutes tes offenses, qui te guérit de toute maladie, qui rachète à la fosse ta vie, qui te couronne d'amour et de tendresse ! »* dit le psaume 102. « Le souvenir de mes fautes m'humilie, me porte à ne jamais m'appuyer sur ma force qui n'est que faiblesse, mais plus encore ce souvenir me parle de miséricorde et d'amour » dit Thérèse de Lisieux.

Pour être vraiment libres, nous avons besoin aussi d'accorder le pardon. Tant que je ne pardonne pas à celui qui m'a fait du mal, je serai ligoté à mon passé, et je resterai dépendant de cet ennemi à qui j'en veux et envers qui je nourris des colères et des amertumes. La rancune tiendra dans mon cœur une place qui m'empêchera d'être libre et de vivre pleinement. Le pardon est parfois difficile ; il peut sembler même impossible. Il est une grâce à mendier humblement dans la prière, et il faut parfois beaucoup de temps pour y arriver. Il reste cependant absolument nécessaire. Qui ne pardonne pas ne guérira jamais complètement du mal qu'il a subi et des blessures qui lui ont été infligées.

Dans la société moderne nous prenons grand soin des personnes qui ont été victimes, pour les accompagner, leur permettre d'exprimer leurs douleurs, pour faire la lumière sur leurs souffrances, pour qu'elles obtiennent aussi la vérité et la justice à laquelle elles ont droit. Ceci est une bonne chose. Peut-être cependant oublie-t-on parfois de faire comprendre aux victimes qu'une complète guérison de leur passé ne pourra pas s'opérer si elles ne prennent pas un jour la décision de pardonner. Cette décision n'est pas naturelle, elle demande du courage, mais elle est nécessaire pour trouver la paix, la guérison et la liberté.

La source ultime de tout pardon se trouve en Dieu, dans le cœur infiniment miséricordieux du Père. Les témoignages rassemblés par Sr Emmanuel sont pour nous une invitation à nous tourner avec confiance dans la prière vers cette source généreuse et inépuisable.

C'est à cette source que toutes les blessures de l'homme recevront guérison et consolation. Ceux qui vont y puiser trouveront un jour un bonheur et une joie sans commune mesure avec les souffrances qu'ils ont pu connaître ou le mal qu'ils ont pu subir ou commettre.

Que nous puissions, comme le dit Thérèse de Lisieux, commencer dès cette vie à faire ce que nous ferons pendant toute l'éternité : « Chanter les miséricordes du Seigneur. »

Père Jacques Philippe, cb.

Introduction

Celle qui vous écrit est une rescapée de la miséricorde ! Certes, si je compare mon parcours avec celui de certains personnages de ce livre, Raphaël, Nivaldo, Natalia ou même Bruno qui voulait assassiner Pie XII, ma propre descente aux enfers semble plus *soft*. Toutefois, à cette époque lointaine de ma jeunesse, Jésus m'a sauvé la vie *in extremis* et j'ai pu goûter – comme je la goûte encore – l'immense joie de me plonger dans les bras de mon Créateur et Sauveur, après avoir louché sur les moyens de… quitter ce monde.

Cependant, on n'a pas besoin d'être passé à un cheveu de la mort pour rencontrer la miséricorde, pour découvrir les entrailles maternelles de Dieu qui craque d'amour devant l'abîme de notre pauvreté humaine ! Chacun de nous porte au fond de lui cette soif intrinsèque, viscérale, incontournable, de communion dans l'amour ; aussi, ce livre voudrait vous annoncer une bonne nouvelle : il est possible de trouver cette communion et de la vivre ! Je n'ai pas cherché ici à disserter sur la miséricorde ; j'ai plutôt essayé, comme une chercheuse de perles, de la reconnaître dans la vie concrète de mes proches, au cours de mes missions et dans les récits bouleversants qui m'ont été rapportés comme celui de Maïti (voir chapitre 32).

Avant de commencer votre lecture et de découvrir l'amour qui émane de ces récits, j'ai un conseil d'amie à vous donner : ne dévorez pas les chapitres trop vite comme vous l'avez sans doute fait pour *L'Enfant caché de Medjugorje*[1]. Vous risqueriez de ne pas en tirer tout le bénéfice. Efforcez-vous plutôt de n'en lire qu'un par jour. Dans chaque récit, il y a bien sûr l'intérêt de l'histoire en soi (comme

1. Sr Emmanuel Maillard, *L'enfant caché de Medjugorje*, EdB, 2006.

au cinéma !) et vous serez tentés de passer à la page suivante. Mais au cœur de chaque récit se trouve un message pour votre vie, la plus banale soit-elle, une parole qui cherchera à descendre en vous pour vous fortifier, vous éclairer, vous consoler et vous donner de choisir la vie avec enthousiasme. Arrêtez-vous pour laisser cette parole vous remplir !

Pour beaucoup de nos contemporains, la vie est très dure ; pour certains, elle est même cruelle. Alors, sans toutefois masquer les ombres qui planent sur notre devenir, j'ai voulu donner des pistes pour que vous puissiez dire en refermant le livre : « Oh, comme Dieu est bon, je n'aurais jamais imaginé qu'il soit aussi bon ! » Mon but (secret) est de vous faire tomber dans ses bras ! De vous inviter à y demeurer avec bonheur ! Tous les personnages que j'ai sélectionnés dans ce livre veulent crier que, pour vous aussi, qui que vous soyez, et à portée de main, il y a ce Cœur qui vous aime à la folie. Ils sont d'humbles échos de l'appel pressant du plus grand assoiffé d'amour.

Son nom ? Roi de Miséricorde !

1

LE FAN DE MÈRE TERESA

Jim rêve de rencontrer Mère Teresa. Cette femme le fascine et il guette depuis longtemps le moment opportun d'aller la trouver. À trente-deux ans, l'homme est robuste et bien bâti, il respire la santé et jouit de ce solide bon sens qu'ont les Marines de l'armée américaine.

Le « Jour J » arrive pour lui : il a dix jours de permission et le voilà qui quitte sa base de militaire pour s'envoler vers Calcutta. Le choc culturel l'impressionne lorsque son taxi se fraie un chemin dans le dédale humide, torride et poussiéreux des rues de Calcutta. Il arrive devant la porte du couvent des Missionnaires de la Charité et il sonne. Une petite sœur indienne toute menue lui ouvre.

– « Bonjour, ma sœur, je viens de loin et je souhaiterais rencontrer Mère Teresa. »

– « Je suis désolée, Monsieur, Mère Teresa n'est pas ici, elle a dû partir pour Rome. »

Pour Jim, c'est l'effondrement. Il a fait tous ces kilomètres pour trouver une absente. Il ravale sa salive, tente de digérer la déception et déclare après un certain silence :

– « Bon, eh bien comme je suis là, pourquoi ne pas rester quand même ? Pourrais-je vous aider de quelque manière ? »

– « Bien sûr ! »

Parmi les tâches proposées aux volontaires, s'occuper des mourants ne l'attire guère et il est nul en cuisine, alors il choisit le nettoyage de la maison.

On lui donne une petite cellule près de la porte d'entrée donnant sur la rue, mais les heures de vrai repos sont rares car le bruit est continuel. Le klaxon des *rickshaws*[2] ne cesse jamais. Durant une semaine, Jim fait de son mieux. Loin des marbres rutilants de son Amérique natale, il tente d'oublier sa peur intrinsèque de contracter des microbes. La semaine écoulée, il apprend qu'il a une journée de libre. Parfait ! Cela va lui permettre de rassembler ses idées et de se préparer au départ. Toutefois, on le charge de répondre à la porte d'entrée, ce qui ne l'enchante guère car il ne pourra pas sortir en ville.

Ce matin-là, coup de sonnette, Jim ouvre la porte et qui voit-il ? Mère Teresa en personne. « J'hallucine ou quoi ? » se dit-il. Mère Teresa, qui fait à peu près la moitié de sa taille, lève la tête et le regarde droit dans les yeux. Elle rayonne de bonté. Avec cet accent albanais inimitable qu'il a maintes fois entendu dans les reportages, à la grande surprise de Jim, elle lui lance sans ambages : « Venez avec moi, on a du travail ! » Chacun sait que le « travail » de Mère Teresa consistait à parcourir les bidonvilles de l'Inde à la recherche des plus pauvres des pauvres. Mère Teresa a parlé, il faut obéir... Jim se met en route avec elle. Comme elle reste silencieuse, Jim n'ose pas ouvrir la bouche tant l'émotion l'a saisi. De plus, il ne comprend pas très bien où il va, ni ce qui l'attend dans cette expédition pour le moins inattendue.

Mère Teresa marche d'un bon pas. À l'horizon se profile un pont. Peu à peu, l'air se charge d'une odeur pestilentielle. Visiblement, Mère Teresa se dirige vers ce pont, comme aimantée par quelque chose. Elle se trouve en terrain connu. Mais plus ils s'approchent du pont, plus l'odeur devient insupportable. Rien d'étonnant ! Arrivé sous le pont, Jim voit une forme allongée par terre. C'est un homme à demi nu, un peu âgé, qui baigne dans ses excréments, ses urines, son vomi, sans parler de la crasse accumulée sur de misérables haillons depuis des mois, pour ne pas dire des années. L'Américain a un haut-le-cœur. Mais Mère Teresa, toute habituée qu'elle est à ce genre de situation, regarde ce pauvre hère avec tendresse et, se tournant vers Jim, lui murmure : « Prenez-le ! » Jim hésite. « Le prendre ? Qu'est-ce qu'elle veut dire par là ? » Mais Mère Teresa a parlé, il faut obéir...

---

2. Les *rickshaws* sont des scooters surmontés d'un léger toit avec deux places assises à l'arrière. Des dangers publics !

Jim se penche vers l'homme et le soulève légèrement, mais l'odeur est si forte qu'il détourne la tête avec dégoût. Il a envie de vomir. Il s'aperçoit que l'homme a de nombreuses escarres et que ses plaies infectées ont attiré les mouches. Jim se dit en lui-même : « Quoi que tu fasses, surtout, ne le touche pas ! ». Aussi tire-t-il les manches de sa chemise pour en couvrir ses mains et se protéger ainsi de tout contact avec l'homme. Puis il le soulève et le transporte aux côtés de Mère Teresa vers la maison des sœurs. Là, il le place sur une natte à même le sol dans une grande pièce où les Missionnaires de la Charité prennent soin des mourants. À ce moment-là, Mère Teresa lui dit : « Donnez-lui un bain. » Jim la regarde, ébahi, et, alors qu'il se tourne à nouveau vers le mourant, la même pensée s'impose à lui : « Pas question de toucher cet homme. » Toutefois, ne voulant pas décevoir Mère Teresa, il s'exécute. Il prend l'homme et l'allonge dans une baignoire pour le laver.

Est-ce la prière de Mère Teresa ? Jim est traversé par une pensée : « Cet homme va mourir très bientôt... Ce serait terrible qu'en quittant ce monde, sa dernière image soit celle d'un homme jeune qui détourne la tête tellement il est dégoûté ! Et puis, si je le traite bien, une fois au Ciel, il priera pour moi ! » Toujours est-il que Jim se met à nettoyer l'homme de son mieux, en y mettant tout son cœur. À l'aide d'une éponge, il tamponne très délicatement ses plaies infectées, mais cela n'empêche pas que l'homme glisse à plusieurs reprises au fond de la baignoire. L'émotion grandit dans le cœur de Jim. « Comment puis-je être si égoïste ? Cet homme a besoin de savoir qu'il n'est pas seul. » Plaçant alors ses bras sous les épaules du mourant, il le soulève et fait couler une eau claire sur ses plaies. Puis il commence à le bercer dans ses bras.

À ce moment-là, l'homme se transforme : c'est maintenant Jésus lui-même qui gît devant ce grand Marine et qui le regarde avec une infinie douceur, Jésus qui se laisse laver avec reconnaissance. Jim tremble d'émotion. Il tient le Seigneur dans ses bras ! Non pas une vision, mais Jésus lui-même. Il a des trous dans les mains et dans les pieds. Son côté est transpercé. Son visage tuméfié porte des marques de coups. Jim n'en croit pas ses yeux, il est fasciné. Il lève la tête vers Mère Teresa comme pour la prendre à témoin. Mais avant même qu'il ouvre la bouche, elle lui dit avec un très doux sourire : « Vous l'avez vu, n'est-ce pas ? » Elle savait. Lorsque Jim baisse à nouveau son regard, l'homme est redevenu le pauvre Indien mourant. Les sœurs de Mère Teresa s'empressent alors auprès de lui et Mère Teresa s'éclipse.

Mission accomplie. Jim rentre dans sa petite cellule. Un vrai séisme a saisi ses pensées et ses sentiments, et il prend quelques heures pour se remettre du choc. « Que m'est-il arrivé ? » se demande-t-il. Il veut en avoir le cœur net, il n'est pas militaire pour rien, il doit comprendre, il doit trouver Mère Teresa qui va sûrement lui expliquer… Il accoste une sœur qui passe et lui demande :

– « Ma sœur, je souhaite voir Mère Teresa avant de partir, pouvez-vous lui dire que Jim désire lui parler ? »

– « Je suis désolée, mon frère, mais Mère Teresa n'est pas ici, elle est encore à Rome pour quelques jours. »

– « Pas du tout, j'étais avec elle ce matin en ville et nous avons même ramené un mourant ensemble. C'est sûr, elle est là ! »

La sœur marque un temps de silence et, avec un humble sourire, déclare à Jim : « Ah oui… Je comprends… Elle fait cela quelquefois ! »

Parmi les Marines de San Francisco, il s'en trouve un désormais qui a réalisé son rêve au-delà de toute espérance, et sa vie ne sera plus jamais la même. Sous un petit pont de Calcutta, au sein de la déréliction humaine la plus noire, il a touché Dieu.

2

MON CADEAU, C'EST TOI !

Raphaël et sa famille © Alleanza di Misericordia

C'est à Rome, au printemps 2015, que j'ai eu la joie de rencontrer enfin cet homme dont on me parlait comme d'un héros et de m'entretenir avec lui. Son nom : Raphaël Ferreira de Brito. Un jeune Brésilien au visage d'ange, pas très grand, tout bouclé, vif, un regard qui rayonne le bonheur de vivre, sans parler de son humour. Et pourtant !

Ruth, la mère de Raphaël fut violée à l'âge de seize ans par un jeune de vingt-cinq ans à Barretos, près de São Paulo, au Brésil. C'est ainsi, dans la violence, que l'enfant fut conçu. Son père disparut alors de la circulation sans jamais reconnaître son enfant. Quelques mois plus tard l'oncle, sous l'effet de l'alcool, prit un manche à balai et se mit à battre Ruth en disant : « Si tu n'avortes pas, je m'en occupe moi-même ! » Ruth, gravement blessée, fut transportée à l'hôpital régional où l'hygiène faisait cruellement défaut – presque aucun des enfants prématurés n'y survivait. Les médecins déclarèrent : « C'est elle ou l'enfant ! » Ils ne pouvaient sauver les deux. Mais Ruth, qui considérait sa propre vie comme un désastre, décida de laisser vivre l'enfant.

Son petit garçon naquit à cinq mois et vingt-neuf jours. Les médecins ne lui donnaient pas plus de quelques heures à vivre car certains de ses organes vitaux comme les poumons n'étaient pas encore développés. Une religieuse, sœur Brigida, qui mourut quelques années plus tard en odeur de sainteté, travaillait dans cette maternité et demanda à la mère agonisante si elle pouvait baptiser le petit. « Peu importe ce que vous faites, l'important est qu'il vive ! » répondit Ruth. Il devait s'appeler Marc Aurèle, mais la sœur insista pour qu'il reçoive plutôt le nom de Raphaël et jouisse d'une forte protection angélique. Prenant une seringue, elle versa quelques gouttes d'eau à travers la couveuse dans laquelle reposait l'enfant et le baptisa. Durant six mois, elle prit soin du nouveau-né et huit mois plus tard, Raphaël fut confié à sa grand-mère. À la surprise de tous, Ruth survécut à l'intervention et put retourner à son travail dans les champs de coton. Huit mois plus tard, Raphaël sortit indemne de cette aventure et fut confié à sa grand-mère durant quatre ans, puis à sa tante jusqu'à l'âge de huit ans. Chez elle, il est instruit par les Témoins de Jéhovah, qui lui inculquent une franche aversion pour les Catholiques et la Vierge Marie. Il a donc huit ans et, pour vivre, il doit vendre des glaces dans la rue. Voilà les charmants premiers pas de Raphaël dans ce monde.

Toutefois, il est assez heureux, jusqu'au jour où le drame éclate et fait basculer son existence en un instant. Parfois, Dieu choisit d'inonder une vie de sa miséricorde en un temps record.

C'était un jour de fête des pères, Raphaël avait alors neuf ans. À l'école, il voyait ses amis préparer des dessins pour leurs pères et il était désespéré de n'avoir pas de papa à qui offrir celui qu'il avait préparé pour cette occasion. « Comme cela doit être merveilleux d'avoir un papa ! » se disait-il. Ce soir-là, à l'heure de la prière (des Témoins de Jéhovah), il ouvrit le livre du prophète Jérémie et lut :

> *« Avant même de te former dans le ventre maternel, je t'ai connu ; avant même que tu sois sorti du sein, je t'ai consacré ; je t'ai établi comme prophète des nations. »* (Jr 1, 5)

En lisant ce passage, Raphaël s'était dit au fond de lui : « Alors, Dieu est mon père ! Lui me connaît depuis ma conception. » Au cours de cette nuit, il demanda au Seigneur de venir chercher le cadeau qu'il avait préparé pour la fête des pères. Son cœur d'enfant avait la certitude que Dieu viendrait en personne. Mais rien ne se produisit : Dieu ne vint pas et, le matin, le cadeau était toujours là. À ce moment précis, profondément déçu et blessé, Raphaël décida de ne plus prier, persuadé que Dieu, tout comme son père, l'avait abandonné. Quelque temps plus tard, il commença à sortir avec ses amis, à se droguer et à vivre toutes sortes d'expériences destructrices. Durant trois ans, il plongea à corps perdu dans l'univers de la drogue, de l'alcool et du sexe. L'ecstasy le faisait complètement disjoncter durant les fêtes.

Pourtant, un certain 11 août 1998 à 17 heures, sa vie fait volte-face, au beau milieu d'une fête pleine d'alcool et de drogue, une fête qui dure trois jours. C'est le moment que Dieu a choisi pour inonder la vie de Raphaël de sa miséricorde et il le fait en un temps record. Malgré son jeune âge – une quinzaine de printemps –, Raphaël est déjà complètement défoncé. Soudain, un de ses amis lui propose de quitter les lieux. Bizarre ! Encore plus bizarre, l'ami insiste : « Viens avec moi à la messe, je vais faire ma première communion. » Raphaël écarquille les yeux car, avec son éducation de Témoin de Jéhovah, il n'est jamais entré dans une église. Mais il finit par accepter. Complètement saoul et drogué, il se place tout au fond de l'église. Et voilà qu'à l'ambon, un jeune garçon demande à l'assemblée de prier pour les pères présents et absents, car c'est le jour de la fête des pères !

Sous le choc, Raphaël se met à trembler. La fête des pères... jour maudit entre tous ! Prier pour les pères ? Non, pitié, pas ça ! Son père ne l'avait-il pas abandonné sans laisser d'adresse ? D'ailleurs, était-il encore en vie ? Pour Raphaël, ce jour était décidément le plus sinistre de l'année.

Le jeune garçon continue à parler à l'ambon, mais, cette fois-ci, il pointe le doigt vers l'assemblée – ce qui donne à Raphaël l'impression qu'il s'adresse expressément à lui – et il se met à lire le passage du prophète Jérémie : *« Avant même de te former dans le ventre maternel, je t'ai connu. »*

Raphaël tombe à genoux et fond en larmes. C'est la deuxième fois qu'il entend cette parole de Jérémie et elle trouve en lui un écho très profond. Après tant d'années, cette parole lui fait l'effet d'un boomerang. Raphaël voit toute sa vie défiler devant ses yeux comme un film... et particulièrement ce moment où Dieu n'est pas venu chercher son cadeau. C'est alors que, toujours à genoux, il entend une voix forte parler en son cœur et lui dire : « Raphaël, tu es mon fils ! Je ne suis pas venu prendre ton cadeau ce jour-là parce que mon cadeau, c'est toi ; tu es mon plus grand désir ! Lève-toi, change de vie et suis-moi ! »

Puis tout cesse et Raphaël se rend compte que la messe est finie. Tout cela semble n'avoir duré que quelques secondes. Il se relève et, à sa grande surprise, il ne ressent plus aucun effet de la drogue. Il cherche immédiatement un prêtre pour lui relater ce qui vient de se passer, et celui-ci de lui répondre : « Réjouis-toi, mon enfant, parce qu'aujourd'hui, tu as été visité par Dieu ! »

Depuis ce jour, Raphaël ne prend plus jamais de drogue ni n'abuse de l'alcool. Il a commencé à aller au catéchisme pour se préparer à la Confirmation malgré la stricte opposition de son parrain, affilié à une secte qui pratique la magie noire. Mais Raphaël tient bon.

Peu de temps après, la deuxième partie de la prophétie va trouver un écho particulier en lui : le temps de la mission est arrivé !

Le clou de cette situation se produit le 31 décembre 1999, veille de l'entrée dans le troisième millénaire. Comme Raphaël insiste pour se rendre à l'église, son parrain le bat violemment. Ensanglanté, bouleversé et très en colère, Raphaël supplie le Seigneur de lui venir en aide.

À sa grande stupeur, la première lecture du jour est de nouveau celle du prophète Jérémie :

> *« Avant même de te former dans le ventre maternel, je t'ai connu ; avant même que tu sois sorti du sein, je t'ai consacré ; je t'ai établi comme prophète des nations. »* (Jr 1, 5)

L'évangile qui suit comporte une exhortation : *« Aimez vos ennemis et priez pour ceux qui vous persécutent. »* Raphaël comprend alors le message et, de retour à la maison, il prend son parrain dans ses bras et se met à prier pour lui en lui imposant les mains. À ce moment précis, celui-ci s'écroule sur le sol. Il vient de vivre une conversion instantanée. Toute la nuit, Raphaël lui parle de Dieu et l'oncle veut aller au plus vite se confesser. Mais avant de se rendre à l'église, il s'écroule à nouveau, murmure à Raphaël des mots de remerciements et meurt, foudroyé par une crise cardiaque.

À travers tous ces événements, Raphaël comprend que Dieu l'appelle à quelque chose de plus grand. Il a dix-huit ans. Il rencontre alors la communauté *Alliance de Miséricorde*[3]. « Là, se dit-il, je pourrai vivre ma vocation de missionnaire laïque et annoncer ce grand amour de Dieu dont j'ai moi-même été gratifié. »

Je rêve ou quoi ?

Il passe un an dans cette communauté sans voir sa mère, puis arrive le moment où les missionnaires rentrent chez leurs parents pour leur rendre visite. Raphaël se rend chez sa mère à Barretos. Il profite de ce séjour pour effectuer des missions pastorales dans la rue, entre autres visiter les sans-abris. Il prévoit de les héberger et de leur offrir un repas. Un jour, sa mère sort pour voir une tante malade. Durant son absence, il se rend sur la place centrale de la ville où il rencontre et invite cinq mendiants. À sa grande surprise, un seul d'entre eux accepte son invitation. Il est encore plus pitoyable que les quatre autres !

Après l'avoir soigneusement lavé, rasé et habillé de neuf, Raphaël l'installe à table pour un bon repas en tête à tête. Il multiplie les signes d'affection et l'homme trouve le courage de lui ouvrir son cœur. Un cœur meurtri s'il en est !

Au fil d'une conversation très joyeuse et empreinte d'une grande confiance, Raphaël manque de tomber à la renverse. Il fait répéter à l'homme ce qu'il vient de dire, mot pour mot.

– « Attends… Je rêve ou quoi ? Elle s'appelait bien Ruth ? Et c'était à Barretos, à tel moment ? »

– « Oui, répète l'homme, c'est bien ça ! »

Raphaël reste muet de stupeur, puis il éclate en sanglots. La femme que cet homme avait violée, c'est sa mère ! Et ce pauvre mendiant qu'il a en face de lui, c'est son père ! Son cœur chavire, il ne sait plus s'il doit pleurer ou rire. Sous le choc, il se met à embrasser son père et ne tarit pas d'actions de grâce envers Dieu pour ce cadeau inimaginable qu'il vient de lui faire… Le Seigneur vient d'exaucer

3. *Alleanza di Misericordia* est une communauté brésilienne qui accueille les enfants de la rue : alleanzadimisericordia@gmail.com – Tel. +39 070 285 393

le désir d'un enfant de neuf ans au cœur brisé, celui de connaître son papa, après lui avoir fait découvrir un Père encore plus épris d'amour pour lui.

Il va sans dire que ce jour-là, le père de Raphaël reçut une catéchèse musclée de la part de ce fils retrouvé ! Il était temps, car la santé délabrée de cet homme ne devait lui laisser que peu de temps avant de quitter ce monde.

Aujourd'hui, Raphaël poursuit sa mission avec sa femme Lilian et son fils Daniel en Sardaigne (Italie), toujours avec un unique objectif : permettre au plus grand nombre de connaître et d'expérimenter, comme lui, la miséricorde infinie de Dieu. C'est au cours d'une mission en Pologne le 15 mai 2013, à l'occasion d'une grande retraite pour prêtres dans le diocèse de Koszalin, que Raphaël apprit la mort de son père au moment même où il racontait son témoignage ; il était décédé deux jours avant, le 13 mai 2013 (Fatima !). La messe allait commencer, mais il eut le temps de prévenir les prêtres de ce décès, si bien que, durant cette Eucharistie, tous les célébrants ont prié pour lui nominalement. Les prêtres ? Disons plutôt l'immense foule de prêtres présents autour de l'autel ce jour-là… au nombre de huit cents, avec trois évêques ! Et tous se sont engagés à offrir leur messe du lendemain pour cet homme. Quel autre défunt a eu cette chance ?

Les merveilles de la miséricorde de Dieu vont-elles s'arrêter là ? Ce serait méconnaître notre Créateur !

Oui, Jésus était bien venu chercher le cadeau de ce petit orphelin au cœur brisé et lui avait rendu bien au-delà du centuple !

3

La Colombienne perdue sur la colline

Colline des apparitions à Medjugorje © EDM

Nous sommes en juin 2001, lors du vingtième anniversaire des apparitions de Medjugorje. Arrivée de sa Colombie natale, Juanita se trouve coincée sur la colline du Podbrdo qui surplombe le petit hameau de Bijakovici. Elle a suivi son groupe et prié avec eux devant la grande croix de bois qui surplombe le deuxième mystère joyeux du Rosaire. Son mari vient de mourir et elle est inconsolable. Plongée dans ses souvenirs, elle perd un peu le sens du temps et, lorsqu'elle rouvre les yeux, le groupe est parti, elle se retrouve complètement seule, perdue sur cette colline étrangère. Son moment de panique ne dure pas longtemps car presque aussitôt arrive près de la croix un père franciscain. Elle lui demande :

– « Mon père, pouvez-vous m'indiquer le chemin pour retrouver la route en contrebas ? »

– « Ne redescendez pas tout de suite, madame, lui dit-il, priez ! »

– « Mais j'ai déjà prié... »

– « Priez davantage, restez encore un peu ! »

Voyant la douceur de ce prêtre et son regard lumineux, elle en profite pour lui poser des questions, vitales pour elle. « Qu'est-ce qu'a dit la Sainte Vierge sur la mort, le Ciel, le purgatoire, la prière, la souffrance ? » Et voilà que le Franciscain se lance dans une catéchèse merveilleuse et lui transmet, point par point, la substantifique moelle de l'enseignement de la Vierge. Voyant que, décidément, ce prêtre respire la lumière, elle lui ouvre son cœur et déverse en quelques phrases la très douloureuse situation dans laquelle elle se trouve. Mariée pendant vingt ans à un homme déjà marié à l'Église, elle est restée éloignée des sacrements, puis a fini par quitter l'Église. Elle se sait plongée dans le péché auquel s'ajoute l'infinie tristesse d'avoir perdu celui qu'elle considère comme l'homme de sa vie.

Ce Franciscain parle couramment l'espagnol, ça tombe bien ! Il lui donne de précieux conseils et l'invite à mettre désormais le Seigneur Jésus à la première place dans sa vie, cela va lui rendre la paix du cœur. Deux heures ont passé dans cette conversation inespérée et Juanita doit maintenant retrouver son groupe. Elle demande au prêtre de pouvoir se confesser après vingt ans d'éloignement. « Allez plutôt vers les confessionnaux autour de l'église, lui dit-il. Dans le deuxième confessionnal après la statue de saint Leopold Mandic, il y a un prêtre qui parle espagnol et qui pourra entendre votre confession. Puis allez à la messe et recevez la communion. Jésus sera si content de votre retour vers Lui ! »

Le cœur de Juanita est déjà changé. Elle dévale la montagne avec enthousiasme, sautant sur les pierres avec la légèreté d'un cœur libéré, tout son être brûle d'une joie inconnue jusqu'alors tandis qu'elle se dirige vers l'église.

Elle trouve le prêtre, fait une profonde confession avec le cœur, reçoit l'absolution et entre dans l'église pour y vivre la plus belle messe de sa vie. De retour à son hôtel, elle retrouve les pèlerins de son groupe et dîne avec eux. Comment leur cacher l'expérience merveilleuse qu'elle vient de vivre sur la Colline des Apparitions ? Juanita se lance alors dans le récit détaillé de sa conversation avec le Franciscain, sa voix vibre d'émotion, sa vie n'a-t-elle pas pris un nouveau tournant ?

– « Si quelqu'un parmi vous veut comprendre les messages et recevoir des conseils pour sa vie, je vous recommande ce Franciscain, leur dit-elle. Il est super, en plus il parle parfaitement notre langue et cela est rare ici ! »

– « Quel est son nom ? » demande Pablo, le responsable du groupe.

– « Oh ! quel dommage, j'ai complètement oublié de le lui demander ! Mais comme c'est un Franciscain, on le trouvera sûrement aux abords de l'église demain. »

Le repas se termine, c'est la fête car Juanita leur a ouvert les yeux sur la beauté de certains messages qu'ils n'avaient pas encore compris. C'est maintenant l'heure de la dernière prière avant d'aller se coucher. Le groupe se met en cercle et prie un dernier chapelet. Puis Pablo distribue à chacun une petite image sur laquelle est écrite une très belle prière d'adoration. Ils vont la réciter ensemble pour conclure la soirée. Juanita récite la prière et retourne l'image. « Mais c'est lui, s'écrie-t-elle, les yeux écarquillés, c'est lui qui était avec moi sur la montagne, c'est bien lui, je le reconnais ! »

À ce moment-là, Pablo, sous le choc, se précipite vers la cuisine car il ne peut retenir ses larmes. Tout le monde se demande quelle mouche l'a piqué. Juanita a eu le temps de remarquer son expression et elle se dit : « Qu'est-ce que j'ai fait ? Qui est ce prêtre ? Quel est le problème ? » Elle se tourne vers sa sœur avec un regard interrogatif. La voix remplie d'émotion, celle-ci lui répond : « Juanita, c'est le père Slavko Barbaric et il est mort il y a six mois ! » Elle ne peut en dire plus car, à son tour, sa gorge se serre et ses yeux se remplissent de larmes. Devant un tel miracle, elle ne sait si elle doit rire ou pleurer de joie.

Tout le monde a entendu et un profond silence tombe sur le groupe des pèlerins. Aujourd'hui encore, tant d'années plus tard, ils se souviennent de cette faveur insigne que le Ciel leur a faite : un saint est apparu à Juanita, cette brebis perdue qu'ils avaient amenée avec eux par miséricorde pour la sortir de son chagrin.

4

Les entrailles maternelles du Père

La miséricorde, cette merveilleuse réalité divine, constitue le plus grand attribut de Dieu[4]. Dépassons l'étymologie latine de la miséricorde et concentrons-nous plutôt sur son étymologie hébraïque, constitutive de la Bible, car elle nous introduit à une intelligence plus profonde de la miséricorde.

En hébreu, en effet, *misericordia* se dit *rahamim*, mot issu de la parole *rehem* qui signifie « le sein maternel, l'utérus ». Il s'agit de la partie la plus intime et la plus noble de la femme. Un nid protégé où la vie prend corps et où grandit l'embryon. C'est dans ce merveilleux petit tabernacle que le Créateur descend pour accomplir un nouveau miracle : l'étincelle de la vie. Extraordinaire beauté du langage biblique où les concepts les plus mystiques sont exprimés par les réalités les plus concrètes de la terre ! Pour faire comprendre l'intensité de sa Miséricorde, Dieu a choisi ce mot qui fait référence à l'utérus. Notons que le terme est un pluriel (*rahamim* et non *rehem)* pour mieux qualifier la profondeur de ses propres entrailles. Ce n'est pas que Dieu ait plusieurs seins maternels, il s'agit plutôt d'un pluriel d'intensité, car ce qui se produit dans les entrailles de Dieu est encore plus grand que ce qui se passe dans celles d'une femme devenue mère.

Dans l'évangile de Luc, au chapitre 15, Jésus nous livre une image merveilleuse du Père céleste dans la parabole du fils prodigue. C'est l'histoire d'un fils qui, tout à coup, réclame sa part d'héritage,

4. Voir *Les Dialogues* de sainte Catherine de Sienne et *Le Petit Journal* de sainte Faustine.

revendique son indépendance et quitte la maison paternelle. Dans un moment d'inconscience et d'aveuglement, ce jeune homme s'imagine trouver dans cette indépendance son vrai bonheur : malheureusement, il s'agit là d'un mirage, d'un piège subtil tendu par le Malin. Le cœur de ce père est saisi de douleur, il saigne de voir son fils abusé par une terrible illusion. Comment choisir de mener sa vie à son gré, loin du regard de son père, pour se sentir autonome et libre ? C'est tout le contraire qui se passe ! Le fils tombe dans l'esclavage de son péché, rattrapé par la concupiscence de la nature humaine, en quelque sorte tordue et aveugle. Jésus nous instruit ensuite sur sa dégringolade vers la misère, puisqu'il en arrive à désirer manger la nourriture des porcs pour ne pas mourir de faim. Pas très *casher* pour un juif !

Pourquoi cette misère du fils ? Parce qu'il a voulu se comporter comme un électron libre, un satellite sans orbite ! Il n'a pas compris que c'est en vivant auprès de son père, dans une profonde communion de cœur avec lui, qu'il trouverait non seulement le bonheur, mais aussi sa véritable autonomie[5]. Ici, bien sûr, la figure du père incarne celle du Père céleste.

Cette parabole nous concerne profondément, car plus nous nous approchons de la Sainte Trinité, et plus nous entrons dans l'étreinte de la communion avec Dieu. Cette étreinte est le désir le plus profond de l'homme. Plus nous nous en éloignons, plus nous sortons de l'orbite et plus nous perdons la paix. C'est justement cette distance que nous instaurons entre Dieu et nous qui nous fait perdre la paix.

Dieu a pris un grand risque : Il a choisi de nous laisser la pleine liberté de décider de vivre avec Lui ou sans Lui, car l'amour véritable se doit d'être libre. Dans la parabole, c'est le fils qui décide de quitter son père et non le père qui abandonne son fils. Dans le cœur du père, une place reste désormais vide, celle de son fils bien-aimé qui l'a quitté. C'est pour lui une béance insupportable. Jour et nuit, telle une sentinelle, dans une espérance sans faille, le père va attendre le retour de son fils pour lui permettre de reprendre

5. Pour parvenir à l'autonomie, l'objectif finalement atteint par le fils prodigue, il y a pour nous quatre étapes à franchir : 1) on passe de la dépendance (comme celle de l'enfant) à 2) la contre-dépendance (révolte, crise d'adolescence) ; puis à 3) l'indépendance (le fils qui vit loin de son père et de l'autorité) pour arriver enfin à 4) l'autonomie véritable et saine qui permet une interdépendance libre et choisie entre les personnes.

cette place unique qu'il a dans son cœur. Observez bien que le père aurait pu être rongé d'amertume et choisir de tirer un trait sur cet enfant ingrat. « Puisqu'il a voulu partir, eh bien ! Qu'il en paie lui-même les conséquences ! » Non, il n'en est rien ! Le père guette ardemment chaque jour le retour de son fils au tournant du chemin. Cela n'illustre-t-il pas magnifiquement la miséricorde divine ? Ces entrailles maternelles qui se retournent à la seule idée que le petit s'éloigne et perde ainsi le bonheur, la paix, la joie, la communion ? La miséricorde divine ressemble à l'amour maternel le plus pur qui soit. Toutes les mamans comprennent cela d'instinct !

Lorsque le fils de la parabole en est réduit à vouloir manger la nourriture des porcs pour survivre, à quoi se met-il à penser ? « Les serviteurs sont mieux lotis chez mon père », se dit-il. Il décide alors de rentrer à la maison. Est-ce dans un fervent élan d'amour pour son père ? Non, il est tenaillé par la faim et il sait où trouver du pain. Nous devons bien admettre que c'est dans cet état d'esprit tout à fait intéressé qu'il reprend le chemin de la maison paternelle.

Comment son père réagit-il lorsqu'il l'aperçoit au loin, qui arrive ? Même si son fils est crasseux, en haillons et qu'il sent très mauvais (les porcs ne sentent pas la rose !), il court vers lui, l'accueille les bras grands ouverts, le serre contre lui longuement, le couvre de baisers avec une infinie tendresse. Son cœur de père déborde de joie et il ordonne à ses serviteurs de vite préparer une fête, d'apporter la plus belle robe, de l'en revêtir, de lui passer l'anneau au doigt, des sandales aux pieds, de tuer le veau gras pour se réjouir et festoyer[6]. Jésus insiste sur ce point dans un autre passage de l'évangile :

> *« Il y a plus de joie dans le Ciel pour un seul pécheur qui se convertit que pour quatre-vingt-dix-neuf justes qui n'ont pas besoin de repentance. »* (Lc 15, 7)

Pensons à une grande amie de Dieu, sainte Faustine Kowalska de Pologne, qui avait commis un péché (car tous les saints ont péché, sauf la Vierge Marie). Elle en avait éprouvé une grande honte, un profond désarroi et s'était humiliée devant Dieu pour le péché

6. Le vêtement blanc symbolisait la pureté retrouvée ; l'anneau comportait un sceau qui permettait de sceller des contrats ; les sandales symbolisaient la liberté retrouvée (les esclaves marchaient pieds nus).

qu'elle avait commis, consciente de l'avoir offensé. Mais la réponse de Jésus est magnifique et tellement encourageante ! « Ma fille, lui dit-il, l'humilité avec laquelle tu t'es repentie de ton péché t'a obtenu une gloire et une beauté supérieures à celles que tu aurais obtenues si tu ne l'avais pas commis. »

Preuve que Dieu est tellement bon qu'il prend sur lui notre péché. Au lieu de nous condamner et de nous punir, il transforme ce mal en positif si nous revenons à Lui. Certes, le péché sent toujours mauvais, il pue même ; mais si nous éprouvons une réelle contrition par amour pour Jésus, alors il transforme cette puanteur en un parfum. Il s'agit là d'une vérité étonnante, confirmée par plusieurs saints, notamment Catherine de Sienne dans ses *Dialogues* avec le Père céleste.

Entrons alors sans tarder – tels que nous sommes – dans l'étreinte du Père, et jetons notre péché dans son Cœur brûlant d'amour ! Le Père nous attend.

5

L'inconnu de Bogota

Gloria Polo

Elle saignait du nez. En vain, tentait-elle de dissimuler les taches qui maculaient son mouchoir. De plus, elle boitait un peu. Mais quel regard ! Douceur et force. Lumière et joie. C'est ainsi que je la rencontrai pour la première fois en Italie, à l'aube du grand rassemblement de Desio (Lombardie) en 2011 où 7 000 personnes l'attendaient. Son nom : Gloria Polo. Sa traductrice me souffla à l'oreille la raison de son saignement de nez, mais si je vous le dis maintenant, vous ne me croirez pas. Je vous le livrerai plus tard.

Gloria ne devrait pas être là. Elle devrait être morte depuis longtemps. Sa vie et l'expérience incroyable dont elle témoigne aujourd'hui, elle les doit à un homme qu'elle n'a jamais rencontré de son vivant et dont elle ne connaît même pas le nom. *Cet inconnu de Bogota* est le véritable héros de cette histoire, il fait partie de ces nombreux saints que nous ne découvrirons qu'au Ciel. Comme tous les saints, il est humble. Sa présence est cachée au creux de cette histoire. Mais d'abord, qui est Gloria ?

Originaire de Bogota (Colombie), Gloria est de plus en plus connue en Europe ; aussi mon propos n'est-il pas de paraphraser ici le magnifique témoignage de cette femme[7]. Il faut la voir et l'entendre pour ne pas perdre la moindre parcelle de ce qu'elle transmet. Gloria appartient à ce type de témoins très rares qui revivent viscéralement leur expérience en la livrant aux autres. Sa fougue de Sud-Américaine ajoute encore au côté saisissant de son expérience.

À l'âge de vingt-cinq ans, Gloria pouvait se vanter d'être une peste de première classe. Jeune, riche, belle, séduisante, sexy, intelligente, douée, bien mariée, elle se prenait pour le nombril du monde et le faisait sentir à ceux qui, selon elle, n'atteignaient pas son niveau. Elle les méprisait ouvertement. Féministe convaincue, Gloria défendait l'avortement (elle en avait elle-même vécu un à l'âge de seize ans) ainsi que l'euthanasie. Elle poussait aussi les femmes à laisser tomber leur mari : « Si ton mari te trompe, quitte-le ! Ne te soumets plus jamais à un homme ! » Elle détruisit ainsi beaucoup de familles.

Par ailleurs, elle encourageait les autres à ne plus croire en Dieu. Elle affirmait haut et fort que ceux qui croyaient en Dieu étaient de pauvres ignorants. Pour elle, le péché n'existait pas, ni le diable, ni même l'enfer. Elle attaquait l'Église, la méprisait et déconseillait à tous la confession, tout en se moquant des prêtres. Il va sans dire qu'elle était aveuglée sur ses propres défauts.

Elle mentait comme un arracheur de dents (il est vrai qu'elle était dentiste !) et ajoutait volontiers après avoir menti : « Si j'ai menti, que le feu du ciel tombe sur moi ! » En un mot, tout cela sentait le roussi !

Or, on ne provoque pas le Ciel impunément. Un jour qu'elle se rendait avec son neveu à l'Université nationale de Bogota pour y suivre une spécialisation en odontologie en tant que dentiste, un gros orage éclata soudain et, alors qu'ils couraient tous deux s'abriter sous une porte cochère, la foudre tomba sur eux avec violence. C'était le 5 mai 1995. Le neveu mourut sur le champ, mais Gloria connut un

7. Pour le DVD de Gloria Polo, voir la liste de Maria Multi Media (Annexe 2) et le site : www.gloriapolo.com

autre sort. Le stérilet qu'elle portait[8] avait attiré sur elle le feu du ciel et la laissa à demi-morte. C'est alors que commença pour elle une aventure impressionnante dans laquelle *l'inconnu de Bogota* allait jouer un rôle central.

Transportée à l'hôpital entre la vie et la mort, elle vécut la sortie de son corps, comme le racontent parfois ceux qui font une expérience de mort imminente appelée aussi « la vie après la vie ». Mais, pour Gloria, il y avait un plus, et de taille ! Je ne donne ici qu'un raccourci de son récit afin d'arriver à mon propos.

Au moment précis où la foudre tomba, elle fut transportée dans une lumière magnifique, une lumière très vivante, comme un soleil blanc et irradiant. Puis, en continuant à avancer vers cette lumière, elle comprit qu'elle se trouvait dans les bras de Jésus…

« Sachez que, lorsque nous mourons, Jésus nous prend dans ses bras comme des petits enfants et, avec beaucoup d'amour, il nous relève et nous serre sur son cœur », dit-elle.

Jésus l'embrassa avec tout son amour et, tandis qu'elle se trouvait sur son Cœur, elle se rendit compte que ce Cœur était ouvert, blessé d'une profonde blessure. Puis elle aperçut une porte. Il y avait deux arbres vivants de part et d'autre de cette « porte » et, au fond, elle apercevait un jardin avec de l'eau vivante, des fleurs vivantes, un amour vivant. Une grande paix et un amour immense y régnaient. Gloria voulait à tout prix entrer dans ce jardin, mais elle ne le pouvait pas car seules les personnes en état de grâce y étaient admises.

À l'adolescence, en effet, elle s'était séparée de l'amour de Dieu en tombant dans un péché très grave, mortel, dont elle ne s'était jamais confessée, car il était hors de question pour elle de se confesser à ces hommes (les prêtres) qu'elle considérait comme étant « pires que les autres ». Ce fut certainement l'argument le plus fallacieux et subtil du diable qui enfonça ainsi Gloria dans l'orgueil, l'empêchant par la suite de rechercher la miséricorde de Dieu.

Jésus l'aimait tellement qu'il avait respecté sa liberté. Elle se sentit alors happée dans une descente, traversant un à un des niveaux

8. Le stérilet est un moyen non pas anticonceptionnel, mais abortif, car il chasse de l'utérus l'œuf humain déjà formé. Ces enfants existent dans l'autre monde où ils sont bel et bien vivants !

successifs menant à un abîme. Là, elle vit une foule de créatures se précipiter sur elle avec un regard rempli de haine. Haine qui la terrorisa. Leur laideur était insoutenable. Elle s'écria : « Je suis une bonne catholique, je n'ai rien à faire ici ! » Elle entendit alors une voix très douce lui dire : « Si tu es une bonne catholique, dis-nous quels sont les dix commandements de Dieu. »

Où était la brillante Gloria qui s'en sortait toujours ? Elle sécha lamentablement... Elle bredouilla qu'il faut s'aimer les uns les autres, c'était un vague souvenir entendu de sa mère dans son enfance, mais ses connaissances s'arrêtaient là. La voix lui décrivit alors, dans la plus pure vérité et avec une précision étonnante, comment elle avait piétiné chacun des commandements de Dieu et exhorté les autres à faire de même. Aucun détail n'échappait à cet inventaire de lumière. Toutefois, Gloria n'eut pas un soupir de repentir. De son point de vue, elle avait tout bon !

Cela s'appelle l'orgueilleuse obstination. Gloria s'entêtait à soutenir qu'elle n'avait pas commis de faute. Nous sommes là au sommet de l'aveuglement.

Elle continuait à descendre, descendre, inexorablement. Elle passa à travers les différents degrés du Purgatoire, y rencontrant des personnes qu'elle avait connues, son père en particulier... Elle souffrait de plus en plus et criait désespérément qu'elle n'avait rien à faire dans ces gouffres terrifiants. Puis arriva sous ses pieds la porte de l'enfer. Comme, après la mort, il n'y a plus que la vérité nue qui se révèle à la conscience, elle savait que si elle franchissait la porte de ce gouffre infernal, elle y resterait pour l'éternité.

C'est alors qu'en un flash, un vieux souvenir lui revint à l'esprit. En tant que dentiste, elle avait soigné un patient qui priait beaucoup et qui lui avait murmuré en privé : « Docteur, vous êtes très matérialiste et un jour, vous aurez besoin de ceci : quand vous vous trouverez dans un danger imminent, demandez à Jésus-Christ de vous couvrir de son Sang car Il ne vous abandonnera jamais. Il a payé le prix du sang pour vous. »

Comment les paroles de ce patient lui revinrent-elles à l'esprit en cet instant précis ? Elle les avait complètement gommées de sa mémoire ! Or, la voilà précisément plongée dans ce terrible péril, ce fameux danger imminent. Elle se mit alors à hurler comme une malade : « Jésus-Christ ! Seigneur ! Aie pitié de moi ! Pardonne-moi, Seigneur ! Donne-moi une deuxième chance ! »

Le résultat ne se fit pas attendre : elle se vit remonter la pente pour se retrouver devant Jésus lui-même, rayonnant de lumière et d'amour. Elle était fascinée. Il l'accueillit avec tendresse comme une enfant prodigue qui revient et il prononça distinctement ces paroles : « Tu vas revenir, Gloria. Tu vas avoir une deuxième chance. Sache que si tu as été sauvée, ce n'est pas tant grâce aux prières de ta famille que grâce à toutes ces personnes qui, sans même te connaître, ont élevé leurs prières vers moi de tout leur cœur dans un immense amour pour ton âme. »

Gloria vit alors de nombreuses petites lumières s'allumer, telles des flammes d'amour. Il s'agissait de gens qui étaient en train de prier pour elle alors qu'elle se trouvait à l'hôpital. Et parmi ces flammes, il s'en trouvait une qui irradiait la plus intense lumière et dont il émanait le plus d'amour. Elle essaya de voir qui était cette personne. Le Seigneur lui révéla alors en détail comment elle avait reçu sa deuxième chance et à qui elle devait d'avoir échappé d'un cheveu à l'enfer.

Le pauvre paysan

Parmi les âmes les plus ferventes de Colombie, se trouvait un saint qui resplendissait d'une manière particulière. C'était lui ! Lui à qui Gloria devait sa deuxième chance. Un pauvre paysan qui vivait au pied de la Sierra Nevada de Santa Marta. Jésus lui décrivit le cœur de cet homme comme la flamme la plus grande de toutes dans le pays ! Il ajouta : « Cet homme que tu vois t'aime énormément, sans même te connaître. »

Par la main des guérilleros, ce pauvre fermier venait de voir toute sa récolte brûler. Il n'avait même plus un morceau de pain sur sa table, ni pour lui ni pour sa famille. Les guérilleros voulaient également emmener son fils aîné pour servir dans la guérilla.

Toutefois, ce dimanche-là, le lendemain de l'accident de Gloria, il mit ses plus beaux vêtements et se dirigea vers le village avec ses enfants. Il entra dans l'église pour assister à la messe et se prosterna face contre terre. Se mettant à prier, il fut tout de suite saisi par une grande joie. Le Seigneur invita Gloria à bien écouter sa prière : « Seigneur, je vous aime, je vous remercie pour la vie ! Merci pour mes enfants ! Je vous remercie de me donner la grâce de vous aimer. S'il vous plaît, faites que mes enfants vous aiment ; que la Colombie vous aime ; que la Colombie devienne bonne ! » C'était une prière de louange et de supplication altruiste. Quelle belle âme ! Voilà un vrai chrétien !

Puis le Seigneur montra à Gloria ce qu'il avait dans sa poche : un billet de 10 000 pesos (environ 3 €) et un autre de 5 000. C'était toute sa fortune. Quand le panier de la quête passa devant lui, il y mit les 10 000 pesos. Gloria eut honte... Que donnait-elle à la quête ? Les faux billets qu'elle recevait dans son cabinet de dentiste !

Lorsque cet homme reçut la sainte communion, Gloria vit comme une explosion de lumière dans son cœur, la Sainte Trinité entra en lui et il irradiait la lumière.

Après la messe, il quitta l'église. Avec le billet de 5 000 pesos qui lui restait, il acheta une panela (sorte de gâteau au miel) et du sel. Le vendeur enveloppa la panela dans du papier journal. Il s'agissait d'une demi-feuille du journal *El Espectador* dans lequel se trouvait décrit l'accident de Gloria causé par la foudre et, sur une photo, on voyait son corps brûlé. Lorsque notre paysan découvrit cette photo, il fut pris d'une telle émotion qu'il se mit à lire l'article. Comme il ne savait pas bien lire, il devait faire beaucoup d'efforts et Gloria l'entendit ânonner chaque mot : « Den-ti-s-te... » Quelle tendresse ! À chaque phrase qu'il lisait, sa compassion envers elle augmentait, comme si elle était sa propre fille.

Puis il se mit à pleurer et, face contre terre, il supplia le Seigneur : « Père, disait-il, prends pitié de ma petite sœur ! Seigneur, sauve-la ! Seigneur, si tu sauves ma petite sœur, j'irai jusqu'au Sanctuaire de Buga[9]. Mais sauve-la, Seigneur ! »

Il n'avait même pas de quoi manger et il promettait de traverser tout le pays pour elle ! Autrement dit, cinq jours de marche pour une inconnue ! Il appelait Dieu « Père » et elle sa « petite sœur ». Cela toucha profondément le Seigneur qui, désignant cet humble paysan, dit à Gloria : « Tu vois, c'est cela l'amour du prochain ! »

9. Ce sanctuaire se trouvait à l'autre bout du pays.

Quelle merveille qu'une âme humble ! Le Seigneur ne lui résiste pas.

Gloria demanda au Seigneur de lui révéler le nom de cet homme et comment elle pourrait le rencontrer pour le remercier. Mais cela ne lui fut pas accordé. « Tu ne le connaîtras pas sur cette terre, lui dit-il, car je ne veux rien retirer de sa gloire ! »

Après lui avoir parlé du saint paysan, le Seigneur, avec un amour infini, confia une grande mission à Gloria : « Ce que tu as vu et entendu, tu vas le répéter non pas mille fois, mais mille fois mille fois ; et malheur à ceux qui, en t'écoutant, ne changeront pas. Ils seront tous jugés plus sévèrement – qu'ils soient consacrés, prêtres ou simples fidèles – comme toi-même le seras lorsque tu reviendras ici, car il n'y a pas pire sourd que celui qui ne veut pas entendre, ni pire aveugle que celui qui ne veut pas voir. »

Gloria ajoute dans son témoignage : « Ceci, frères et sœurs, n'est pas une menace ! Au contraire, c'est l'exhortation d'un Dieu qui nous aime, qui veut éviter que nous allions dans ce trou terrible qu'est l'enfer, parce qu'Il nous veut avec Lui dans la joie éternelle. Lorsque chacun de vous verra le Livre de sa Vie ouvert devant ses yeux au moment de la mort, il verra tout comme je l'ai vu. Savez-vous ce qui cause le plus de douleur dans le jugement particulier ? C'est de savoir que notre Dieu nous appelle et nous cherche tout au long de notre vie avec un amour et une tendresse ineffables, et de voir la réponse misérable que nous lui donnons. »

Aujourd'hui, Gloria continue à dialoguer avec le Seigneur plusieurs heures par jour, lorsqu'elle l'adore dans le Saint-Sacrement. Celui-ci l'instruit sur bien des réalités de notre société actuelle. Il a aussi entièrement reconstitué son corps brûlé. La science ne peut expliquer comment, aujourd'hui, Gloria se porte bien. Les experts se penchent avec étonnement sur les nombreux dossiers médicaux établis après son accident. Gloria est un miracle vivant et un exemple magnifique de la miséricorde divine : ses ovaires avaient été brûlés, car le stérilet qu'elle portait avait attiré la foudre sur elle. Or, trois ans plus tard, elle mettait au monde une petite fille !

Satan n'est pas du tout content d'elle et il cherche à l'empêcher de témoigner. Le fameux jour où je l'ai rencontrée, pourquoi saignait-elle du nez ? Parce qu'en descendant du train, dans la petite gare de Desio, il lui donna un coup de poing dans la figure ! Pourquoi boitait-elle ? Parce qu'il lui avait donné des coups dans les jambes ! Réaction de Gloria ? « C'est bon signe pour la mission de ce soir : elle sera bénie ! »

Il y a quelques années, le Seigneur révéla à Gloria que le paysan de la Sierra Nevada venait d'être tué par les guérilleros avec toute sa famille. Ce jour-là, elle put voir le visage de cet homme pour la première fois. Il vint la visiter dans une vision alors qu'elle adorait le Seigneur dans le Saint-Sacrement. Il ne prononça aucune parole. Il y eut un profond silence entre eux, mais, dans son âme, Gloria sut que c'était lui. Les yeux écarquillés, il semblait stupéfait de se trouver face à Gloria et de voir vivante cette petite sœur qu'il avait vue aux portes de l'enfer et pour laquelle il avait tant supplié. Ils se sont souri. Gloria le décrit ainsi avec tendresse : il avait la peau un peu basanée, une barbe et un regard d'une infinie douceur. Entre eux, tout fut dit dans ce regard.

Depuis ce jour-là, à chaque fois que Gloria donne son témoignage ou qu'elle se trouve dans une situation délicate, elle sent la présence de cet ami extraordinaire qui l'accompagne de sa sollicitude, tel un ange gardien de surcroît pour sa mission particulière. Le Seigneur lui a révélé qu'il en serait ainsi jusqu'au Ciel où il l'attend.

Ce saint paysan, dont l'âme était la plus lumineuse de toute la Colombie, relais si puissant de la miséricorde de Dieu et magnifique exemple de charité, restera pour nous *l'inconnu de Bogota*...

6

Attention ! Fausse miséricorde !

Lorsque Gloria Polo était adolescente, bien que d'origine catholique, elle avait glissé peu à peu dans une vie dissolue, voulant faire comme ses amies qui – laissées à elles-mêmes sur le plan spirituel – n'avaient pas conscience des conséquences de ce qu'elles faisaient. Des brebis sans berger ! Lorsque Gloria tomba enceinte à l'âge de seize ans, elle s'effraya. Que faire ? Impossible d'annoncer cela aux parents ! Impossible aussi de le leur cacher. La voilà coincée, profondément angoissée. Mais ses bonnes amies ne mirent pas longtemps à lui donner la clé magique qui pouvait la sortir de l'impasse : « Fais comme nous, ne sois pas stupide, ce n'est rien, en une heure tu seras débarrassée du problème ! En plus, c'est gratuit ! »

Gloria prit rendez-vous avec l'avorteur de service. Il lui fallait là aussi se conformer au souffle des vents et des modes qui passaient sur les jeunes de son village. Quand elle se retrouva dans la salle d'opération, allongée sous les feux du scialytique, elle voulut fuir. « Pas question de tuer mon bébé », se dit-elle ! Trop tard, les bistouris commençaient déjà leur funeste travail. C'est ainsi que son premier enfant disparut sans laisser de trace. Sans laisser de trace ? Mensonge ! Encore aujourd'hui, trente ans plus tard, elle ne peut en parler sans que son cœur se torde en elle.

Peu de temps après son avortement, elle eut un certain retour de conscience car un profond malaise l'avait saisie. Elle avait la perception intime que son style de vie « clochait » et ne la conduisait pas au vrai bonheur. Une question cruciale s'imposa à son esprit : « Mais où vais-je atterrir en vivant comme ça ? Mon comportement n'est pas le bon ! Je m'abîme, je m'enfonce, il y a quelque chose qui ne va pas ! Je suis en train de glisser sur une mauvaise pente ! »

Elle décida alors d'aller trouver un prêtre et de lui raconter ce qu'elle vivait, afin de recevoir un conseil pour sa vie et de pouvoir prendre une meilleure direction. Elle désirait la lumière ! Elle décida de lui ouvrir son cœur et de suivre ses directives.

Le prêtre l'écouta passer en revue ses choix, ses chutes et ses doutes profonds sur la qualité de sa vie. Puis il lui sourit et lui dit pour la mettre à l'aise : « Ne t'inquiète pas ! Tu es jeune, profite de la vie, fais comme tes amis, pourquoi te singulariser ? Dieu est bon, il pardonne toujours, ne t'en fais pas ! Va en paix ! »

De ce jour-là, comme elle-même en témoigne, Gloria se lança à corps perdu dans l'immoralité. Pourquoi s'en priver ? Après tout, Dieu est bon, et puis n'avait-elle pas reçu l'aval de l'Église ? D'ailleurs, le démon et l'enfer existent-ils vraiment ?

Une formule assassine

Ces propos traduisent ce qu'on pourrait appeler la « fausse miséricorde ». En effet, notre génération a parfois tendance à assimiler la miséricorde avec le laxisme, elle se veut débonnaire et cool. Or, la miséricorde de Dieu a conduit le Christ sur la Croix. Pour nous libérer du péché, il a enduré d'inimaginables souffrances, souffrances du corps et – plus intenses encore – souffrances de l'âme. Comment pouvons-nous penser ou dire que le péché n'est pas si grave, s'il a causé une telle Passion à Jésus ? Comment pouvons-nous prendre à la légère les commandements de Dieu si leur transgression a valu au Verbe fait chair l'atrocité de sa Passion et de sa Crucifixion pour nous épargner l'enfer éternel ?

Peut-on imaginer un médecin qui, pour le mettre à l'aise, dirait à l'un de ses patients, malade du cancer : « N'ayez crainte, ça n'est pas si grave, on n'en meurt pas, continuez à fumer et à boire, pas besoin de traitement particulier. » Il le priverait ainsi de toute chance de survie.

Si ! le péché est grave, il est même gravissime quand on décide volontairement de s'obstiner. Le péché conduit à la perte de l'âme. Lorsque nous prenons conscience de cela, alors la miséricorde de

Dieu peut agir en nous. C'est ce que nous dit le pape François dans son ouvrage *Le Nom de Dieu est Miséricorde*, quand il parle de la nécessaire « honte » qui doit accompagner la conscience d'avoir commis un péché. C'est ce sentiment de honte qui nous pousse à nous tourner vers l'infinie miséricorde du Père manifestée en Jésus.

La fausse miséricorde consiste à nier la réalité du péché et sa gravité, et par là même, le besoin que nous avons d'être sauvés. Nous rendons ainsi inutile la croix du Christ. C'est un piège subtil de l'ennemi car il se déguise en bonté, compréhension, compassion... Subtile imitation ! La formule : « Ce n'est pas grave, tout le monde le fait », est assassine. Elle nous prive de la miséricorde de Dieu et de son pardon, comme notre cancéreux est privé de son traitement et voit son mal s'aggraver. Il s'agit là d'une fausse absolution et donc d'une fausse miséricorde.

Comprenons-le bien : nous n'avons pas à trouver d'excuse à notre péché, même s'il y en a – et souvent, il y en a. Pourquoi ? Parce que nos excuses nous offrent une paix illusoire et de courte durée, peut-être un certain confort psychologique, mais elles nous empêchent de demander vraiment le pardon de Dieu puisque nous nous sommes déjà absous nous-mêmes ! Or, le pardon de Dieu dépasse infiniment le maigre et éphémère soulagement psychologique que nous offrent nos excuses. Le pardon de Dieu pose un baume de tendresse sur nos blessures, il restitue notre dignité, nous redonne confiance en Lui et en nous-mêmes. Il nous fortifie en vue du prochain combat contre nos tendances mauvaises ; et bien souvent, de confession en confession, le pardon nous libère de ces tendances et nous en guérit. Là, c'est le Précieux Sang du Christ qui coule sur nos blessures infectées et les transforme en sources de bénédiction.

Voulez-vous un aveu ? Je préfère dix mille fois tomber entre les mains du Dieu miséricordieux que de m'en tirer avec mes propres excuses !

Venez donc chez Marthe !

Dans les années 1970, un homme arrive au Foyer de Charité de Châteauneuf-de-Galaure pour y faire une retraite de cinq jours[10]. À

10. Voir : www.lesfoyersdecharité.com

cette époque, le père Finet, cofondateur des Foyers et père spirituel de Marthe Robin, était encore vivant et bien vivant. Il excellait dans l'art de parler aux retraitants et de gagner leur cœur au Christ.

Ce jeudi-là, au troisième jour de la retraite, cet homme déclare au père Finet que ses histoires sur Satan sont dépassées car Satan n'existe pas. Pourquoi remettre sur le tapis de vieilles croyances du Moyen Âge ? Le père Finet lui sourit et ne cherche pas à le convaincre. Il sait que les mots resteraient lettre morte pour ce Français si sûr de lui, tout pétri de ces idées désastreuses qui ont imprégné la France depuis le fameux « Siècle des Ténèbres » appelé à tort « Siècle des Lumières ». « Tenez, lui dit-il, venez avec moi chez Marthe ! Ce soir, elle va entrer à nouveau dans la Passion et je dois prier auprès d'elle à cette heure cruciale. Sachez que je vous fais là une faveur !

L'homme est tout heureux. Il a entendu des choses extraordinaires sur Marthe et cette faveur inattendue de pouvoir s'approcher d'elle le transporte de joie ! Il monte dans la petite voiture du père Finet et les voilà partis tous les deux sur les voies caillouteuses de ces sauvages collines de la Drôme. La conversation durant ces dix minutes de trajet est quasi nulle. Le Père « trace », tout en évitant les nids de poules ; son esprit semble ailleurs, sans doute déjà saisi par le mystère si profond dont il va être une fois encore le témoin privilégié. L'homme, lui, est plus préoccupé de s'accrocher à son siège dans les tournants que de se concentrer sur ce qui l'attend chez Marthe.

La voiture n'a pas le temps de se garer dans la cour de *la Ferme* (la petite maison de Marthe) que l'ambiance tourne au vinaigre. Un bruit assourdissant se fait entendre ! Un vacarme infernal, des ricanements horribles, des cris de bête, des hurlements insupportables les accueillent. Le Père reste d'un calme olympien. Il a l'habitude ! Il murmure seulement à son coéquipier :

– « C'est Satan ! Il se manifeste toujours avant la passion de Marthe pour l'empêcher de dire oui, ne vous inquiétez pas ! »

Mais l'homme tremble de tous ses membres, son sang se glace dans ses veines… Il ne pense qu'à fuir car une terreur mortelle l'a saisi.

– « Partons d'ici ! dit-il au père Finet d'un ton suppliant. Ça va, ça va ! J'ai compris ! Partons vite ! »

– « Alors, vous l'avez entendu de vos oreilles ! Il fallait cela pour vous faire comprendre que Satan existe, qu'il est bien réel… »

Durant ses retraites, le père Finet racontait toujours cet épisode mémorable. Je l'ai entendu de sa bouche et j'ai vu l'impact de ce récit sur les retraitants. Aujourd'hui, même chez les catholiques, on sourit avec condescendance devant ces pauvres retardataires qui osent dire que Satan existe et qu'il travaille à notre perte. Si on savait !

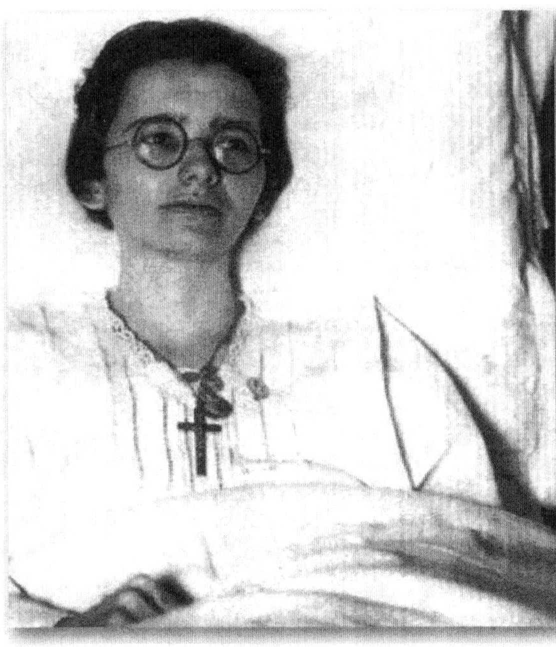

Marthe Robin © Foyer de Charité de Châteauneuf-de-Galaure

7

Scott revient de loin

Scott Sayer

2013, dans une forêt de Manchester

Scott est terrorisé ! Il pratique depuis deux ans toutes les déviations promues par le New Age et voilà qu'aujourd'hui, au milieu des bois, soudain le noir se fait autour de lui. Il ne voit plus rien. Mais il perçoit une voix féminine inconnue qui lui murmure quelque chose. Scott lui demande de parler plus fort pour bien saisir ce qu'elle dit. Cette voix lui siffle alors à l'oreille : « Je peux t'apprendre de nombreux secrets et t'enseigner toutes les connaissances occultes jusqu'alors cachées à l'humanité. »

Mais elle ne lui révèle pas de quels secrets il s'agit. Elle lui montre alors son avenir : il aurait beaucoup d'argent, une belle maison, etc. Puis elle ajoute que, pour obtenir tout cela, elle a besoin d'entrer en lui. Scott résiste, il perçoit que la proposition sent le soufre et, devant sa résistance, la voix féminine décline son identité : elle s'appelle *Baphomet*. Elle tente d'entrer dans son corps de force, révélant ainsi l'horrible créature qu'elle est. Lorsque Scott sort de cette méditation, il se rend compte que l'expérience a duré trois heures !

Qui est ce Scott ? J'ai pu l'interviewer et voici son témoignage :

« Je suis né et j'ai grandi dans une famille catholique. J'ai vingt-sept ans, j'ai un frère, une sœur et deux demi-frères. Lorsque j'étais enfant, toute ma famille allait à l'église et nous priions ensemble le Rosaire à la maison. À l'âge de onze ans, je ne sais pourquoi, mes parents ont cessé de prier ensemble. Deux ans plus tard, ils se sont séparés, puis ont divorcé.

Déjà dévasté par ces événements, je me suis aussi senti rejeté par mon père. Je voulais l'ignorer complètement. Lui et moi, nous ne nous sommes plus parlé durant plusieurs années. J'ai alors accumulé beaucoup de ressentiment intérieur et, dans la foulée, je me suis détourné de Dieu. Ma mère et ma grand-mère faisaient tout leur possible pour m'inviter à prier le Rosaire avec elles, mais je refusais et leur manifestais mon manque d'intérêt total. J'étais d'ailleurs en pleine crise d'adolescence. J'ai cessé complètement d'aller à l'église à l'âge de seize ans.

Suivant la pente savonneuse de notre culture de mort offerte aux jeunes, j'ai commencé à fumer du cannabis, puis à prendre de l'ecstasy et de la cocaïne. J'aimais les fêtes abondamment arrosées d'alcool.

J'ai quitté mon pays natal pour faire des études en Australie pendant un an. Un sentiment accablant me dévorait intérieurement, avec la certitude que quelque chose d'important me manquait. Mais quoi ? Quel que soit le métier que j'envisageais de faire, il y avait toujours quelque chose qui clochait. Je savais intimement que je n'allais pas m'épanouir. À vingt-trois ans, je me suis tourné vers plusieurs types de méditation : la méditation transcendantale, la méditation hindoue, la méditation bouddhiste, la méditation égyptienne et d'autres méditations que je trouvais sur Internet et dans lesquelles je m'enfermais avec mes écouteurs. Je me suis même intéressé au Reiki, mais sans le pratiquer. L'épisode le plus grave m'a mis aux prises avec cette femme mystérieuse, la dénommée *Baphomet*[11], dont j'ai entendu la voix. J'ignorais alors que Baphomet était le nom d'un démon et je réalisais qu'il avait tenté de me séduire par ses mensonges[12]. »

À ce moment de l'interview, je sens Scott saisi par l'émotion, il n'est pas près d'oublier cette horrible rencontre qui a failli le faire basculer dans de profonds abîmes.

Durant les années qui ont suivi ces expériences dévastatrices, Scott a beaucoup souffert de « paralysie du sommeil[13] » sans se rendre compte à l'époque que ces symptômes étaient dus à ses pratiques New Age.

La miséricorde de Dieu l'attendait sur cette route des plus dangereuses. La grand-mère de Scott, qui prie beaucoup pour lui, imagine un moyen de lui faire raccrocher les wagons avec le Seigneur. Elle l'invite à l'accompagner à Medjugorje, arguant du fait qu'elle ne peut s'y rendre seule en raison de son âge. Ça tombe dans le mille ! La suggestion plaît à Scott car, lorsqu'il était petit, il était déjà allé à Medjugorje et il se souvient qu'il s'y était drôlement bien amusé.

---

11. Baphomet est le nom donné par certains occultistes du XIXe siècle à l'idole mystérieuse que les chevaliers de l'ordre du Temple furent accusés, à tort ou à raison, de vénérer. Le plus souvent représentée avec la tête d'un homme barbu, l'idole était vénérée, mais également crainte pour sa laideur. Ses caractéristiques notoires sont des seins ainsi qu'une tête de bouc.

12. Le Rosaire de la famille dans son enfance est très probablement ce qui l'a protégé lors de sa rencontre avec Baphomet et qui lui a permis de lui résister car s'il avait adhéré... Imaginez la suite ! Combien de jeunes aujourd'hui malheureusement ne résistent pas.

13. Paralysie du sommeil : c'est le fait d'être dans l'incapacité de bouger en état d'éveil. Le cerveau est conscient, mais le corps est en totale hypotonie sans capacité de le commander. Ce fait peut être vécu de façon angoissante par certaines personnes. Ces symptômes évoquent un des aspects de la maladie de Gélineau ou *syndrome narcolepsie-catalepsie*. Ils peuvent être le signe d'une maladie plus complexe, ou la simple expression d'une altération neurologique qui peut être d'origine toxique, infectieuse, psychoaffective ou spirituelle. Il y a alors déconnexion du contrôle physiologique du corps sans altération de la conscience. C'est une des caractéristiques du sommeil paradoxal : donc, il vaut mieux être couché au moment où le tonus musculaire disparaît.
Note de l'auteur : j'ai moi-même vécu cette expérience durant mon adolescence à la suite des séances de spiritisme où nous appelions les esprits et aussi la divination à travers les cartes et l'astrologie que je pratiquais avec mes amies ; à l'époque, je ne comprenais pas pourquoi je me sentais vidée de toute énergie. C'était comme si toute ma vie était absorbée par le bas, alors que j'étais allongée sur mon lit. Mon esprit ne pouvait plus rien commander de mon corps. Je ne pouvais plus bouger. Voir le chapitre 4 de *L'Enfant caché de Medjugorje* (EDB) où je raconte mon témoignage.

Arrivé chez la Gospa, les forces du mal qui habitaient encore Scott à son insu se déchaînèrent. La Vierge Marie n'est-elle pas celle qui écrase la tête du Serpent ? Ce qui explique le malaise du Serpent en sa présence. Dès le début de son séjour, il se réveille au milieu de la nuit – et, horreur – son corps est complètement paralysé. Ses membres ne répondent plus à sa commande et seuls ses yeux peuvent encore bouger. Mais ce n'est pas tout, il ressent une présence sombre dans la chambre et celle-ci lui fait l'effet de le vider de toute vie. Rien à faire ! Il doit supporter cet état en attendant qu'il prenne fin. Il se souvient alors que Dieu existe et cherche à l'appeler. Mais il ne peut ni crier, ni même bouger les lèvres. Toutefois, dans son esprit, il se met à crier : « Jésus, s'il te plaît, aide-moi ! »

À cet instant précis, comme si Jésus n'attendait que le cri de son enfant pour intervenir, la présence sombre disparaît. N'étant plus sous l'emprise de cette entité occulte, deux pensées s'imposent à lui et le surprennent lui-même. N'avait-il pas lâché le Seigneur depuis des années ? « Je veux devenir prêtre, se dit-il, et je dois aller voir un prêtre pour me confesser. »

À cause des pratiques New Age auxquelles il s'était adonné, Scott eut le sentiment qu'il lui faudrait trouver un prêtre capable d'entendre sa confession et de comprendre ses égarements dans l'occultisme. Quelques jours passent et, durant la messe du dimanche, il entend le célébrant décrire les dangers de l'occultisme dans son homélie. « Voilà, c'est lui ! se dit Scott. Il saura accueillir ma confession. »

> « Ma grand-mère exultait de joie en me voyant dans la file des pèlerins qui attendaient leur tour devant ces fameux confessionnaux, aussi appelés *boîtes à péchés* qui pullulent à Medjugorje. »
> « J'ai fait une confession très sincère, explique Scott. Le prêtre semblait me poser les bonnes questions et je pus facilement lui révéler toutes les souffrances que j'avais endurées dans ma vie. De nombreuses blessures avaient été causées par ma relation désastreuse avec mon père, puis avec ma mère. Ajouté à cela, après trois ans de vie commune avec ma petite amie, je compris qu'elle me mentait et trichait. Ce fut un nouveau coup douloureux. Enfin, à cause d'un genou défaillant, je fus refusé à l'armée. Cette accumulation d'échecs me faisait penser que j'étais un échec vivant. Mais après cette confession, quelle liberté intérieure j'ai éprouvée ! Je n'avais jamais connu cela auparavant. »

« C'est alors que j'ai réalisé tout le potentiel de joie et de paix que j'avais gâché à cause de mes mauvais choix. Le bon prêtre qui m'avait confessé fut très inspiré dans la pénitence qu'il me donna. Il s'agissait de monter au sommet de la montagne de la croix, le Križevac, et de m'arrêter à chacune des quatorze stations. Là, je devais repenser à un moment précis de ma vie où j'avais été blessé et l'offrir à Notre Seigneur. C'est donc ce que j'ai fait. Arrivé au sommet, j'ai prié tout le Rosaire et je suis redescendu en continuant à prier de tout mon cœur. C'est au cours de cette descente qu'à nouveau m'a saisi fortement la conviction que je devais devenir prêtre. J'ai dit alors à Jésus : "Je sais que tu es là, je sais que j'ai été mauvais dans ma vie ; mais si tu veux que je devienne prêtre, tu dois me donner un signe. Je ferai tout ce que tu veux."

« Arrivé au pied du Križevac, je me mis à marcher le long de la petite route qui ramène au village. C'est alors que le visage de Jésus Miséricordieux – celui révélé à sainte Faustine – est apparu devant mes yeux. Ce n'était pas une apparition en trois dimensions, mais une simple vision. Son visage était radieux, il rayonnait d'une lumière d'or qui n'existe pas sur la terre. Il me regardait droit dans les yeux. Cette vision occupait tout mon champ visuel, si bien que tout ce qui était à ma gauche et à ma droite avait disparu à mes yeux. En même temps, je me trouvais enveloppé d'un immense amour et j'ai senti que Jésus me disait : "Que te faut-il de plus ?" Quelques secondes plus tard, son visage avait disparu. »

Inutile de préciser que, depuis lors, Scott a radicalement changé de vie, il fait désormais partie de ceux, qui, à travers la miséricorde de Dieu, sont passés de la mort à la vie. Devenu un pilier de sa paroisse, il assiste quotidiennement à la messe et à l'adoration. Par ailleurs, sa relation avec la Vierge Marie a ressurgi et il a repris le Rosaire que la tradition de sa famille lui avait enseigné tout petit.

Un des grands miracles qu'il constate est qu'il ne souffre d'aucun effet secondaire dû aux méditations New Age qu'il pratiquait avant sa conversion. Il en est complètement libéré. D'autant mieux que le prêtre à qui il s'est confessé s'est révélé être un exorciste. Scott ne souffre d'aucune altération du comportement, ni du sevrage qui suit souvent le fait d'arrêter la prise de drogues.

Il est allé trouver son évêque et le directeur des Vocations de son diocèse car il ne peut imaginer sa vie en dehors du sacerdoce.

Le directeur des Vocations est un homme très bon qui a compris ce nouveau candidat potentiel. Certes, il faudra à Scott une bonne année de préparation avant d'entrer au séminaire. À ce jour, il ne sait pas encore de quelle manière il va exercer son sacerdoce et servir l'Église. Il reste ouvert et abandonne son devenir entre les mains du Christ, le Grand Prêtre qui est heureux de partager son propre sacerdoce avec ceux qu'il a choisis, ses fils de prédilection. Il caresse l'idée de devenir un prédicateur. Effectivement, son témoignage peut en bousculer plus d'un ! Déjà, un protestant, engagé jusqu'au cou dans les pratiques occultes de type New Age, a abandonné cette mauvaise voie depuis sa rencontre avec Scott. Il s'est mis à prier beaucoup, il se rend à la messe chaque jour et se prépare à devenir catholique.

Si, un jour, vous rencontrez Scott du côté de Manchester, il vous dira lui-même combien il est reconnaissant envers le Christ pour la miséricorde qu'Il lui a montrée. Vous trouverez un homme heureux et épanoui, de cette qualité de bonheur qui ne peut venir que du Ciel !

8

Confession d'un vampire

Pères Antonello et Enrico © Alleanza di Misericordia

Si vous n'avez jamais rencontré de vrais *fous de Dieu*, sachez que j'en connais une paire assez remarquable ! Originaires de Sardaigne, les pères Enrico Porcu et Antonello Cadeddu ont commencé leur mission au Brésil sur des chapeaux de roues en l'an 2000. De familles relativement aisées, ils se sont installés au beau milieu d'une favela, dormant dans une sorte de container dont le confort était plus que douteux, en fait dans une absence totale de confort. Leur grande ouverture de cœur au monde des pauvres les a conduits à des expériences plutôt extrêmes.

Cette nuit-là, couché par terre dans leur minuscule pièce avec sept paumés récupérés sur la place centrale de São Paulo, le père Enrico ne dormait que d'un œil. En raison de sa grande expérience des gens de la rue, il n'était pas complètement rassuré. De plus, trouver le sommeil par ces chaleurs torrides de São Paulo, sur la dure et dans la poussière, n'était pas facile. Sans parler des quelques insectes trop contents de partager le gîte avec ces nouvelles recrues, de parfaites cibles à dévorer.

Soudain, le père Enrico voit une ombre s'approcher de lui. Décharge d'adrénaline ; mais il parvient à garder un calme apparent. Un jeune drogué se tient là, à l'observer, un cutter à la main. C'est Pedro, dix-neuf ans, ramassé en guenilles quelques nuits plus tôt après une courte conversation avec nos deux prêtres. Il affirmait ne plus vouloir dormir dans la rue et demandait à être hébergé. Il avait l'air si triste ! Comment ne pas penser à la parole du Seigneur : *« Qui accueille un de ces petits, c'est moi qu'il accueille »* (Mt 18, 5) ?

Le père Enrico se met à prier de toutes ses forces, le cutter ne lui inspire rien qui vaille ! Comme il a raison ! Pedro reste planté là un certain temps – des minutes qui semblent des heures au père Enrico – puis étrangement, il retourne se coucher.

Au matin, tout agité, nerveux, avide de sang et le visage rempli de colère, Pedro vient trouver le père Enrico et lui fait une terrible confidence : il a été assailli pendant la nuit par une pulsion et l'envie quasi irrépressible de leur tailler les veines à tous pour boire leur sang. Toutefois, quelque chose l'en avait empêché. Mais quoi ? Il ne le sait pas. En revanche, le père Enrico, lui, le sait. La prière de foi !

Pedro, voyant qu'il n'est ni jugé ni rejeté par ces prêtres, se sent en confiance et retrouve peu à peu son calme. Il comprend alors qu'il peut révéler le secret terrifiant qui le ronge depuis son enfance : à sa naissance, il a été consacré au démon. Satan l'a lié en lui imposant de boire du sang humain, celui des autres ou même le sien. Habité par une pulsion irrépressible, il lui est pratiquement impossible d'y résister. C'est le seul moyen pour lui de trouver un semblant de paix. Cette fausse paix typique de Satan qui nous laisse toujours sur notre soif !

Nos deux prêtres, stupéfaits, réalisent qu'ils sont en présence… d'un vampire ! Soudain, tout s'éclaire. Ils comprennent pourquoi les bras de Pedro et plusieurs parties de son corps sont couverts de blessures : il se les infligeait à lui-même lorsqu'il ne trouvait aucune proie à qui tailler les veines pour assouvir sa soif de sang.

Comme il était revendeur de drogue, il avait été détenu dans une prison pour mineurs. Il faisait alors tout son possible pour que ses « camarades » de détention se battent. C'était bien calculé de sa part, car ensuite, il pouvait boire le sang qui avait coulé, quitte à le lécher par terre. Pedro livre ainsi tout le drame de sa courte vie et les souffrances de sa famille qui a fini par l'abandonner.

À partir de ce moment-là, nos amis prêtres prièrent pour lui et Pedro eut alors une première manifestation démoniaque.

Quelques jours plus tard, il en eut une autre encore plus violente. Il se mit soudain dans une colère noire et son visage se transforma. Il prit une lame de rasoir Gillette et se précipita sur le père Enrico et sur les autres. Mais un miracle se produisit. Une image de la Vierge de Medjugorje était placée entre lui et le père Enrico. Pedro s'arrêta net et, oubliant le prêtre, se jeta sur la photo de la Vierge. Tout en hurlant, il la déchira complètement. Aussitôt, la manifestation démoniaque s'accentua, Satan se déchaîna et tous se mirent à prier pour Pedro pendant des heures, en implorant Dieu pour qu'il le libère.

Et il fut libéré !

Quelques mois plus tard, il put repartir dans le monde, serein et paisible, avec le désir de commencer une nouvelle vie. En lui, tout avait changé, il faisait plaisir à voir. Il s'est marié, il est aujourd'hui un homme heureux et un témoin hors pair de l'extrême bonté du Seigneur.

Rendons grâce à Dieu et à la Vierge Marie ! Quel miracle n'ont-ils pas accompli pour sauver Pedro ! Quels nouveaux miracles lui réservent-ils ?

Et nous, qui n'avons sans doute pas eu le parcours de Pedro, saurons-nous accueillir la présence aimante du Père dans nos vies ? Saurons-nous reconnaître le passage de sa miséricorde qui étreint tous ses enfants, sans exception, avec la même force ?

Le courage d'évangéliser

Nos deux prêtres sont allés sur la place centrale de São Paulo dans l'idée de repêcher quelque âme égarée et désespérée. Ils en trouvèrent plusieurs qui, aujourd'hui, ont trouvé le Christ et ont changé de vie. Il y a encore des millions d'êtres humains qui attendent l'annonce du salut ! Il en existe de tous genres, cachés aussi bien dans les riches salons huppés des « grands » de ce monde que dans les antres enfumés des drogués de nos capitales. Qui va vers eux ?

Si notre Créateur a un plan de vie pour chacun de nous, Satan a aussi son propre plan, celui de casser notre vie en mille morceaux. Le Padre Pio disait que le plus grand acte de charité que l'on puisse accomplir est de libérer une âme de l'emprise de Satan.

Évangéliser demande un certain courage, il faut être prêt à recevoir des claques ; mais quels fruits alors, lorsqu'une brebis perdue est retrouvée, lorsqu'un mort est revenu à la vie !

Jeunes drogués au Brésil

Un homme sur un banc…

Avec Jésus en poupe, nous ne sommes jamais à court de surprises… En voici un bel exemple.

Deux femmes avaient un grand désir d'apprendre à évangéliser pour faire connaître l'amour de Dieu à ceux qui n'en avaient encore aucune idée. Elles décidèrent de suivre des cours sur la façon pratique de s'y prendre. À la moitié des cours, on demanda aux étudiants de sortir deux par deux et d'aller parler de Dieu aux gens qu'ils rencontreraient dans la rue. Les deux femmes qui, au début, étaient tout feu tout flamme à l'idée d'évangéliser, se mirent à trembler de peur au moment d'entreprendre cette mission. Toutefois, elles se mirent en route, un peu au hasard, et elles tombèrent sur un chemin écarté qui leur semblait non fréquenté. Elles décidèrent de l'emprunter dans l'espoir qu'elles n'y rencontreraient personne.

Mais… consternation ! Un homme se trouvait là et, assis sur un banc, il lisait son journal. Les deux femmes s'enhardirent et vinrent s'asseoir auprès de lui, l'une à droite de l'inconnu, l'autre à gauche. L'une d'elles osa se jeter à l'eau et lui demanda timidement : « Je ne pense pas que vous ayez envie d'entendre parler de Jésus Christ, n'est-ce-pas ? » L'homme baissa le coin de son journal et les scruta rapidement. « En fait, si ! » répondit-il.

Les deux femmes oublièrent leur crainte, ravies de voir qu'il était ouvert et même désireux d'entendre ce qu'elles avaient à leur dire. Elles se lancèrent alors dans une chaleureuse conversation, puis il y eut un silence, le temps de reprendre leur souffle. « Est-ce que je peux parler, maintenant ? demanda-t-il. Laissez-moi vous expliquer… Justement, hier, ma mère a fait un rêve vraiment étrange. "Figure-toi, me dit ma mère, que j'ai rêvé de toi la nuit dernière et je sens que je dois te le dire. Je t'ai vu debout au milieu d'un lac de feu, mais je ne sais pas du tout ce que ça veut dire." "Un lac de feu ?" Moi, je savais exactement ce que cela voulait dire ! Je suis nageur professionnel et j'ai vécu une vie totalement centrée sur moi-même. Mon centre d'intérêt était d'obtenir tout ce que je voulais, même au détriment de mes proches. Lorsque ma mère me parla de son rêve, je compris tout de suite qu'elle avait eu une vision de l'enfer. Et moi, j'étais dedans ! Debout, en plein dans le feu ! Ma sœur avait tout essayé pour me ramener à la foi et à l'Église, mais je continuais ma vie sans Dieu. Hier soir, j'ai pris à cœur le rêve inspiré de ma mère et j'ai bien réfléchi : j'ai décidé de changer de vie et de revenir à Dieu. Mais voilà… Comment m'y prendre ? Je n'en avais aucune idée ! »

L'homme marqua un temps d'arrêt et déclara : « Vous pensiez que j'étais assis ici à lire le journal… La vérité est que j'étais en train de penser à ma vie et de prier Dieu, lui disant combien je voulais changer. Je lui expliquais que pour cela, il devait m'envoyer quelqu'un pour m'aider car je ne pouvais pas y arriver tout seul. C'est alors que vous êtes arrivées toutes les deux[14]... »

Voilà l'évangélisation : un jour, on se prend une claque ; un autre jour, on s'émerveille de voir que Dieu a préparé ce cœur à écouter sa

14. Témoignage donné par le frère Conrad, Franciscain du Bronx (New York) : http://franciscains.free.fr/ Communaute/Franciscains.php
Voir aussi : Benedict GROESCHEL, *L'épopée des Franciscains du Bronx*, EdB, 2007.

Parole. Dans les deux cas, nous sommes grandement gagnants ! Pour la claque, nous bénéficions de la huitième Béatitude :

> *« Heureux êtes-vous quand on vous insultera, qu'on vous persécutera et qu'on dira faussement contre vous toute sorte d'infamie à cause de moi. Soyez dans la joie et l'allégresse, car votre récompense sera grande dans les Cieux ! »* (Mt 5, 11-12.)

Et si, en revanche, nous tombons sur un cœur ouvert, nous bénéficions alors d'un autre type de joie : avoir été l'instrument de Dieu pour ramener une brebis perdue à son bercail… Comme il y a plus de joie parmi les anges de Dieu pour un seul pécheur qui se repent que pour quatre-vingt-dix-neuf justes, nous participons à cette joie céleste et notre cœur danse avec les anges !

9

Pourquoi ne pas tout donner ?

Je souhaite citer ici cette merveilleuse parabole du grand poète indien Rabindranath Tagore. Il habitait dans l'État très pauvre du Bengale où se trouve Calcutta. Il met en scène un mendiant qui, pour survivre, avait placé sa petite sébile au bord du chemin et qui attendait de rares oboles durant les longues heures de la journée. Un jour, il voit arriver de loin un char magnifique conduit par un prince richement habillé. Il se dit : « Voilà ma chance arrivée ! » Effectivement, le char s'arrête devant lui dans un grand nuage de poussière et le prince en descend. Il s'approche du mendiant et, contre toute attente, lui demande : « Qu'as-tu à me donner ? » Le mendiant stupéfait se met à trembler et va fouiller dans sa petite besace où il avait rassemblé une poignée de grains de blé, sa maigre nourriture. Il prend un grain de blé et le tend au prince qui le remercie et qui repart comme il était venu. Le mendiant reste très perplexe. Le soir venu, il rentre dans son petit logis de fortune et dispose ses grains de blé pour les manger. Quelle n'est pas sa surprise de trouver, parmi eux, un grain de blé tout en or ! « Oh, pensa-t-il, que n'ai-je donné le tout ? »

Morale de l'histoire : on n'a que ce que l'on donne…

Mendiante © Paulo Tacchella

10

Pierre et Judas, contrition ou remords ?

J'ai une question : comment se fait-il que certains sont écrasés quand ils réalisent leur péché alors que d'autres ont une réaction inverse et s'en servent comme tremplin pour plonger plus profondément dans la miséricorde de Dieu ? Pour le comprendre, nous trouvons le meilleur exemple dans l'Évangile.

Les apôtres Pierre et Judas ont tous deux grandement péché contre le Seigneur au moment de sa Passion. L'un a renié, l'autre a trahi. Il s'agit dans les deux cas d'un péché grave. Toutefois, ces deux hommes ont eu des sorts complètement différents après leur faute. Comment se fait-il que Pierre soit devenu le premier pape, et saint Pierre, et que Judas ait fini ses jours au bout d'une corde dans le désespoir ? Le Christ aurait-il proposé sa miséricorde à l'un et pas à l'autre ? N'avait-il pas, envers l'un comme envers l'autre, le désir fou de les sauver et de les prendre avec Lui pour l'éternité ?

Certains s'étonnent que Judas, ayant été saisi de remords, n'ait pas pu comme Pierre bénéficier du pardon de Jésus et de sa miséricorde, ce qui l'aurait sauvé. Que s'est-il passé ?

Dès le premier jour où Jésus l'a appelé en Galilée, Pierre a suivi son Maître avec enthousiasme. Il aimait sa manière de parler, sa manière d'agir, il se réjouissait de chaque miracle accompli et jubilait dès qu'il voyait Jésus fermer la bouche à ses détracteurs avec la puissance du Saint-Esprit. Un amour très sincère pour Jésus est né peu à peu dans son cœur. Pierre mettait dans cet amour toute sa personnalité, tout son esprit, tout son cœur. Il réagissait souvent au premier degré, quitte à lancer une parole inopportune. Il était en quelque sorte le gaffeur de service dans le groupe des apôtres, ce qui nous le rend finalement assez sympathique !

Avec patience, Jésus le reprenait, l'enseignait et lui montrait le chemin. Pierre aimait Jésus de tout son cœur, de toute son âme et de tout son esprit malgré ses défaillances. Sa bonne volonté ne saurait être remise en cause. Lorsque, avant la Passion, Jésus annonça la débâcle des apôtres, Pierre exprima le premier et avec force que si les autres l'abandonnent, lui en tout cas était prêt à le suivre même jusqu'à la mort. En somme, il était l'homme fort sur lequel Jésus pouvait compter, même dans l'épreuve. Pierre ne pouvait être plus sincère. Mais il lui manquait une dimension très importante : il ne connaissait pas encore sa misère. Il n'avait pas sondé l'abîme de faiblesse qu'il portait en lui, il était aveuglé sur lui-même. Après l'agonie de Jésus à Gethsémani et son arrestation, il fut le seul avec Jean à suivre son Seigneur, même si c'était de loin, tandis que les autres s'étaient empressés de fuir.

Arrivé dans la cour du Grand-Prêtre, dans le froid de ce début d'avril à Jérusalem, Pierre commence à faiblir, son courage en prend un coup. Épuisé par une nuit traumatisante et la vision d'un Jésus qui transpire le sang et se laisse enchaîner sans résistance, Pierre n'y comprend plus rien. Rien ne « colle » plus et la peur s'infiltre en lui. Ses belles promesses de vaillance s'écroulent. D'instinct, il se laisse déborder par la peur et il se découvre renégat à trois reprises. Il se passe une heure entre le deuxième et le troisième reniement, heure durant laquelle Pierre se sent très, très mal. Le chant du coq le surprend en pleine dégringolade. C'est là que le miracle s'accomplit : Jésus se retourne et pose son regard sur Pierre. Nulle trace de reproche, de colère, d'indignation ou de condamnation, Jésus demeure cet être bouleversant d'amour et d'humilité. Pierre fond en larmes. Il vient de renier Celui qu'il aime le plus au monde. Mais à peine a-t-il sondé sa misère que le regard de Jésus le pénètre de part en part, dans une infinie douceur. Il perçoit alors ce qu'est la Miséricorde. Il en est bouleversé.

Quel contraste ! Trois reniements purs et durs couverts par le regard de Quelqu'un qui n'est qu'amour et miséricorde. Pierre craque devant cet amour, il a mal de son péché, il a très mal ! Il voudrait ne l'avoir jamais commis. Il a blessé Celui qui était devenu le sens de sa vie. Ce soir-là, Pierre a pris la mesure de sa misère.

Mais parce qu'il aimait Jésus sincèrement et de tout son être, parce qu'il a accueilli le regard d'amour de Jésus sur son cœur blessé, il n'a pas sombré dans le désespoir.

Qu'est-ce qui a sauvé Pierre à ce moment-là ? Cet échange de regards. Pierre a compris qu'il était encore aimé, non pas parce qu'il était fort et inébranlable, non ! Il était aimé dans sa totalité, il était aimé dans sa faiblesse. Certains mystiques comme la vénérable Marthe Robin nous disent qu'il s'est rendu alors auprès de la Sainte Vierge et qu'il s'est effondré en sanglots à ses pieds, confessant son triple reniement et pleurant amèrement d'avoir fait si mal à son Seigneur. Ce jour-là, cette douleur au creux du cœur était pour lui ce don magnifique de l'Esprit Saint qui s'appelle la contrition. Quand on a mal d'avoir fait mal à un être aimé. Cette nuit-là, l'homme fort qui s'appelait Pierre est tombé de haut, il s'est cogné à sa petitesse, il s'est laissé revêtir de la miséricorde. Il est devenu saint Pierre.

L'apôtre Judas était appelé lui aussi à devenir saint Judas. Comment a-t-il pu manquer cette occasion de sainteté qui lui était offerte, comme à chacun de nous ? Si Pierre aimait Jésus de tout son cœur, y compris avec ses faiblesses, il n'en était pas de même pour Judas. Jour après jour, tenant la bourse des apôtres, il volait dans la caisse et n'appréciait pas l'amour de Jésus pour les pauvres. Il s'était habitué à violer un commandement important et il le savait. Il s'était donc façonné une sorte de double vie. En apparence, il était avec Jésus, physiquement présent à ses missions, mais au-dedans de lui, il se laissait ronger par l'amour de l'argent et la poursuite d'un plan que cet argent, pensait-il, devait lui permettre de réaliser. Nous ignorons quel était ce plan, mais il semble que Judas s'en soit passionné à tel point qu'au moment de l'épreuve, il est devenu une proie facile pour l'ennemi.

En effet, cette longue infidélité, dont il ne s'est jamais repenti, fournissait à Satan une porte ouverte pour accéder à son cœur et lui injecter un poison quotidien. Au cours de ses trois années de vie commune avec les apôtres, combien de fois a-t-il entendu les paroles de Jésus sur l'argent, la richesse, Mammon et ses dangers désastreux pour l'âme ? Combien de fois Judas a-t-il eu l'occasion de s'effondrer devant Jésus et de lui dire : « Je suis un scélérat, cela fait longtemps que je vole l'argent de la communauté, veuille me pardonner ! » Jésus n'attendait que cela. Quelle fête splendide aurait été célébrée au Ciel pour ce pécheur qui revenait !

Mais non, Judas s'est obstiné. Jésus, qui voulait à tout prix le sauver, lui donna de nombreux signes d'affection, mais Judas ne les saisit pas ; son dessein diabolique l'avait rendu sourd et aveugle aux appels du Maître. Nous savons que durant le *Ceder*, la dernière Cène avec Jésus, Judas était placé tout proche de lui. La tradition juive nous enseigne que le maître du repas offre la bouchée à celui des convives qu'il veut honorer le plus aux yeux de tous. Ce soir-là, Jésus voulut manifester devant les Onze qu'il avait désigné Judas pour l'honorer ; mais Judas ne regardait pas Jésus. Comme aux autres, Jésus lui avait lavé les pieds, il avait même déclaré ouvertement : *« L'un de vous me trahira »*, faisant comprendre par-là à Judas qu'il connaissait ses projets secrets. Cela devait lui permettre de les confesser plus facilement. Judas aurait pu prendre Jésus à part et lui dire : « J'ai été payé pour t'arrêter, pardonne-moi, dépêche-toi de fuir par Bethphagé ! » Et il aurait été pardonné aussitôt.

Au Jardin des Oliviers, pour désigner Jésus à la troupe qu'il avait ameutée, Judas lui donna un baiser. Ce fut un baiser sur la bouche. Or, à l'époque, un tel baiser était pour les juifs le signe d'un contrat de confiance scellé entre amis. Et Jésus lui dit : *« Ami, fais ta besogne ! »* (Mt 26, 50.) Ami ? C'était la dernière perche que Jésus lui tendait de son vivant. Il m'appelle « ami » ? Judas aurait pu s'effondrer devant une telle preuve d'amour. Mais non, il était téléguidé par sa passion sans se rendre compte qu'en réalité, c'était lui, le misérable, qui s'était fait arrêter, ligoter et emporter vers la mort par un autre maître auquel il s'était soumis depuis trois ans.

L'Évangile nous parle du remords de Judas. Satan ne fait pas de cadeau. Lorsqu'il a réussi à ligoter sa victime, ce n'est certes pas pour lui donner paix et bonheur, mais pour la manipuler à souhait. Voilà Judas maintenant torturé intérieurement par le remords. Or, le remords n'a rien à voir avec la contrition. Judas, comme Pierre, a réalisé la profondeur de sa misère en cette heure cruciale de l'épreuve, mais il a regardé sa misère dans une lucidité implacable et désespérée au lieu de regarder Jésus, donnant par cela à Satan pleine satisfaction[15].

15. Voir Annexe 2 et la liste audio de Maria Multi Media.

Le remords naît de la contemplation de notre misère. Attention : nous pouvons avoir un regard lucide sur nous-mêmes et sur notre misère, sans que ce soit pour autant un regard éclairé. Là, c'est Satan qui nous torture. Il ne s'agit pas de la douleur du repentir, d'une douleur d'amour envers l'être blessé, au contraire : il s'agit de la douleur d'un orgueil frustré. Se regarder soi-même nous fait sombrer tandis que regarder Jésus nous élève et nous sauve. Regarder sa misère ne pouvait que plonger Judas dans le désespoir. Voyant que Jésus était condamné à mort, il aurait pu lui aussi courir chez la Sainte Vierge et, comme Pierre, s'effondrer en larmes à ses pieds. Là encore, les larmes de repentir auraient suscité une belle fête au Ciel[16].

Aujourd'hui, bien des maladies physiques, psychiques ou de mal-être sont dues au remords qui ronge l'âme de l'intérieur, souvent inconsciemment. Tandis que Dieu, dans son infinie miséricorde envers le pécheur, nous invite au vrai repentir et à la contrition.

Comment passer du remords au repentir, comment passer du désespoir à la joie ? C'est une simple question de regard. Je vais me décentrer de moi-même, sortir de mon enfermement et tourner mon regard vers mon Sauveur qui me tend la main. N'est-il pas écrit : *« Qui regarde vers lui resplendira, sans trouble ni honte au visage »* (Ps 31) ? L'ennemi tentera toujours de pointer le mal qui est en nous et de nous y enfermer, car lui-même habite une prison sans issue. Il veut nous capturer pour nous ligoter auprès de lui. Mais, heureusement, Jésus est venu non pour les justes, mais pour les pécheurs, non pour les bien-portants, mais pour les malades, autrement dit, nous sommes tous sur sa liste ! Son désir d'attirer à lui le pécheur est incommensurable. Il suffit de se jeter dans ses bras sincèrement pour obtenir miséricorde. La petite Thérèse explique cela magnifiquement.

Un jour, elle avait commis un péché et elle écrit qu'elle fut aussitôt envahie d'une grande joie. Comment une telle sainte pouvait-elle éprouver de la joie après avoir péché ? Elle s'est souvenue aussitôt

16. « L'humanité ne trouvera pas la paix tant qu'elle ne se tournera pas avec confiance vers ma miséricorde. Oh ! comme l'incrédulité de l'âme me blesse. Cette âme confesse que Je suis Saint et juste, et ne croit pas que Je suis la miséricorde ! Mais elle se méfie de mon amour. Les démons aussi croient en ma justice, mais ne croient pas en ma bonté. Mon cœur se réjouit de ce titre de Miséricordieux. **Proclame que la Miséricorde est le plus grand attribut de Dieu.** Toutes les œuvres de mes mains sont couronnées de miséricorde. » (*Petit Journal*, § 300).

de cette parole de Jésus dans l'Évangile : *« Il y a plus de joie au Ciel parmi les anges de Dieu pour un seul pécheur qui se repent que pour quatre-vingt-dix-neuf justes qui n'ont pas besoin de repentir. »* (Lc 15, 7) Elle s'est dit alors : c'est moi, ce pécheur et elle s'est jetée dans les bras de Jésus, totalement confiante en sa miséricorde. Elle ajoute alors qu'en faisant ainsi, elle a provoqué une grande joie dans le Ciel et qu'elle a participé elle-même à la joie des élus. Voilà le génie de Thérèse : elle n'a pas donné prise à des pensées culpabilisantes ou des tentations de découragement après avoir péché. C'est immédiatement qu'elle s'est jetée dans les bras de son Sauveur, sans accorder un seul regard à la laideur de sa misère.

Le saint n'est pas celui qui ne pèche jamais ; une seule créature est de Conception Immaculée : la Sainte Vierge Marie. Non, le saint est celui qui a une telle confiance en la miséricorde de Dieu qu'il n'hésite pas à se jeter dans ses bras aussitôt après avoir pris conscience de sa faute. Plus il est saint, moins il attend ! Mais la tentation est toujours de se regarder soi-même, de se désoler d'être tombé à nouveau, de s'en vouloir d'avoir commis encore une fois la même faute. On peut alors passer des heures, des mois et des années à ressasser sa misère sans saisir la perche que Jésus nous tend, car il nous la tend toujours et à chaque instant. Il est si facile de passer à côté du trésor en oubliant qu'il est là pour nous ! Notre degré de sainteté pourrait se mesurer à la vitesse avec laquelle nous saisissons la miséricorde après la chute. Ne laissons aucun laps de temps à l'ennemi pour agir et abîmer notre âme par ses suggestions mortifères.

Toute misère est un abîme qui nous happe si nous ne la jetons pas dans le cœur de Dieu.

Il est notoire que, plus les confessionnaux dans les églises se sont fermés faute de clients – les pécheurs repentants –, plus les cabinets des psychiatres se sont remplis. En revanche, dans les diocèses où la miséricorde est prêchée et vécue, on constate une pluie de bénédictions et de conversions. Le taux de viols et de crimes, de suicides, de divorces et d'avortements, tout comme la consommation de drogue, diminue sensiblement sous l'effet d'une explosion de grâces.

Si *« le salaire du péché c'est la mort »*, comme l'enseigne saint Paul, le don de Dieu est la vie éternelle.

Dieu et l'âme désespérée

Sœur Faustine, la première sainte canonisée du troisième millénaire, rapporte ce dialogue saisissant entre Dieu et l'âme plongée dans le désespoir :

– Jésus : « Âme plongée dans les ténèbres, ne désespère pas, tout n'est pas encore perdu, entre en conversation avec ton Dieu qui est tout Amour et Miséricorde. »

Mais, malheureusement, l'âme demeure sourde à l'appel de Dieu et se plonge dans des ténèbres plus grandes encore.

Jésus l'appelle à nouveau :

– « Âme, entend la voix de ton Père miséricordieux. »

Une réponse s'éveille en l'âme :

– « Il n'y a plus pour moi de Miséricorde. »

Et elle tombe plus bas encore, dans une sorte de désespoir qui lui donne comme un avant-goût de l'enfer et la rend complètement incapable de se rapprocher de Dieu.

Pour la troisième fois, Jésus s'adresse à l'âme, mais l'âme est sourde et aveugle, et elle s'endurcit peu à peu dans le désespoir. Alors, des profondeurs de la Miséricorde divine, un dernier effort est tenté et sans aucune coopération de l'âme, Dieu lui donne sa dernière grâce. Si elle la dédaigne, Dieu la laisse alors dans l'état où elle-même veut être pour les siècles. Cette Grâce provient du Cœur miséricordieux de Jésus, elle touche l'âme de sa lumière et l'âme commence à comprendre l'effort de Dieu ; mais la conversion dépend d'elle. Elle sait que cette grâce est la dernière pour elle. Et si elle montre le moindre frémissement de bonne volonté, aussi petit qu'il soit, la Miséricorde divine accomplit le reste.

– Jésus : « C'est ici qu'agit la Toute-Puissance de Ma Miséricorde ! Heureuse l'âme qui profite de cette grâce ! Quelle immense joie emplit Mon Cœur lorsque tu reviens vers Moi ! Je te vois si faible, c'est pourquoi Je te prends dans Mes bras et Je te porte à la Maison de Mon Père. »

L'âme, comme tirée de sa torpeur, demande pleine d'effroi :

– « Est-il possible qu'il y ait encore Miséricorde pour moi ? »

– Jésus : « C'est justement toi, mon enfant, qui as un droit particulier à ma Miséricorde. Permets-lui d'agir sur toi, dans ta pauvre âme. Permets aux rayons de la Grâce d'entrer dans ton âme, ils apportent avec eux la lumière, la chaleur et la vie. »

– L'âme : « Pourtant, la crainte m'envahit au seul souvenir de mes péchés et cette terrible frayeur me pousse à douter de votre bonté. »

– Jésus : « Âme, sache bien que tous tes péchés ne m'ont pas blessé aussi douloureusement le Cœur que ne le fait ta méfiance actuelle. Comment, après tant de preuves de mon amour et de ma miséricorde, peux-tu demeurer incrédule devant ma bonté ? »

– L'âme : « Ô Seigneur, sauvez-moi tout seul, car je vais périr. Soyez pour moi le Sauveur. Ô Seigneur, je ne suis pas en état d'exprimer le reste, mon pauvre cœur est déchiré, mais vous, Seigneur !... »

Jésus ne laissa pas l'âme terminer ces mots, mais l'enleva de terre, de cet abîme de misère, et, en un moment, la conduisit en la demeure de son propre Cœur où tous ses péchés disparurent en un clin d'œil. Le feu de l'amour les détruisit.

– Jésus : « Voici, âme, tous les trésors de mon Cœur, viens puiser tout ce dont tu as besoin ! »

– L'âme : « Oh ! Seigneur, je me sens comblée de votre Grâce, je sens comme une nouvelle vie qui me pénètre. Et par-dessus tout, je sens votre Amour en mon cœur et cela me suffit, ô Seigneur. Durant toute l'éternité, je glorifierai la toute-puissance de votre miséricorde. Enhardie par votre bonté, je vais vous dire tout ce qui fait la douleur de mon cœur. »

– Jésus : « Dis tout, mon enfant, sans aucune restriction, car c'est un cœur aimant qui t'écoute, le Cœur du meilleur des amis. »

– L'âme : « Oh ! Seigneur, je découvre maintenant toute mon ingratitude et votre bonté. Vous me poursuiviez de votre grâce et moi, je rendais inutiles tous vos efforts. Je vois que j'aurais mérité le fond même de l'enfer pour avoir gaspillé vos grâces. »

Jésus interrompit l'entretien de l'âme et dit :

– « Ne t'enfonce pas dans ta misère, tu es trop faible pour parler. Regarde plutôt mon Cœur plein de bonté. Imprègne-toi de ma façon de sentir et efforce-toi au calme et à l'humilité. Sois miséricordieuse envers les autres, tout comme je le suis envers toi. Et quand tu sentiras que tes forces faiblissent, viens à la source de la miséricorde et fortifie ton âme ! Et ainsi tu ne faibliras pas en chemin ! »

– L'âme : « Je comprends maintenant votre miséricorde qui me couvre d'un nuage lumineux et me conduit à la demeure de mon Père, me protégeant du terrible enfer que j'ai mérité non pas une, mais mille fois. Ô Seigneur, je n'aurai pas assez de gratitude pour glorifier dignement votre insondable miséricorde, votre pitié envers moi ! » (*Petit Journal*, § 1485.)

11

Surprise au confessionnal

Début mai 2010, une famille italienne de Naples arrive à Medjugorje dans un état de profonde détresse. Sur le plan spirituel, ils n'ont pas la paix et sur le plan physique, ils portent une lourde croix : non seulement leur petite Giulia de cinq ans est presque totalement sourde de naissance, mais leur fils de huit ans, Antonio, souffre d'épilepsie. Ses convulsions se multiplient de jour en jour et se font de plus en plus rapprochées. Les parents n'en peuvent plus de le voir souffrir ainsi !

Un soir, ils se rendent avec les autres pèlerins sur la Colline des Apparitions avec le voyant Ivan, pour réciter le rosaire sous les étoiles en attendant la venue de la Vierge. Là, ils remettent tout entre ses mains de Mère. Ils attendent de ce pèlerinage une aide puissante de la part du Ciel.

Le lendemain, Vittorio, le père, partage avec la responsable de leur groupe la situation douloureuse de sa famille, espérant un mot de réconfort de sa part ; mais celle-ci lui dit simplement : « Va te confesser ! » Surpris par cette parole lapidaire, l'homme fait son examen de conscience. Effectivement, il vit dans le péché et ne s'est pas confessé depuis bien des années ! Autrement dit, il a perdu l'état de grâce depuis longtemps et il vient quémander une faveur du Ciel pour ses enfants. Il comprend alors qu'il doit d'abord faire la paix avec Dieu, comme l'a pressenti la responsable du groupe qui a le nez pour ce genre de situations. Voyant dans cette parole une invitation personnelle de Dieu, Vittorio décide d'aller faire une bonne confession et de renoncer sincèrement à ses péchés. Il est grand temps !

À l'étonnement de tous, son fils Antonio (qui ignorait tout de cette confession) cessa sur le champ ses convulsions. Depuis lors, il n'en eut plus aucune ! Quant à sa petite fille de cinq ans, elle commença à parler au retour du pèlerinage, prononçant des mots intelligibles pour la première fois…

Dans son beau témoignage, Vittorio conclut ainsi : « Je suis changé ! Ma femme et moi voyons désormais la vie d'une tout autre façon. C'est un grand réconfort d'avoir retrouvé la sérénité et de voir que ma femme a retrouvé son optimisme. Depuis cette confession à Medjugorje, je peux toucher du doigt les bienfaits d'une vie vécue dans la lumière de Dieu. »

Un remède à saisir

La Sainte Vierge sait pourquoi elle nous demande une confession mensuelle.

> « Quand il y a le péché, nous dit la Vierge à Medjugorje, il n'y a pas la paix. Avec le péché, personne ne peut être heureux… La confession mensuelle sera un remède pour l'Église d'Occident. » (Message de 1982)
>
> « Je désire vous conduire tous à mon Fils, votre Sauveur. Vous n'êtes pas conscients que, sans lui, vous n'avez ni joie, ni paix, ni avenir, ni vie éternelle. » (25 juillet 2010)
>
> « J'attends de vous que vous regardiez avec sincérité dans vos cœurs et voyiez combien vous aimez le Père. Est-il le dernier à être aimé ? Entourés de biens matériels, combien de fois l'avez-vous trahi, renié, oublié ! Mes enfants, ne vous laissez pas tromper par les biens terrestres. Pensez à l'âme, car elle est plus importante que le corps ; purifiez-la ! Invoquez le Père, il vous attend ; revenez à lui ! » (2 novembre 2009.)
>
> « Beaucoup viennent à Medjugorje pour demander une guérison physique, mais, en même temps, ils vivent dans le péché. Non, chers enfants, cela n'est pas juste. Qu'ils abandonnent d'abord le péché et fassent une bonne confession, car la santé de l'âme est plus importante que la santé du corps. Beaucoup plus de guérisons seraient accordées si on abandonnait le péché… Je ne peux pas vous aider si vous ne vivez pas les commandements de Dieu, si vous ne vivez pas la confession, si vous ne vivez pas la Messe. » (25 octobre 1993)

12

Pascual pardonne au prêtre

Pascual était un petit Colombien très sage et très beau. Au collège, il fréquentait un prêtre qui, malheureusement, eut le désir d'abuser de lui. Face à cette tentative, le petit Pascual eut la bonne idée de s'enfuir, échappant ainsi aux mains de son prédateur avant qu'il ne lui arrive malheur. Mais il fut tellement traumatisé par l'attitude de ce prêtre, inconcevable pour son petit cœur d'enfant, qu'il rejeta d'un bloc à la fois les prêtres, l'Église et le Bon Dieu lui-même. Ce jour-là, il devint un athée pur et dur.

En grandissant, il s'intéressa au bouddhisme et s'engouffra corps et âme dans cette philosophie et ses pratiques orientales qui fascinaient son esprit avide de découvertes.

Un jour, son meilleur ami lui proposa un voyage en Bosnie-Herzégovine, espérant le ramener sur le chemin du Christ et le réconcilier avec l'Église. Il lui expliqua avec enthousiasme qu'il connaissait là-bas un village où une poignée d'enfants expérimentaient des choses extraordinaires avec le Ciel. Piqué par la curiosité et par l'attrait d'un long voyage sur un autre continent, Pascual se laissa convaincre et arriva avec quelques pèlerins à Medjugorje. La Sainte Vierge l'attendait là et, utilisant son doigté maternel inégalable, elle réussit à conquérir son cœur et à le ramener à Jésus.

En revenant dans son pays natal, Pascual était un autre homme, christianisé, heureux, comblé. Il changea radicalement de vie et sa femme le suivit dans ce mouvement de conversion. Il se mit à organiser lui-même des pèlerinages à Medjugorje, grâce auxquels la Vierge bouleversa beaucoup d'autres cœurs.

Mais il n'avait jamais oublié le prêtre de son enfance. Il reçut la grâce de lui pardonner et ce pardon fut si profond qu'il décida de retrouver ce prêtre pour dialoguer avec lui. Ses recherches aboutirent très vite et Pascual se retrouva devant un vieillard qui l'accueillit chaleureusement sans le reconnaître. Après un brin de conversation assez formelle, Pascual lui parla d'un petit garçon qui, avec toute son innocence, avait placé sa confiance dans un prêtre, mais qui, un jour de ténèbres, avait été trahi par ce dernier. Ce petit garçon avait grandi et, après avoir rejeté l'Église et ses pasteurs ainsi que le Bon Dieu lui-même, il avait été remis sur le chemin de la foi par la Vierge.

Très vite, le vieux prêtre comprit entre les mots de qui il s'agissait et se mit à trembler. Pascual s'empressa de lui dire : « Soyez en paix ! C'est ce petit garçon qui vient vous trouver aujourd'hui pour vous dire qu'il vous a pardonné de tout son cœur. Non seulement il vous a pardonné, mais Jésus a guéri sa blessure, si bien qu'elle ne comporte plus aucune trace d'amertume ni de révolte. »

Le prêtre éclata en sanglots ; puis il murmura d'une voix cassée par l'émotion : « Cela fait trente-six ans que je suis hanté par ce que j'ai fait ; trente-six ans que je cherche la paix sans la trouver ; trente-six ans que je supplie Dieu de me pardonner l'impardonnable. Et voilà qu'aujourd'hui, Il m'a exaucé ! Je vais pouvoir mourir dans la paix parce que vous êtes venu me visiter. » Pascual serra longuement le prêtre contre son cœur jusqu'à ce que les secousses de ses sanglots s'apaisent. La miséricorde de Dieu avait remporté la victoire !

*****

Les médias nous bombardent de scandales. Ils s'appliquent à ne livrer qu'une infime partie de la vérité, occultant tant de merveilles qui pourraient élever les âmes au lieu de les abîmer.

La fausse note

Imaginons un homme qui aime la musique et se régale à écouter les meilleurs compositeurs. Un jour, il se rend à un concert donné par un orchestre réputé. Il s'attend à de la grande qualité. Mais quelle n'est pas sa surprise d'entendre l'un des violonistes faire une fausse note tonitruante, gâchant ainsi l'ensemble du concert. Tout en se bouchant les oreilles, il sort du théâtre en colère et jure que, désormais, la musique ne fera plus partie de sa vie, c'est son dernier concert. « Quelle horreur, comment ose-t-on faire une telle fausse note ? », se dit-il. « Touché, coulé ! Dégagé ! » Ses enregistrements et sa collection de virtuoses et de Hit-Parade… à la poubelle !

Ou bien imaginons un homme qui tombe un jour sur un mauvais médecin qui, par une faute médicale grave, lui fait du mal au lieu de le soigner. Furieux de constater cette faute, il se met à maudire tous les médecins du monde et décide de ne plus en consulter aucun.

C'est ainsi que certains réagissent lorsqu'ils ont à souffrir d'un prêtre qui commet une faute. De ce jour-là, tous les autres prêtres sont frappés d'ostracisme avec, souvent, l'Église tout entière, quand ce n'est pas le Bon Dieu lui-même ! Combien d'hommes et de femmes sont tombés dans ce piège et ont cessé de pratiquer leur foi chrétienne après avoir vécu une mauvaise expérience avec une personne d'Église ! Ils ne se rendent pas compte qu'ils se punissent eux-mêmes très sévèrement en se privant d'une source de grâces indispensable à la paix de leur cœur et à leur chemin de sainteté. Ils punissent aussi Dieu pour un crime qu'il n'a pas commis et dont il est le premier à souffrir. Satan alors se frotte les mains, il a réussi à distiller son amertume dans une âme et à séparer cet enfant de Dieu de son Bienfaiteur divin ! Pourquoi oublier les saints qui pullulent dans l'Église et qui, par leur sublime amitié, peuvent leur apporter tant de joie, tant de consolation et de précieux secours pour aller vers Dieu ?

Un prêtre catholique écrit au New York Times (mars 2015)

Parmi les nombreux prêtres qui vivent simplement et saintement leur ministère sacerdotal auprès du peuple de Dieu, il s'en trouve un qui a eu le courage de répondre aux attaques de la presse contre le clergé catholique. Ce qu'il écrit ci-dessous ne sera sans doute jamais publié par les médias dans les grandes largeurs, car pour gagner beaucoup d'argent, il faut chatouiller chez le public la recherche du scandale. Il faut choquer par un subtil mélange de sexe, d'argent et de religion. La vérité nue ? Vous plaisantez ! Ce n'est pas assez juteux !

Merci au père Martin Lasarte qui expose avec simplicité la vérité des faits.

Cher Frère Journaliste,
Je suis un simple prêtre catholique. Je me sens heureux et fier de ma vocation. Je suis missionnaire en Angola depuis vingt ans.
Je vois dans de nombreux médias, et surtout dans votre journal, de plus en plus de reportages concernant les prêtres pédophiles. Tout cela est exposé de façon morbide, en fouillant les moindres détails de la vie de ces prêtres à la recherche de leurs erreurs passées.
Vous en mentionnez un dans une ville des États-Unis, dans les années 70, un autre en Australie dans les années 80, d'autres plus récents, et ainsi de suite... Certainement tous des cas condamnables !
Il y a des présentations journalistiques pondérées et équilibrées, d'autres qui sont amplifiées, remplies de préjugés et même de haine. Je ressens moi-même une grande douleur pour le mal immense que des personnes, qui devraient être des signes de l'Amour de Dieu, ont pu commettre et parce qu'elles sont devenues un poignard dans la vie d'êtres innocents. Il n'y a pas de paroles pour justifier de tels actes. Il n'y a pas de doutes que l'Église ne peut se trouver ailleurs que du côté des faibles et des plus démunis. Pour cette raison, toutes les mesures que l'on peut prendre pour la prévention et la protection de la dignité des enfants seront toujours une priorité absolue.
Mais il est curieux de voir dans ces mêmes médias le peu d'intérêt et d'informations concernant les milliers de prêtres qui sacrifient leur vie et la consacrent à des millions d'enfants, d'adolescents et aux plus défavorisés aux quatre coins du monde.
Je pense que votre journal se moque de savoir :
1) Que j'aie dû transporter beaucoup d'enfants souffrant de dénutrition par des chemins minés à cause de la guerre en 2002 de Cangumbe à Lwena (Angola), car ni le gouvernement ne pouvait le faire ni les ONG qui n'y étaient pas autorisées :
2) Que j'aie dû enterrer des douzaines d'enfants morts à cause des déplacements de population du fait de la guerre ;
3) Que nous ayons sauvé la vie à des milliers de personnes au Mexique au moyen du seul centre de santé existant dans une zone de 90 000 km^2 avec la distribution d'aliments et de semences ;

4) Que nous ayons pu y procurer l'éducation et des écoles dans ces dix dernières années à plus de 110 000 enfants ;
5) Cela demeure sans intérêt qu'avec d'autres prêtres, nous ayons eu à secourir près de 15 000 personnes dans les campements de la guérilla, après qu'ils ont rendu les armes, parce que les aliments du gouvernement et de l'ONU n'arrivaient pas ;
6) Ce n'est sans doute pas non plus une nouvelle intéressante qu'un prêtre de 75 ans, le père Roberto, parcourt la ville de Luanda, soignant les enfants des rues, les conduisant dans un refuge pour qu'ils soient désintoxiqués de la gazoline qu'ils aspirent en gagnant leur vie comme cracheurs de feu.
7) L'alphabétisation de centaines de prisonniers n'est pas non plus une nouvelle importante ;
8) Ni le fait que d'autres prêtres, comme le père Stéphane, ouvrent des maisons d'accueil pour que des jeunes maltraités, battus et même violés y trouvent refuge ;
9) Pas plus que ne vous importe que le père Maiato, malgré ses 80 ans, visite les maisons des pauvres, une à une, réconfortant les malades et les désespérés ;
10) Ce n'est pas une nouvelle que plus de 6 000 parmi les 40 000 prêtres et religieux actuels aient quitté leur pays et leur famille pour servir leurs frères dans une léproserie, dans les hôpitaux, les camps de réfugiés, des orphelinats pour enfants accusés de sorcellerie ou orphelins de parents morts du sida, dans des écoles pour les plus pauvres, des centres de formation professionnelle, des centres d'accueil pour les séropositifs, etc. ;
11) Ou, surtout, dépensent leurs forces et donnent leur vie dans des paroisses et des missions, motivant les gens pour mieux vivre et surtout pour aimer ;
12) Ce n'est pas non plus une nouvelle que mon ami, le père Marc-Aurèle, pour sauver des enfants pendant la guerre en Angola, les ait transportés de Kalulo à Dondo et qu'en revenant de sa mission, il ait été mitraillé ; que le Frère François avec cinq dames catéchistes soient morts dans un accident, en allant aider les régions rurales les plus reculées du pays ;
13) Que des douzaines de missionnaires en Angola soient morts par manque de moyens sanitaires, à cause d'une simple malaria ;

14) Que d'autres aient sauté dans les airs à cause d'une mine, en visitant leurs fidèles ; en effet, dans le cimetière de Kalulo se trouvent les tombes des premiers prêtres qui sont arrivés dans la région : aucun ne dépassait les quarante ans... ;
15) Ce n'est pas une nouvelle, celle de suivre un prêtre « normal » dans son travail journalier, dans ses difficultés et ses joies, de constater qu'il dépense sa vie sans bruit en faveur de la communauté qu'il sert.
La vérité, c'est que nous ne cherchons pas à fournir des nouvelles, mais simplement apporter la « Bonne Nouvelle » ; cette Nouvelle qui, sans bruit, a commencé le matin de Pâques.
Un arbre qui tombe fait plus de bruit que mille arbres qui poussent.
On fait beaucoup plus de bruit pour un prêtre qui commet une faute que pour des milliers qui donnent leur vie pour des milliers de pauvres et d'indigents.
Je ne prétends pas faire l'apologie de l'Église et des prêtres.
Un prêtre n'est ni un héros ni un névrosé. C'est simplement un homme normal qui, avec sa nature humaine, cherche à suivre Jésus et à Le servir dans ses frères.
Il a des misères, des pauvretés et des fragilités comme tous les êtres humains ; mais également, il a en lui la beauté et la grandeur, comme chaque créature...
Insister d'une manière obsessionnelle et persécutrice sur un thème douloureux, en perdant de vue l'ensemble de l'œuvre, crée véritablement des caricatures qui blessent le sacerdoce catholique et par lesquelles je me sens offensé.
Je te demande seulement, Ami Journaliste, de rechercher la Vérité, le Bien et la Beauté. Cela fera grandir ta profession.

Dans le Christ,
P. Martin Lasarte, sdb

« Mon passé, Seigneur, je le confie à ta Miséricorde ; mon présent à ton Amour ; mon futur à ta Providence. »

http://www.france-catholique.fr/Lettre-d-un-pretre-catholique-au.html

13

Lucia et l'impossible pardon

Ma très chère amie Lucia m'impressionne toujours par sa grande foi et sa détermination à suivre le Christ. C'est une femme de prière souvent très inspirée et dotée par ailleurs d'une forte personnalité. Il y a quelques années, elle traversa une terrible épreuve en tant que mère et grand-mère. Elle représente par là le modèle de plus en plus courant de la femme écrasée par un événement familial injuste qui génère en elle un océan d'amertume.

Lucia a deux fils, son aîné Ricardo épouse Simona et un merveilleux petit Franci naît de leur union. La grand-mère Lucia le prend souvent chez elle car ses parents, très pris par leur travail, n'ont guère de temps à lui consacrer. Grâce à elle, Franci jouit de cette présence féminine aimante, de cette délicatesse attentionnée, de ces précieuses heures de tendresse dont tout petit être humain a tant besoin en bas âge. Mais, très vite, le couple des parents entre en crise, bref, « il y a de l'eau dans le gaz » et rien ne va plus.

Laissons parler Lucia :

« Je pensais que l'amour qui unissait Ricardo et Simona, scellé dans le sacrement du Mariage, allait durer toujours, mais malheureusement il vola en éclats. Dans les premiers temps, la situation était à peu près tenable et je faisais office de paratonnerre pour protéger mon petit Franci. Celui-ci était témoin de scènes terribles entre ses parents, il était déchiré, sans pouvoir le dire ni se confier. Il dut aussi supporter la fréquentation de plus en plus évidente des amants respectifs de ses parents, jusqu'à devoir vivre avec eux. Balloté d'un domicile à un autre, je le voyais perdre ses repères, il ne s'y retrouvait plus et la blessure de la division parentale se creusait davantage en lui chaque jour. Nous connaissons les conséquences de ces drames-là : cauchemars, instabilité à l'école, dépression, agitation, colère rentrée. Et, surtout, ces vagues de tristesse profonde qui peuvent faire perdre aux enfants le goût de la vie.

Ricardo a demandé la reconnaissance de la nullité de leur mariage et l'a obtenue. Simona, à son tour, a demandé le divorce, mais avec des requêtes associées qui m'ont carrément coupé le souffle : elle souhaitait que mon fils soit déchu de son droit parental, qu'il subisse des examens toxicologiques et psychiatriques, le tout assorti d'une pension alimentaire insensée pour elle et leur enfant... et le comble : elle exigea que le petit soit pris en charge par un psychologue et une assistante sociale.

Je vociférais de douleur, de colère, de révolte, de rancœur, avec des larmes auxquelles se mêlaient les pires injures que l'on puisse imaginer. Comme j'habite à la campagne, j'ouvrais grand mes fenêtres et je hurlais de tout mon être pour que l'univers entier s'imbibe de ma colère. J'avais cédé à l'emprise du démon !

> *« Ce n'est pas ce qui entre dans la bouche qui souille l'homme ; mais ce qui sort de sa bouche, voilà ce qui souille l'homme. »* (Mt 15, 11)

Je ne dormais plus la nuit ; j'avais perdu la paix. J'allais me confesser, mais cela tenait plus du défouloir que de la confession, et la paix ne revenait pas. Je déposais régulièrement toute cette situation, mon fils et mon petit-fils, au pied du Christ pendant la sainte messe, mais au lieu de lâcher ma souffrance, je voulais la garder comme une démonstration ostensible du tort subi.

Durant la messe quotidienne, j'avais l'habitude d'échanger le baiser de paix avec mes voisins. Puis je fermais les yeux et j'envoyais également cette paix, en esprit, à mes proches. Mais je sentais clairement que « sa paix » ne pouvait plus me rejoindre car mon cœur préférait héberger ses nouveaux « locataires » : Madame Haine, Mademoiselle Révolte, Madame Colère, Monsieur Désir de Vengeance, et j'en passe...

Or, un jour, je compris que je devais faire la paix aussi avec Simona et qu'alors seulement, je serais libérée de ces démons intérieurs qui me rongeaient jusqu'à me gâcher la vie. Mais voilà, lui pardonner m'était totalement impossible.

Impossible ?

La parole de l'ange Gabriel à Marie lors de l'Annonciation me revenait souvent à l'esprit : *« Rien n'est impossible à Dieu. »* Il existait certainement un moyen d'y arriver. J'ai alors demandé à Jésus son aide, je voulais qu'il m'enseigne à agir comme lui-même avait agi au moment de sa crucifixion lorsqu'il intercédait pour nous : *« Père*, disait-il, *pardonne-leur car ils ne savent pas ce qu'ils font. »* Je lui disais bien que, de moi-même, je n'en étais pas capable, mais que j'étais de bonne volonté ! Je me souvenais de cette parole de la Vierge à Medjugorje :

> « Chers enfants, je vous invite de nouveau à la prière avec le cœur. Si vous priez ainsi, chers enfants, **la glace qui est en vos frères fondra.** Toute barrière disparaîtra. La conversion sera facile pour tous ceux qui voudront l'accueillir. C'est un don que vous devez implorer pour votre prochain. » (23 janvier 1986)

C'est alors que j'entrepris un combat sanglant entre l'appel à la miséricorde de la part de Jésus et ma nature rebelle. Passant outre à la violence de mes sentiments négatifs et me focalisant au contraire sur la personne de Jésus, je me suis obligée à prononcer intérieurement ces mots :

> « Simona, je te demande pardon pour tout le mal que je t'ai fait (il est vrai que, durant tout ce temps, je ne lui avais pas envoyé que des bénédictions !), je te pardonne, moi aussi, tout le mal que tu m'as fait et je te donne la paix de Jésus ! »

Je réussissais très péniblement à répéter cette phrase à chaque messe au moment du baiser de paix, mais, curieusement, avec de moins en moins de difficulté : dans sa grande miséricorde, le Seigneur était en train de me guérir ! Il lui aura fallu trois mois pour remporter la pleine victoire dans mon cœur.

En effet, un jour, durant une messe, je sentis pour la première fois que les paroles de pardon adressées à Simona étaient sincères de ma part. Tout mon être y adhérait, comme par miracle. Je n'en revenais pas ! Ma joie était si grande que, de retour à la maison, j'attrapai mon téléphone et j'invitai Simona à prendre le café avec moi. Ce jour-là, je pense qu'il y eut une grande fête dans le Ciel !

Les Anges et les Saints devaient nous regarder siroter notre expresso bien serré comme deux amies qui se retrouvent après une longue et douloureuse absence. Il n'y a que Dieu pour faire de telles choses. Que son nom soit béni ! »

Capable d'aimer comme Dieu aime ?

Ce témoignage de Lucia nous offre de grandes lumières, d'une part sur le combat spirituel que nous avons tous à mener en tant que chrétiens, d'autre part sur les forces en présence. Nous sommes souvent inconscients de l'enjeu de ce combat.

Ici, je me dois de donner quelques explications sur les facultés propres à l'être humain, selon l'anthropologie traditionnelle puisée dans saint Thomas d'Aquin, saint Jean de la Croix et bien d'autres. Nous sommes faits d'esprit et de chair (elle-même composée du corps et du psychisme). Tous deux sont *« créés à l'image de Dieu et comme à sa ressemblance »* (Gn 1, 26). L'esprit est inviolable, c'est-à-dire que ni le péché originel ni les blessures de la vie ne peuvent l'atteindre. Il est composé de trois facultés supérieures : la volonté profonde (notre capacité libre d'adhérer à Dieu), l'intelligence profonde (notre capacité à pénétrer les mystères de Dieu) et la mémoire profonde (la trace de Dieu en nous). Si le péché a laissé intacte l'image, en revanche nous avons perdu la ressemblance. Le corps et la psyché (appelé parfois âme) sont marqués par les blessures et par le péché. Ils englobent l'affectivité, l'imagination et la mémoire (celle qui nous permet de nous souvenir du passé).

L'être humain est capable d'aimer comme Dieu aime, cela est même un commandement : *« Aimez-vous les uns les autres comme je vous ai aimés »,* nous dit Jésus (Jn 13, 34). Mais les traces du péché originel font que nous sommes bien souvent attirés vers le bas et inconscients de notre grandeur. En effet, l'épaisseur de notre nature humaine, blessée par le péché originel et les autres péchés que nous y avons ajoutés, peut nous faire oublier que nous avons un esprit, auquel Dieu s'unit au plus profond de nous-mêmes. *« L'Esprit en personne se joint à notre esprit pour attester que nous sommes enfants de Dieu. »* (Rm 8, 16) Si seulement les fidèles et le monde entier savaient cela !

Le vrai défi de l'Évangile

Dans le cas de Lucia, toute sa nature humaine se rebiffait devant l'injustice dont elle se sentait victime, elle, ainsi que sa famille. Son affectivité, son instinct maternel lui dictaient de se révolter et de frapper dur. En somme, de rendre le mal pour le mal. Heureusement, elle prit conscience de cet esclavage et décida d'en sortir.

Comme l'enseigne saint Pierre :

« Ne rendez pas mal pour mal, insulte pour insulte. Bénissez au contraire, car c'est à cela que vous avez été appelés, afin d'hériter la bénédiction. » (1 P 3, 9)

C'est alors que sa belle âme, qui avait l'habitude de fréquenter le Seigneur dans la prière et les sacrements, chercha à prendre le dessus et fit un acte de volonté libre. Avec Dieu et son aide, pensait-elle, je devrais arriver à pardonner. Elle opta pour la suprématie de la grâce sur sa nature blessée et rebelle ; elle décida de s'ouvrir à une autre dimension que son âme était capable d'accueillir. Cela permit à la grâce de Dieu de la remplir au goutte-à-goutte. Elle fit le bon choix. Terrassée par ses réactions de haine devant son ennemie, elle sut faire appel à la partie la plus noble de son être, son esprit.

C'est ainsi qu'à la fin de ce récit, nous voyons que la grâce a triomphé de la nature, autrement dit elle a triomphé du péché. Si, dans de telles circonstances, Lucia a pu dompter le flot de ses sentiments négatifs pour les jeter dans l'abîme de la miséricorde, nous en sommes tous capables.

C'est cela le « défi » de l'Évangile qui nous invite à faire mourir les œuvres du vieil homme pour laisser surgir l'Homme nouveau recréé chaque jour par la grâce de Dieu.

Candidats au mariage ?

Dans notre monde d'aujourd'hui, quelle tragédie de voir tant de mariages tomber en lambeaux, les uns après les autres ! Comme si la société s'était organisée pour faciliter l'échec du mariage. Le cas de Ricardo et Simona et l'enfilade de leurs crises, trahisons et brisures, leur déferlement de haine avec effet boule de neige, est devenu si commun ! Mais pourquoi accumuler tant de blessures lorsqu'elles peuvent être évitées ?

Je n'ai pas pour objectif de dénoncer ici les lois civiles qui vont à l'encontre du plan de Dieu sur l'homme et la femme, ni de m'étendre sur les innombrables victimes de ces lois impies[17]. Je propose plutôt que nous examinions ensemble des pistes pour réussir un mariage et voir comment éviter les pièges qui peuvent le menacer.

Je prends l'exemple de mes propres parents. Leur histoire d'amour aurait pu aboutir à un désastre ! Mais leur secret, c'est qu'ils ont bien commencé, ancrés sur de bonnes bases. Cela leur a permis de traverser toutes les tempêtes. Quelle famille n'est pas secouée un jour ou l'autre par ces tempêtes qui surgissent avec violence et menacent de faire éclater la communion des cœurs ?!

Voici l'histoire de mes parents qui peut offrir une clé de sécurité à d'autres couples.

Depuis sa plus tendre enfance, mon père nourrissait beaucoup d'amour envers la Sainte Vierge ; il avait à peine quatre ans lorsqu'en Maternelle, une religieuse lui révéla les profondeurs du Cœur aimant de Marie. À sa manière, il tomba amoureux de sa mère du Ciel et, dans sa simplicité d'enfant, il commençait déjà à lui dire : « Maman, prends mon cœur, je te le donne ! » Ainsi, lorsqu'il atteignit l'âge de se marier, il lui demanda : « Très Sainte Mère, fais-moi rencontrer la femme que Dieu a préparée pour moi. Quand je la rencontrerai, s'il te plaît, fais-moi ressentir intérieurement que c'est elle. » Son cœur était ainsi bien disposé dans la paix et mon père ne s'est donc pas éparpillé à la recherche d'une femme. Il a également fait une prière que je suggère à tous les jeunes d'adopter : il a invoqué l'ange gardien de sa future épouse et lui a demandé de bien la protéger, de sorte qu'elle reste pure, bonne, aimable, en bonne santé... et jolie !

De fait, quand mes parents se rencontrèrent après la Seconde Guerre mondiale, ils se reconnurent quasi immédiatement. Au moment où mon père aperçut ma mère, il fut saisi d'une conviction profonde et se dit : « Voilà, c'est elle ! » Mais il était loin d'imaginer ce que ma mère devait lui révéler plus tard... Elle aussi avait consacré son futur époux à la Sainte Vierge et lui avait demandé : « S'il

17. Ce thème a été très bien traité dans le livre du père Daniel-Ange : *Éblouissante sexualité*, Éditions du Jubilé – www.editionsdujubile.com

te plaît, choisis toi-même l'homme de ma vie et fais en sorte qu'il t'aime beaucoup, protège-le et prends bien soin de lui. » De plus, elle envoyait chaque jour son ange gardien à cet inconnu pour qu'il le protège au cas où il serait en danger, car la Seconde Guerre mondiale faisait rage à cette époque.

En l'occurrence, mon père endura durant trois ans les camps de concentration. Il frôla la mort à plusieurs reprises et, à chaque fois, un événement inexplicable se produisait. À titre d'exemple, un jour, il « rompit les rangs » durant un appel pour ramasser le calot d'un autre détenu qui s'était envolé. Délit impardonnable et passible de mort ! Une terrible sanction lui fut imposée : on l'enferma plusieurs nuits de suite dans une cellule spéciale où il ne pouvait ni se tenir debout, ni s'asseoir. Durant la journée, il allait au travail sans avoir bu ni mangé. À ce régime, les prisonniers ne tenaient pas plus de trois jours. Le troisième jour, mon père sentit la mort arriver et il recommanda son âme à la Vierge. À cet instant précis, la porte de sa cellule s'ouvrit et un SS lui cria qu'il avait besoin de lui pour remplacer le médecin du camp qui était malade. Pour ce faire, on lui donna à boire et à manger. C'est ainsi que mon père fut épargné de justesse.

Je dois avouer que mes parents avaient des personnalités bien différentes ! La vie n'était pas toujours rose entre eux et je reste fermement convaincue qu'en choisissant de confier leur famille au cœur de Dieu et en pratiquant fidèlement la prière quotidienne ensemble, ils la sauvèrent du projet de destruction de Satan[18]. Sans m'étendre davantage sur l'histoire de ma famille, je souhaite affirmer et réaffirmer que, lorsque Dieu est placé au centre de nos vies, lorsqu'il y est aimé et vénéré, il peut y accomplir son plan divin et positif, ce projet d'unité et de bonheur qui lui a été demandé, utilisant même les plus grandes difficultés pour nous faire grandir. Les vents peuvent souffler, les vagues s'abattre sur les frêles barques de nos foyers, le mariage est alors ancré sur des fondations profondes et il

18. « Aujourd'hui comme jamais auparavant, dit la Vierge à Medjugorje, Satan veut détruire vos familles. C'est pourquoi je vous invite à prier en famille et à prier pour la famille. La prière en famille est le remède pour guérir le monde d'aujourd'hui. » (Message transmis par le voyant Ivan Dragicevic durant ses conférences à Medjugorje).

tient bon. Au fil des années, l'amour humain, encore très basé sur le sensible, se transforme peu à peu pour s'épanouir en un amour divin, un amour oblatif. Dieu est alors le Maître à bord et le naufrage est évité.

J'aime à citer ce mot d'un de nos amis qui déclarait, après quelques années de mariage : « Si l'amour te rend aveugle, le mariage te rend la vue ! » À l'épreuve du temps, les bases de nos choix sont testées, c'est alors que l'on se félicite d'avoir placé Dieu à la première place. Ou bien, si l'on a manqué de le faire, c'est alors que l'on commence à crier vers lui dans la détresse, car il n'est jamais trop tard pour invoquer sa miséricorde !

L'enfant prodigue de Rembrandt © Musée de Vienne

14

Le clin d’œil de ma mère en Chine

Odile Maillard, la mère de l’auteur

Novembre 2015. Je visitais quelques villes chinoises, car j’ai de bons contacts là-bas qui voulaient me faire rencontrer plusieurs groupes d’amis. En quittant la Bosnie, j’avais demandé à Dieu de ne pas reprendre auprès de Lui ma petite maman Odile, âgée de 94 ans, durant mon absence. Or, le 23 novembre, trois jours avant mon retour en Europe, mon frère m’appelle : « Maman va mal, elle est en détresse respiratoire, son départ est très proche ! » J’ai alors prié le père Slavko Barbaric, un saint franciscain croate que j'avais bien connu, de venir la chercher au plus vite, sachant qu'elle l'aimait beaucoup. Le lendemain, 24 novembre, jour de la naissance au Ciel de Slavko, maman est repartie vers le Père dans la paix ; elle a simplement cessé de respirer durant son sommeil. Recevoir une telle nouvelle quand on est à l'autre bout du monde, cela secoue !

Le lendemain 25 novembre, je devais rencontrer deux groupes d'amis dans deux villes différentes. Le matin, tout alla pour le mieux pour le premier groupe, mais à cause de la neige et du verglas, l'autoroute pour la deuxième ville fut fermée. Dans cette région de la Chine où je me trouvais, non loin de Beijing, la capitale, il faisait un froid terrible : - 7°C, sans parler du vent. Nous étions bel et bien coincés. Or, cette dernière rencontre était pour moi très importante. Je n'arrivais pas à avaler la nouvelle et je me disais : « Venir de si loin pour rester coincés… non, on va bien trouver une solution ! » Je ne voulais pas capituler, même si ma petite équipe avait déjà renoncé au voyage devant cette évidence indéniable : les voies sont bloquées par la neige ! Bien sûr, je pensais beaucoup à ma mère et à son départ vers le Père, et je priais pour son âme.

C'est alors qu'une pensée lumineuse me vint à l'esprit. Je m'adressai à ma mère dans mon cœur et lui dis : « Maman, si tu es déjà au Ciel, donne-moi un signe ! Ouvre-nous l'autoroute ! » Je savais que je demandais l'impossible, mais du Ciel, rien n'est impossible à Dieu. Celui qui sait calmer les plus violentes tempêtes serait-il soudain paralysé par la neige ? Des tonnes de glace peuvent-elles rendre sa Droite inefficace ?

Durant le repas de midi, l'ami chinois qui nous avait invités déclara soudain : « Au fait, je connais quelqu'un qui travaille sur cette autoroute, je vais l'appeler ! » Dehors, il neigeait à gros flocons et tout le monde voyait la situation se détériorer de plus en plus, à tel point que même mon accès à l'aéroport était menacé pour le lendemain. Au téléphone, l'information fut confirmée et cet employé aux voiries nous dit : « Venez voir vous-mêmes sur place, et vous constaterez qu'il n'y a rien à faire ! » On décide d'y aller quand même. Effectivement, de longues files de camions étaient immobilisées devant la barrière, leurs chauffeurs prêts à passer la nuit dans le froid et sans certitude pour le lendemain…

Toutefois, je continuais secrètement à parler à maman : « Tu le peux, allez, ouvre-nous l'autoroute ! » Voyant l'impossibilité confirmée, notre voiture repartit vers la maison de nos hôtes. C'est alors que notre chauffeur déclara à l'improviste : « Je connais un lieu, on va essayer ! » Comme tout se disait en chinois, je ne captais pas, mais j'imaginais que cet homme avait plus d'un tour dans son sac et qu'il voulait faire une ultime tentative. Nous nous sommes retrouvés alors en rase campagne et, en moins de dix minutes, dans un endroit désert, nous avons trouvé une petite bretelle qui, ô miracle, était ouverte ! Le chauffeur s'est enfilé dans cette bretelle sans demander son reste, et nous voilà roulant sur l'autoroute, presque seuls, lentement mais sûrement, muets de stupeur devant ce prodige incroyable ! Maman n'a pas manqué de nous donner un petit signe supplémentaire, car juste à ce moment-là, alors que d'épais nuages couvraient le ciel, le soleil se montra quelques minutes entre deux masses gris foncé. Je le pris comme un clin d'œil de maman qui semblait me dire : « Tu vois ! Ça marche ! »

Gloire à Dieu qui se laisse ainsi toucher du doigt à travers sa Divine Providence ! Inutile de vous décrire la joie qui débordait de mon cœur ! Joie immense de savoir maman bien vivante avec Dieu et capable de répondre à cette prière quelque peu audacieuse. Joie aussi de pouvoir rencontrer ce groupe d'amis qui m'attendait de pied ferme ce soir-là… Nous n'avons pas été déçus de ce merveilleux moment ensemble !

Maman était une femme de grande prière, veuve consacrée, et, depuis longtemps, elle avait mis saint Joseph dans sa poche, si j'ose dire… Lui et son épouse Myriam avaient certainement poussé l'affaire de l'autoroute avec elle, à leur manière !

Pourquoi ne pas faire une lecture symbolique de l'événement ? J'ai alors matière à me réjouir encore plus : si, un jour, je trouve en mon prochain un bloc de glace à la place du cœur, je ne me découragerai pas, je sais que la prière est capable de faire fondre cette glace et d'ouvrir un accès insoupçonné aux trésors de tendresse jusqu'alors bien cachées en lui.

Laisser vivre ou faire mourir ?

Que vient faire cette histoire dans un livre sur la miséricorde ?

Ma mère avait 94 ans lorsqu'elle nous a quittés. Les dernières années de sa vie ont été difficiles, car elle entrait progressivement dans une démence sénile, perdant toute mémoire immédiate, pendant que son corps la lâchait également.

C'était une femme de prière depuis toujours, consacrée dans son veuvage survenu à l'âge de 50 ans. Pourtant, comme chacun de nous, elle avait ses défauts. Femme de devoir, elle manifestait parfois un certain légalisme, ce qui pouvait entraîner de sa part quelques jugements sur les autres, jamais très méchants, mais parfois sans appel. Cela nous faisait rire, nous ses enfants, car elle avait l'art d'ajouter une horrible chose à un beau compliment sur quelqu'un. Par exemple, parlant d'un homme de sa connaissance, elle pouvait s'écrier : « Oh, Untel, quel trésor ! Laid comme un petit singe, mais si gentil ! » Elle n'en ratait pas une, si bien que nous en profitions pour nous esclaffer en l'imitant devant elle, alors elle se repentait… pour recommencer cinq minutes plus tard !

Je suis pour ma part persuadée que, dans sa miséricorde, le Seigneur permet que nous fassions notre Purgatoire sur la terre pour nous éviter de le faire dans l'autre monde, car il serait alors beaucoup plus douloureux, si j'en crois les témoins mystiques de l'Église (voir chapitre 38, « Le SOS des âmes du Purgatoire »). En effet, ils s'accordent tous pour dire qu'au Purgatoire, la plus petite souffrance est plus douloureuse que la plus grande souffrance sur la terre. Car c'est une souffrance de l'âme.

Ceux qui ont des fins de vie difficiles

Nous avons parfois une conception trop limitée et terrestre de la souffrance, nous la voyons au premier degré comme une ennemie dont il faut se débarrasser. Marie disait à Vicka : « Sache qu'il y a très peu de personnes qui ont compris la grande valeur de la souffrance lorsqu'elle est offerte à Jésus. » Il est évidemment indispensable de soulager la douleur autant qu'il est possible. Mais quand il n'y a plus rien à faire… Cela revient à Dieu seul de décider si la personne souffrante doit ou non continuer à vivre. C'est une grave erreur, un manque d'amour et un manque de sagesse que de vouloir abréger une vie artificiellement sous prétexte de lui éviter de souffrir. Si le plan du Seigneur est de lui épargner les douleurs du Purgatoire en lui permettant de se purifier dès cette terre, qui sommes-nous pour en décider autrement ? Nous ferions alors pour cette personne exactement le contraire de ce que nous lui souhaitions, car nous risquons de lui ajouter une souffrance plus pénible encore dans l'Au-delà. Là est le vrai défi de l'euthanasie !

Question : si, dans sa Providence, Dieu permet qu'une personne soit purifiée sur la terre durant un temps de maladie pour pouvoir entrer directement au Ciel, et si par ailleurs quelqu'un décide d'abréger sa vie, que se passe-t-il pour la personne lésée de son temps de purification ? Que se passe-t-il pour le soignant qui a tué le malade ? Je n'ai pas la réponse, mais on peut y réfléchir ! Car il s'agit en l'espèce d'une compassion mal située, même si elle provient souvent d'une bonne intention de la part des incroyants qui ne savent pas qu'après la mort, il y a l'éternité.

Mourir dans la dignité ? Bien sûr ! Mais la vraie dignité : mourir en étant rendu digne d'entrer dans la gloire !

15

Le voile de Séraphia

– « Non, Séraphia, je t'interdis de sortir aujourd'hui pour aller voir cet imposteur ! Tu ne vois pas dans quel pétrin il nous a mis ? Ouvre les yeux ! C'est un fauteur de trouble ! Tu vois bien que sa doctrine ne tient pas debout ! Non mais, se prendre pour le fils de Dieu… Pourquoi pas Dieu lui-même, pendant qu'il y est ! »

Séraphia saigne. Son cœur est en lambeaux. Elle se retire dans sa chambre pour pleurer. Combien elle aime ce Jésus, son neveu adoré ! Déjà, quand il avait douze ans et qu'il était resté à Jérusalem après la Fête de Pessah à l'insu de ses parents, elle allait au Temple pour lui donner à manger. Elle le voyait s'entretenir avec les Docteurs de la Loi. Comme elle était fière de lui, ce petit bonhomme qui impressionnait même les savants par son intelligence et ses réponses !

Il faut dire que Séraphia était la cousine de Marie, à peine plus vieille qu'elle, grande et plutôt imposante, d'après les révélations de Marthe Robin[19]. Elle connaissait Jésus depuis sa naissance et, en le voyant grandir, elle avait peu à peu découvert en lui un abîme de bonté et de lumière. D'où cette grâce lui venait-elle ? En tout cas, Séraphia buvait chacune de ses paroles avec bonheur. Lorsque Jésus a commencé sa mission et qu'elle le savait sur les routes, elle guettait son passage en Judée pour pouvoir aller l'écouter. Mais son mari,

19. La vénérable Marthe Robin (1902-1981), mystique française, est en voie de béatification. Pendant cinquante ans, elle a revécu chaque semaine la Passion du Christ, dans son âme comme dans son corps. Dans ses écrits, nous pouvons trouver une source inépuisable d'informations sur les différents protagonistes de la Passion.

Sirach, membre du Conseil du Temple, qui occupait une position de haut rang à Jérusalem, s'était mis à le détester, sans doute influencé par certains Pharisiens et les Grands Prêtres. En effet, ils ne cachaient pas leurs doutes sur la santé mentale de cet électron libre accompagné de sa lamentable bande de hippies incultes et crasseux qui violaient comme lui, sans aucune vergogne, les *mitzvot*[20] du Shabbat et tant d'autres préceptes. Le summum, ne l'avait-il pas atteint lorsqu'il avait déclaré qu'il fallait manger sa chair et boire son sang ? Et cela avec le plus grand sérieux !

– « Tu vois, Séraphia, lui répétait son mari, ton Jésus pousse le bouchon un peu loin ! Je ne comprends pas comment tu peux croire à toutes ces folies ! ? Ce n'est pas parce qu'il est ton neveu qu'il faut gober tout ce qui sort de sa bouche de malade ! »

Mais ce jour-là, retirée dans sa chambre, Séraphia entend les vociférations de la foule. De sa terrasse, elle voit même, sur la longue Via Dolorosa, le sinistre cortège qui mène Jésus à la mort. C'en est trop ! Séraphia ne peut rester là, impuissante devant ce drame ; elle en devient folle ! Il faut agir, et vite ! Dans un élan du cœur lumineux, elle prépare un excellent vin aromatisé dans le désir de le faire boire à Jésus pour le réconforter sur son chemin de douleur. Elle appelle sa fille qui a à peine dix ans[21], lui confie la fiole de vin, se couvre la tête d'un voile pour n'être pas reconnue, elle prend avec elle un linge blanc et se précipite dehors à la rencontre du douloureux cortège qui entoure Jésus et Joseph d'Arimathie. Sa fille l'accompagne. Toutes deux croisent de petits groupes qui se rendent au Temple et qui s'éloignent dès qu'ils aperçoivent Jésus, par crainte de se souiller avant la Pâque. Quelques-uns, cependant, manifestent un peu de pitié devant le Sauveur si cruellement traité de la part de ces hommes démoniaques et sans cœur, si acharnés à le faire souffrir.

Après avoir traversé la foule, elles doivent maintenant percer cette muraille infranchissable formée par les agents de Caïphe, les soldats à cheval et par les gardes armés de lances et de chaînes qui escortent Jésus. Au risque de se faire arrêter et torturer à mort, Séraphia

20. Une *mitzva* (*mitzvot* au pluriel) est un commandement de Dieu à observer pour être un bon juif.

21. Séraphia avait eu deux petits garçons, mais ils avaient été égorgés lors du massacre de Bethléem sur l'ordre d'Hérode. Par la suite, elle avait adopté cette petite fille.

s'élance sans calculer le danger, rien ne l'arrête, l'amour lui donne des ailes, l'amour bannit la crainte ! Sa petite fille se tient résolument à sa robe. Les voilà maintenant tout près de Jésus, les soldats romains n'ont pas eu le temps de réagir. Séraphia est horrifiée. Jésus n'a plus figure humaine. Il a été sauvagement battu par les soldats toute la nuit, son visage est tuméfié. Il est recouvert de sang, de crachats et de boue. Sa tête porte une couronne d'épines. Il est méconnaissable... Et pourtant, du fond de sa déréliction, il pose sur elle son regard. Son magnifique regard ! Moment divin entre Lui et sa tante bien-aimée Séraphia ! Le seul regard de Jésus possède une puissance d'amour infinie. Séraphia, avec toute la tendresse qu'elle lui porte, plonge elle aussi ses yeux dans les siens. Puis, faisant fi des menaces des soldats, elle prend le linge blanc et, avec une immense douceur, en essuie le visage de Jésus, le nettoie des crachats, de la boue et du sang : un geste d'amour parfait, totalement inspiré du Saint-Esprit. Quelle immense consolation pour Jésus ! Lui, la compassion même, voilà qu'il se fait objet de compassion ! Dans sa déréliction, il reçoit de la part de cette femme un geste de pur amour gratuit, geste qu'il ne cesse de prodiguer lui-même à tous ses enfants blessés.

Pour immortaliser cet acte d'amour, il accomplit un miracle merveilleux : il imprime son visage sur le voile[22] de lin. Dorénavant, personne ne pourra oublier ce qu'a fait Séraphia. Depuis lors, nous avons la plus belle icône du monde, réalisée par Dieu lui-même. Cette icône vaudra à Séraphia d'être rebaptisée plus tard *Veronica, vera icona*, c'est-à-dire « vraie icône ». Un nom nouveau qui a traversé les âges et sous lequel nous la vénérons[23].

La petite fille tenait cachée sous son manteau la fiole de vin. Elle la leva alors timidement à la hauteur du visage de Jésus, mais les archers et les soldats avaient vu son geste et, avec d'affreux jurons, la repoussèrent. Ils s'emparèrent de la fiole et finirent par boire eux-mêmes le vin aromatisé qui devait désaltérer Jésus.

---

22. Ce voile a été précieusement conservé par l'Église et se trouve actuellement à la basilique Saint-Pierre, sous la coupole située près du pilier droit, juste sous la statue de sainte Véronique. Le lin s'est obscurci avec le temps, mais un miracle s'est produit en 1848 lorsqu'il fut exposé aux yeux des fidèles le Vendredi saint : alors qu'il n'était plus possible de discerner les traits de Jésus sur le lin noirci, tout à coup il s'éclaira quelques instants et tous purent admirer son visage. Puis il reprit sa couleur sombre.

23. Après la Résurrection de Jésus, le mari de Séraphia se convertira et défendra les premiers chrétiens.

Le geste de Séraphia avait provoqué un arrêt du cortège, un contretemps qui provoqua de la colère chez les Pharisiens et les archers. Furieux de cet hommage public rendu à Jésus, ils se mirent à le frapper et à le maltraiter de plus belle, pendant que Séraphia rentrait en hâte chez elle, toute bouleversée par ce qu'elle avait osé faire.

Elle étendit délicatement le suaire sur une petite table et tomba à genoux devant le grand mystère qui s'offrait alors à ses yeux.

En réalité, qu'a fait Séraphia-Veronica ? Elle a fait miséricorde à Celui qui est par essence la miséricorde même ! Elle a fait tout ce qui était en son pouvoir pour consoler et réconforter le Supplicié, lui donnant ainsi la plus belle preuve de son amour.

Deux mille ans plus tard, Jésus a besoin plus que jamais de notre amour et de notre miséricorde. Il existe tant de moyens d'y parvenir ! Un de ces moyens les plus puissants est d'adorer Jésus et de le contempler dans sa Passion. Veronica nous enseigne que, plus nous le contemplons avec compassion dans sa Kénose – terme qui signifie abaissement –, plus il imprime sa propre image dans notre âme et plus il nous communique sa divinité. Nous devenons amour à notre tour. Nous nous transformons en Celui que nous contemplons. Quelle splendeur !

Ce voile de lin de Veronica est comme notre cœur. Il symbolise ce lieu intime où l'opération divine vient nous transformer lorsque nous contemplons Jésus avec amour.

Jésus a déclaré à sœur Faustine : « Une heure de méditation sur ma douloureuse Passion a un plus grand mérite que toute une année de flagellation jusqu'au sang. » (*Petit Journal* § 368) Quelle puissance réside dans la contemplation de la Passion de Jésus ! Puissance de consolation pour Jésus, et de transformation pour nous ! Lorsque nous le regardons avec amour et désirons sincèrement le rejoindre dans ses souffrances, il nous communique en retour sa beauté, son amour, sa tendresse et sa divinité… Il se livre entièrement à nous.

Ce regard de Jésus, nous pouvons également en reconnaître l'étincelle chez les pauvres, les plus démunis que nous côtoyons. La pauvreté ne se réduit pas aux mendiants, aux malades et aux handicapés, elle touche également ceux qui semblent riches et brillants, ceux qui ont peut-être une position sociale et professionnelle élevée.

Nous sommes appelés à étendre notre compassion aux riches comme aux pauvres ! Combien de fois ai-je remarqué la détresse secrète des riches, parfois plus profonde que celle des pauvres ! Combien se suicident ! Nous ne soupçonnons pas toujours la souffrance intérieure de ceux qui nous entourent.

16

La main tendue du tortionnaire nazi

Corrie ten Boom

Comme beaucoup de pèlerins à Jérusalem, je me suis rendue dans l'*Allée des Justes*, qui mène à *Yad Vashem*, le musée de l'Holocauste. Qui sont ces « Justes » ? Des non-juifs qui ont risqué leur vie pour sauver des juifs traqués par la Gestapo lors de la Deuxième Guerre mondiale. Parmi les 6 000 noms, se trouve celui de Corrie ten Boom, avec celui de son père Casper et de sa sœur Betsie. Une simple famille d'horlogers protestants très fervents de Haarlem, en Hollande, dont le courage héroïque défie toute imagination. Grâce à eux, des centaines de juifs purent échapper à une mort certaine.

Corrie a 48 ans lorsqu'en 1940, les troupes allemandes envahissent la Hollande. La vie bien tranquille de cette horlogère et de sa famille va prendre un tournant dramatique. Arrestations arbitraires de juifs en pleine rue et disparitions ne se comptent plus. La haine et la peur ont saisi Haarlem. Mais une prière secrète prend forme dans le cœur de Corrie : « Seigneur Jésus, je m'offre à Toi pour Ton peuple, en toutes circonstances, en tout lieu, en tout temps. »

L'occasion ne se fait pas attendre ; un soir de printemps, en 1942, une femme voilée frappe à la porte : « Je m'appelle Kleermaker, je suis juive, puis-je entrer ? », lance-t-elle angoissée. Casper garde son calme : « Naturellement, dit-il, dans cette maison, le peuple de Dieu est toujours le bienvenu ! »

Corrie se souvient :

> « Ainsi, commença de façon imprévue le "maquis de Dieu", nom par lequel on désignait notre activité clandestine. Comme nous entretenions des liens d'amitié avec la moitié de Haarlem, bientôt douze jeunes gens vinrent nous aider en se faisant messagers, tandis que quatre-vingts femmes et hommes d'un certain âge nous proposaient leurs services. Nous menâmes cette double vie pendant presque deux ans : pour le monde extérieur, nous étions toujours un vieil horloger et ses deux filles célibataires habitant au-dessus du magasin. Mais en réalité, notre vieille maison toute en coins et recoins, baptisée "Beje", était devenue le centre d'une organisation clandestine dont les ramifications s'étendaient à toute la Hollande. Tous les jours, une douzaine d'aides venaient et repartaient, alors que nous parvenaient des comptes rendus et des appels au secours. Une fois, par exemple, nous apprîmes que les cent bébés d'un orphelinat juif d'Amsterdam devaient être assassinés. Sans plus tarder, nos agents déguisés en soldats allemands enlevèrent les cent bébés juifs ! De nombreux juifs trouvèrent à Beje un refuge avant d'être transférés en des lieux plus sûrs. »

Tous les saints ont leur Judas. Pour la famille ten Boom, c'est Jan Vogel qui exerça ce triste rôle. Bien que Hollandais, il avait pactisé avec la Gestapo dès le début de l'Occupation et il les dénonça en février 1944.

L'horloger et ses deux filles furent saisis dans une rafle et placés en prison. Le chef de la Gestapo voulut renvoyer Casper ten Boom chez lui à cause de son grand âge, mais celui-ci répliqua d'un ton décidé : « Si je rentre à la maison aujourd'hui, je recommencerai demain à ouvrir ma porte à toute personne dans le besoin. C'est un honneur pour moi que de donner ma vie pour le peuple élu de Dieu ! » – ce qui ne devait pas tarder à se réaliser.

Pour Corrie et Betsie, le cauchemar ne faisait que commencer. Les deux sœurs furent expédiées dans un camp de travail dans le sud de la Hollande avant d'être déportées vers le redoutable camp d'extermination de Ravensbrück, en Allemagne.

Avant de partir en Allemagne, les sœurs ten Boom apprirent le nom de celui qui les avait trahies. Betsie se mit tout de suite à prier pour lui, mais Corrie était complètement bloquée :

> « Je pensais à la dernière heure de mon père, à sa solitude dans un couloir d'hôpital, au travail clandestin brutalement interrompu, et je réalisai que si Jan Vogel s'était trouvé devant moi à ce moment-là, je l'aurais tué. Tout mon corps souffrait à cause de la violence du ressentiment que j'éprouvais envers cet homme qui nous avait occasionné un tel malheur. Je ne pouvais plus fermer l'œil de la nuit, prier m'était devenu impossible. En l'espace d'une semaine, je tombai physiquement et psychiquement malade. Finalement, je demandai à Betsie qui ne semblait pas éprouver de haine envers lui : "Jan Vogel te serait-il complètement indifférent ? N'es-tu pas tourmentée quand tu penses à lui ?" Elle me répondit : "Oh si, Corrie, depuis que j'ai appris son nom, je ne cesse de m'affliger à son propos ! Quelle souffrance terrible doit être la sienne !" Ne me donnait-elle pas à comprendre indirectement et avec douceur que j'étais aussi coupable que Jan Vogel ? Ne l'avais-je donc pas assassiné dans mon cœur et à travers mes paroles ? Enfin, je fus capable de prier : "Seigneur Jésus, je pardonne à Jan, comme je te demande de me pardonner à moi aussi. Je lui ai voulu du mal. Bénis-le ainsi que sa famille à présent." Cette nuit-là, je réussis à dormir profondément pour la première fois. »

C'est après cette extraordinaire déclaration, dans l'horreur du camp de Ravensbrück, que Betsie devait succomber aux traitements inhumains de ses bourreaux sous les yeux de sa sœur.

Grâce à une erreur administrative, Corrie fut libérée de Ravensbrück le 1er janvier 1945. Il était temps, car une semaine plus tard, tous les détenus de son âge ainsi que tous les prisonniers âgés furent exécutés.

De retour en Hollande, elle ne cessait de méditer les dernières paroles de Betsie : « Nous devons dire à tout le monde ce que nous avons appris ici… Nous devons leur dire qu'"Il" (Dieu) pourra toujours nous faire sortir de l'abîme, aussi profond qu'il soit. On nous écoutera, Corrie, à cause de ce que nous avons vécu ici. Je prie tous les jours pour que nous puissions montrer, même à nos persécuteurs, que l'amour est plus grand que tout. » Comme testament, qui dit mieux ?

La guerre a pris fin. Corrie a 53 ans. Près de Haarlem, elle ouvre dès le printemps le foyer "Bloemendaal" pour y accueillir des survivants de l'Holocauste. Elle raconte :

> « Bientôt arrivèrent les premières des centaines de personnes qui devaient suivre, traumatisées, muettes ou parlant sans arrêt des pertes subies, résolument agressives ou repliées sur elles-mêmes… Corps et âme blessés, il n'y avait pour elles qu'une seule voie de guérison : le pardon. Singulièrement, ce n'est pas aux Allemands qu'il leur était le plus difficile de pardonner, mais à leurs propres compatriotes hollandais qui avaient collaboré avec l'ennemi. La situation de ces anciens complices des Nazis n'avait rien d'enviable : ils étaient méprisés, chassés de leurs appartements, au chômage. Parce qu'ils étaient haïs, je leur ouvris tout grand les portes de "Beje", ma maison. »

Mais ce n'est pas tout. En 1949, on proposa à Corrie d'utiliser l'ancien camp de concentration de Darmstadt pour son travail de réconciliation.

Étrangement, sa sœur Betsie, mourante sur son grabat, avait souhaité la possibilité de transformer un camp de concentration :

> « Un camp de concentration en Allemagne, Corrie, disait-elle, mais sans barbelés, où des personnes anéanties par la haine et la violence pourraient venir librement pour apprendre à aimer de nouveau… Les baraques grisâtres, nous les repeindrions en vert clair et devant les fenêtres, nous mettrions des jardinières fleuries. »

Corrie loua l'ancien camp de concentration qui devint très vite le foyer chaleureux de 160 réfugiés allemands. 160 réfugiés ? Mais il y en avait quelque 9 millions dans les décombres de l'Allemagne d'après-guerre, bourreaux et victimes mélangés ! Oui, elle savait que l'amour miséricordieux de Jésus était proche des victimes autant que des coupables, des souffrants autant que des auteurs de la souffrance.

L'affaire rebondit

Vers la fin de la guerre, apprenant que son dénonciateur était condamné à mort, Corrie décida de lui écrire :

« Votre trahison a entraîné la mort, après dix jours de détention, de mon père âgé de 84 ans, et celle de ma sœur après dix mois d'atroces souffrances au camp de concentration. Mon frère Willem était mourant lors de sa sortie de prison, son fils Kik n'est jamais rentré du camp de concentration de Bergen-Belsen. Moi-même, j'ai vécu l'indescriptible. Mais je vous ai pardonné. C'est Jésus qui m'en a donné la force, Lui qui dit : "Aimez vos ennemis !" »

Elle avait souligné cette phrase dans le Nouveau Testament envoyé à Jan Vogel. Celui-ci lui répondit :

« Votre pardon est un si grand miracle que j'ai osé dire : "Jésus, si tu mets dans le cœur de tes disciples un tel amour, alors il doit y avoir de l'espoir pour moi !" En lisant dans la Bible que vous m'avez envoyée que Jésus est mort sur la croix pour les péchés du monde, j'ai remis entre ses mains mes effroyables péchés et je sais qu'il m'a pardonné car votre pardon m'a convaincu de la réalité du pardon de Jésus. »

Peu de jours plus tard, Jan Vogel rendait son âme à Dieu.

Mais il fallait aller plus loin. Corrie écrivit à deux autres traîtres hollandais eux aussi condamnés à mort, Willemsen et Kapteyn. Ces collaborateurs de la Gestapo les avaient battues jusqu'au sang, Betsie et elle, les laissant inconscientes. En prison, ils reçurent tous deux une lettre de Corrie. Celle-ci les assurait du pardon de sa famille et de sa propre prière pour qu'à leur tour, ils acceptent le pardon de Jésus. Deux réponses lui parvinrent. Dans la première, elle lut : « Je sais quel mal j'ai fait à votre famille. Le fait que vous ayez pu me pardonner est la preuve tangible que Jésus peut me pardonner. Je lui ai confessé mes péchés. » Mais la deuxième réponse la fit frémir :

> « Je ne suis pas seulement responsable de la mort de vos proches, mais de l'extermination de milliers de juifs. Je ne regrette qu'une chose : ne pas avoir pu en tuer davantage, ainsi que ceux de votre sorte. »

Vers les sommets de la Miséricorde

Pendant trente-deux ans, jusqu'à l'âge de 85 ans, Corrie exerça cet apostolat du pardon. Avec quelle conviction et quelle ardeur témoignait-elle de son expérience vécue dans le camp de concentration de Ravensbrück et de la puissance du pardon ! Elle fit plusieurs fois le tour du monde, annonçant ce message chrétien et touchant des milliers de cœurs. Elle parcourait tous les continents, on la vit dans plus de soixante pays, elle parlait à la radio, à la télévision et faisait couler tant de larmes. Qui en effet n'a pas un pardon trop difficile à donner ? C'est durant une de ses conférences que Jésus l'attendait pour un suprême acte héroïque. Laissons Corrie raconter :

> « C'était en 1947 dans une église de Munich. J'avais quitté depuis peu la Hollande pour l'Allemagne, afin de témoigner du Pardon de Dieu envers tous les hommes. C'était le message dont ce pays vaincu, désolé, dévasté par les bombes, avait le plus besoin. C'est là que je le vis ! Maigre, emmitouflé dans un manteau gris… il se frayait un chemin dans la foule. La mémoire me revint en un éclair : l'immense salle remplie d'hommes moqueurs… Au milieu, le misérable tas de vêtements, les chaussures, et puis l'humiliation de devoir passer nue devant ce SS tous les vendredis. La silhouette de ma sœur amaigrie passa devant mes yeux… et voilà que cet homme se tenait devant moi, rayonnant, la main tendue – l'un des gardiens les plus cruels du camp de concentration : "Un merveilleux message, Mademoiselle, dit-il. Qu'il est beau d'entendre, comme vous le dites, qu'Il nous a lavés de tout péché."
> « Moi qui venais de parler si éloquemment du pardon, je fis semblant de fouiller dans mes notes pour ne pas avoir à saisir sa main. C'était la

première fois depuis ma libération que je me trouvais face-à-face avec l'un de nos tortionnaires. "Dans votre conférence, vous avez évoqué Ravensbrück, dit-il. J'y ai moi-même été gardien. Mais c'est le passé. À Noël, je suis devenu chrétien et je sais que Dieu m'a pardonné les atrocités que j'ai commises dans le passé. Cependant, je l'ai prié de me donner l'occasion de demander personnellement pardon à l'une des victimes ! C'est pourquoi je vous le demande : pouvez-vous me pardonner ?"

« De nouveau, il me tendit la main, alors qu'en moi montait un désir amer de vengeance. Pouvait-il donc effacer la mort lente et horrible de ma sœur Betsie du seul fait qu'il demandait pardon ? Pourtant, Jésus était mort pour cet homme. Que voulais-je de plus ? "Seigneur Jésus, priais-je, pardonne-moi et aide-moi à lui pardonner !" Le tout ne dura que quelques secondes qui me parurent des heures tant le combat que je menais était dur – le plus dur qu'il m'ait jamais été donné de mener. Je tentais de sourire en m'efforçant désespérément de soulever la main… en vain. Je ne ressentais rien, pas la moindre étincelle d'affection, pas la moindre miséricorde, et pourtant, je devais le faire, car Jésus dit *: "Si vous ne pardonnez pas aux hommes leurs offenses, votre Père céleste ne vous pardonnera pas non plus."*

« À Bloemendaal, j'avais si souvent parlé sur ce thème et j'avais pu toucher du doigt que seuls ceux qui avaient pardonné à leurs ennemis d'antan avaient été capables de retourner dans le monde et de prendre leur vie en main, et ce, indépendamment de leur état de santé.

« Et moi qui me tenais là avec un cœur glacial ! Le pardon n'est pas un sentiment, me dis-je. Le pardon est un acte de volonté, et la volonté est en mesure d'agir au-delà de nos sentiments. "Jésus, viens à mon aide ! Je ne peux pas lui pardonner. Toi, donne-moi ton pardon", dis-je dans un souffle. Tandis que je levais la main avec raideur, mécaniquement, pour la déposer dans la sienne, une chose incroyable se produisit : un courant sembla passer de moi à lui, allant de mon épaule à mon bras, puis à ma main, tandis que des vagues de chaleur bienfaisante me submergeaient. Mon cœur s'embrasa d'un tel amour pour cet homme que j'en fus toute bouleversée. Je lui dis sans plus retenir mes larmes : "Frère, je te pardonne de tout mon cœur !"

« Pendant quelques instants, nous restâmes ainsi, main dans la main : l'ancien gardien et l'ancienne prisonnière. Jamais je n'avais ressenti dans le passé, avec une telle intensité, l'amour du Bon Dieu. C'est ainsi que je découvris que la guérison du monde ne dépendait ni de notre pardon ni de notre bonté, mais uniquement du pardon et de la bonté de

Dieu. Quand Il nous dit que nous devons aimer nos ennemis, Il nous donne, en même temps que son commandement, l'amour nécessaire pour le vivre[24]. »

24. Voir l'autobiographie de Corrie dans *« Le Refuge »*, filmée en 1975.

17

Jakov et l'irrésistible mobylette

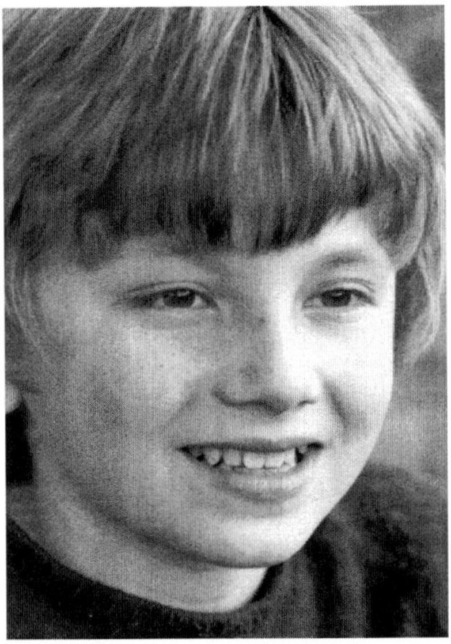

Jacov Colo enfant © Bruchet 1982

Au début des apparitions à Medjugorje, le petit Jakov Colo avait dix ans. Il n'avait plus son père, il n'avait ni frère ni sœur et sa mère était déjà âgée. Dans l'année qui suivit la première apparition, il devint orphelin de mère ; la Sainte Vierge demanda alors à sa cousine Vicka Ivankovic, plus âgée de sept ans, d'être pour lui une nouvelle petite maman. Vicka prit ce rôle très au sérieux.

En France, on aurait défini le Jakov de l'époque comme un gentil petit enfant des rues. Il avait poussé comme une plante sans tuteur, privé des solides repères que donne une vraie famille, dans un village où l'oppression communiste lui laissait toutefois assez peu de liberté.

Il avait toutefois gardé l'innocence du cœur. Une petite anecdote : le père Jozo Zovko, curé de Medjugorje, qui, dans les premiers jours des apparitions, ne croyait pas à leur réalité, voulait tester la sincérité de chacun des voyants. Il les prit à part un à un pour les bombarder de questions, sûr qu'ils allaient se contredire et montrer par là que toute cette affaire était un pur montage des communistes pour ridiculiser l'Église. J'ai pu écouter les bandes d'enregistrement de l'époque et la fraîcheur des réponses de Jakov à son curé, le père Jozo Zovko, m'avait enchantée. Celui-ci demanda :

– Jakov, quand t'es-tu confessé pour la dernière fois ?

– Ben, l'année dernière, à l'école, quand tu nous as tous faits !

– Et tu ne t'es plus confessé depuis ?

– Non... ! Mais... tu sais, maintenant que j'ai vu la Sainte Vierge, je ne ferai plus jamais de péché !

Puis le Père Jozo lui demanda :

– Et comment elle parle, la Sainte Vierge ?

– Elle ne parle pas, sa voix est comme une musique.

– Comment ça, une musique ? Elle ne peut pas parler comme tout le monde ?

– Écoute, Jozo, moi je te dis ce que j'ai entendu, c'est comme ça ! Quand elle parle, c'est comme une musique !

Autre remarque de Jakov : « Maintenant que j'ai vu la Sainte Vierge, je n'ai plus du tout peur de mourir. »

Un jour d'été où la tentation se faisait très forte, il se glissa chez son voisin à son insu et emprunta la motocyclette toute neuve qu'il rêvait d'essayer (certes pas le dernier modèle d'aujourd'hui !). Or, cela lui était clairement interdit car il était trop petit pour s'en servir. À la faveur d'un moment de tranquillité, ne voyant personne à l'horizon, il se lança avec l'engin sur le petit chemin poussiéreux et caillouteux qui serpente au pied de la colline du Podbrdo. Dès le début, la vitesse le surprit et il perdit le contrôle de l'engin. Au premier tournant, désarçonné par un nid-de-poule, il alla se planter dans un des nombreux buissons épineux qui longeaient le chemin. La motocyclette était cassée et Jakov fut lui-même blessé, pas gravement, mais il était bien ensanglanté sur tout le côté où il avait basculé. Il se mit à pleurer. Il craignait la réaction des voisins, se sachant en faute d'avoir utilisé leur motocyclette. Il alla se cacher derrière un arbuste, tout en pleurs, malheureux de ses blessures, de la motocyclette cassée et… de sa désobéissance. Heureusement, Vicka l'entendit pleurer et elle accourut vers lui pour voir ce qui lui était arrivé.

Tandis qu'elle tentait de le consoler, voilà que l'heure de l'apparition de la Vierge arriva. Alors, au beau milieu de cette situation délicate et des plus insolites, sans avoir l'air de se soucier des épines, la Vierge leur apparut à tous les deux. Il était 18 h 40. Dans son amour maternel, elle fit deux choses consécutives : d'abord, elle prit tendrement Jakov sur ses genoux et le consola de sa peine, tout en le berçant et le caressant, comme une mère le fait pour son enfant qui s'est fait mal en tombant. Puis, l'ayant ainsi réconforté, elle lui dit avec fermeté qu'il devait aller chez ses voisins pour leur demander pardon d'avoir utilisé leur motocyclette, et qu'il devait confesser ce péché.

Voilà une vraie bonne mère, voilà la vraie miséricorde en acte !

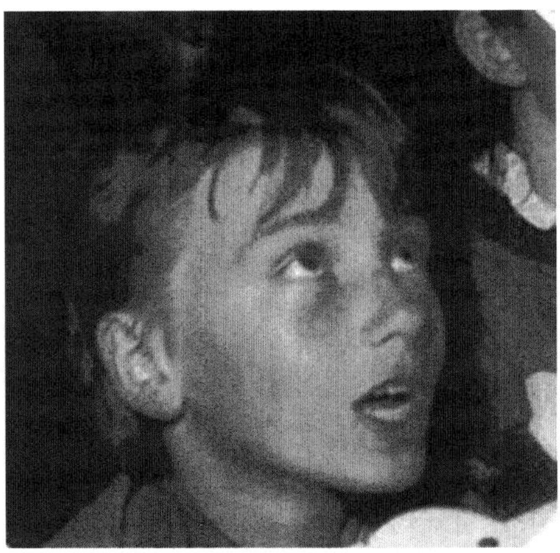

Jacov Colo pendant une apparition

18

Je n'oublierai jamais le regard de Jésus

Vicka jeune © Bruchet 1982

Chaque année à Noël, la Vierge apparaît, toute radieuse, portant l'Enfant Jésus nouveau-né dans ses bras ! Exceptionnellement, durant l'apparition du Vendredi saint 1982, elle est aussi venue avec Jésus, mais ce jour-là, il était adulte et vivait sa Passion. Vicka Ivankovic m'a raconté avec beaucoup d'émotion cette apparition qui lui a révélé toute la profondeur de la miséricorde du Christ. Il portait sa couronne d'épines. Son sang coulait sur son front, ses joues et sa barbe. Son visage était couvert de crachats et de boue, tuméfié par les coups qu'il avait reçus durant la nuit dans la prison de Caïphe et par les cruels sévices que les soldats de Pilate lui avaient infligés. Il portait un manteau rouge tout déchiré et maculé de sang. Un choc !

« Chers enfants, leur dit la Gospa, aujourd'hui je suis venue avec mon Fils Jésus dans sa Passion afin que vous voyiez combien il a souffert pour vous et à quel point il vous aime. »

J'ai demandé à Vicka :

– Est-ce que Jésus vous a parlé, lui aussi ?

– Non, me répondit-elle, Jésus est resté silencieux, il n'a rien dit. Mais j'ai regardé ses yeux et j'y ai vu une telle tendresse, un tel amour, une telle humilité que, pour moi, c'était plus fort que tous les mots qu'il aurait pu dire. J'ai vu combien il souffrait et en même temps combien il nous aimait ! Tu sais, je n'oublierai jamais le regard de Jésus dans sa Passion !

Il va sans dire que cette vision a décuplé l'amour de Vicka pour Jésus !

La voyante Marija Pavlovic, également présente ce jour-là, fit elle aussi le récit de cette apparition du Christ, lors d'une interview à Radio Maria (Italie) le 25 février 2016. Elle expliqua le contexte dans lequel cette apparition eut lieu et les enseignements que les voyants ont pu en retenir pour leur propre vie : une aide précieuse pour traverser les souffrances qu'ils enduraient alors et qui les aident certainement encore aujourd'hui.

« À cette époque-là, continuait Marija, nous étions persécutés par les communistes. Ils nous emmenèrent à l'asile qui était rempli de fous. Nous avons beaucoup souffert car ils nous disaient que nous aussi nous finirions ainsi. Nous étions des enfants de seize ans et nous avions peur. Quand la Vierge nous est apparue, nous avons commencé à pleurer et nous lui avons dit que nous n'avions plus de forces pour continuer, nous étions trop épuisés.

« Auparavant, elle nous avait prévenus : nous ne devions rien manger ni boire de ce que les communistes nous donneraient. Nous ne devions rien accepter d'eux. Nous avons appris par la suite, par l'un d'eux, qu'ils avaient essayé de nous droguer. Ils avaient leur plan : ils avaient dit à la télévision que nous étions drogués et ils voulaient que les téléspectateurs le voient. Heureusement que la Vierge nous avait prévenus du danger. Puis ils nous ramenèrent vers l'église du village et, de nuit, nous sommes rentrés chez nous, épuisés.

« C'est là que la Vierge nous apparut. Nous lui avons dit que nous n'en pouvions plus et que nous ne méritions pas ce qu'ils nous faisaient. En effet, pour nous faire peur, ils nous disaient par exemple que le père de Vicka qui travaillait en Allemagne serait arrêté et mis en prison à son retour à la maison, qu'il ne pourrait plus gagner l'argent pour faire vivre sa famille et qu'elle mourrait de faim.

« Nous avons raconté à la Gospa tout ce qu'ils nous faisaient, comment ils nous avaient arrêtés, emmenés à l'asile, et comment ils nous menaçaient d'y rester pour toujours et de devenir fous. C'est alors qu'elle nous montra Jésus couronné d'épines, couvert de blessures et baigné de sang ; puis elle nous dit : « Comme il a fait cela par amour pour vous, pour l'humanité, faites-le également pour Lui. »

« Jésus, lui, ne disait rien, ajoute Marija, il nous regardait seulement… Cette nuit-là, je fus incapable de dormir, l'impression fut très forte. Nous n'oublierons jamais cela ! »

Pour nous aussi, qui endurons tous, un jour ou l'autre, des moments difficiles qui peuvent parfois nous sembler insurmontables, ces paroles données par Marie aux côtés de son Fils souffrant nous donnent des clés lumineuses pour traverser l'épreuve de façon différente. Nous nous plaçons alors sous le regard de Jésus miséricordieux. Dans de telles circonstances, comment ne pourrions-nous pas être unis à lui ? Grâce à cette union avec Jésus agonisant, notre propre souffrance se voit transfigurée, elle prend un tout autre sens et devient même source de fécondité.

Des ailes à nos cœurs ?

Source de fécondité ? Voilà ce dont la Vierge rêve pour nous ! Elle nous veut saints et elle sait comment nous aider dans ce chemin ! Elle connaît trop bien la voie qui mène à la sainteté et elle désire ardemment nous la faire découvrir, nous la faire emprunter et nous y accompagner. Elle nous invite à prendre sa main et à nous abandonner avec confiance sur le chemin qui mène directement au ciel. Comme première et humble disciple de Jésus, n'a-t-elle pas pris elle-même cette voie royale ? Elle sait qu'il n'y a pas de mystères glorieux sans le passage obligé des mystères douloureux. Avec la douceur et la compassion qui la caractérisent, elle nous rassure sur ce chemin parsemé d'embûches. Qu'avons-nous à craindre, si celle qui nous conduit est aussi celle qui écrase la tête du Serpent ? Loin d'enlever les obstacles du chemin, elle nous aide à les discerner et à les dépasser. Elle fait le plus gros du travail, mais elle nous en laisse une part. Elle ne nous vole pas nos croix ! En effet, elle ne saurait nous priver de ces occasions providentielles de grandir et de nous fortifier à travers le combat. En cheminant avec elle, dans l'étreinte toujours offerte de son cœur maternel, nous pouvons marcher de victoire en victoire. Comme elle !

Le saint Curé d'Ars, un expert en matière de croix, s'était tellement identifié au Christ dans son amour fou pour lui qu'il a osé dire cette parole étonnante : « Si nous voyions la beauté et la grandeur de nos croix, nous nous les volerions mutuellement ! »

Une parole de Marthe Robin nous exprime la même chose dans un langage différent. Comme la Vierge, Marthe n'a jamais cherché à édulcorer le message évangélique, mais, au contraire, à lui rendre toute sa force, toute sa puissance trop souvent cachée à nos yeux.

> « La belle mission de Marie est d'amener à Jésus tous ceux qui vont à elle. Faisons-nous bien petits dans les bras de notre mère aimée. Plaçons-nous tout près d'elle, elle nous dira que tout notre devoir de chrétien est de ressembler à Jésus, et qu'il n'y a toujours, en tout temps, qu'une manière de lui ressembler : se renoncer soi-même, prendre sa croix et le suivre.
>
> « Mais elle nous dira aussi ce qu'elle sait par expérience : avec Jésus, se renoncer, prendre sa croix et le suivre en la portant, ce n'est pas mettre des boulets à ses pieds, mais des ailes à son cœur, de la joie, du bonheur, du ciel dans sa vie… C'est monter, c'est se rapprocher de Dieu, pas à pas. Elle nous dira que la Croix se fait de jour en jour plus légère, plus aimée, quand on la porte en se sanctifiant.

« Quand on souffre, quand on pleure, quand on est seul et triste, ce n'est pas difficile de se faire tout petit, on a tant besoin de secours, on a tant besoin de sentir une maman auprès de soi. Et qui donc ne souffre pas ? Qui donc n'a pas besoin de se faire consoler et pardonner, de se faire aimer, et guérir ? »

Quelle grâce d'avoir aujourd'hui ces visites de la Vierge et de pouvoir entendre en direct les témoins qu'elle s'est choisis ! Quelle grâce de retrouver ainsi, en toutes circonstances, le magnifique sens de notre vie !

Vicka © Bernard Gallagher

19

Quand Marilyn rencontre Thérèse

Marilyn Monroe 1953

Je ne pouvais pas écrire ce livre sans citer in extenso le magnifique Acte d'Offrande à la Miséricorde Divine de sainte Thérèse de l'Enfant-Jésus et de la Sainte-Face.

Cette prière, sortie du cœur d'une jeune fille d'à peine vingt-deux ans, constitue, pour les temps modernes, un sommet, un exemple saisissant de l'amour miséricordieux. Ce chef-d'œuvre aurait pu rester caché au fond du tiroir poussiéreux d'un Carmel reculé. Mais, pour Dieu, il était urgent de faire connaître les profondeurs abyssales de son amour ! Il a trouvé Thérèse et permit que son manuscrit soit connu du monde entier. Il avait besoin de cette âme d'enfant capable d'indiquer aux hommes le chemin de son Cœur et de leur offrir les trésors de sa miséricorde.

Cette offrande est le secret de la fécondité de Thérèse. Grâce à elle, celle qui est devenue « la plus grande sainte des temps modernes » (saint Pie X) a pu tenir sa promesse de « passer son Ciel à faire du bien sur la terre » et d'y répandre sa fameuse « pluie de roses » sur tant d'âmes ravagées par la souffrance et égarées loin de Dieu. La célèbre Marilyn Monroe en fait partie... Puisse cette prière, comme le murmure de la voix de Jésus, trouver un écho dans nos cœurs !

> « Ô mon Dieu ! Trinité Bienheureuse, je désire vous Aimer et vous faire Aimer, travailler à la glorification de la Sainte Église en sauvant les âmes qui sont sur la terre et (en) délivrant celles qui souffrent dans le purgatoire. Je désire accomplir parfaitement votre volonté et arriver au degré de gloire que vous m'avez préparé dans votre Royaume, en un mot, je désire être Sainte, mais je sens mon impuissance et je vous demande, ô mon Dieu, d'être vous-même ma Sainteté !
>
> « Puisque vous m'avez aimée jusqu'à me donner votre Fils unique pour être mon Sauveur et mon Époux, les trésors infinis de ses mérites sont à moi, je vous les offre avec bonheur, vous suppliant de ne me regarder qu'à travers la Face de Jésus et dans son Cœur brûlant d'Amour.
>
> « Je vous offre encore tous les mérites des Saints (qui sont au Ciel et sur la terre), leurs actes d'Amour et ceux des Saints Anges ; enfin je vous offre, ô Bienheureuse Trinité, l'Amour et les mérites de la Sainte Vierge, ma Mère chérie, c'est à elle que j'abandonne mon offrande, la priant de vous la présenter.
>
> « Son divin Fils, mon Époux Bien-aimé, aux jours de sa vie mortelle, nous a dit : "Tout ce que vous demanderez à mon Père, en mon nom, il vous le donnera !" Je suis donc certaine que vous exaucerez mes désirs ; je le sais, ô mon Dieu, plus vous voulez donner, plus vous faites désirer. Je sens en mon cœur des désirs immenses et c'est avec confiance que je vous demande de venir prendre possession de mon âme. Ah ! Je ne puis recevoir la Sainte Communion aussi souvent que je le désire, mais, Seigneur, n'êtes-vous pas Tout-Puissant ?... Restez en moi, comme au tabernacle, ne vous éloignez jamais de votre petite hostie...

« Je voudrais vous consoler de l'ingratitude des méchants et je vous supplie de m'ôter ma liberté de vous déplaire, si par faiblesse je tombe quelquefois, qu'aussitôt votre Divin Regard purifie mon âme consumant toutes mes imperfections, comme le feu qui transforme toute chose en lui-même...

« Je vous remercie, ô mon Dieu, de toutes les grâces que vous m'avez accordées, en particulier de m'avoir fait passer par le creuset de la souffrance. C'est avec joie que je vous contemplerai au dernier jour, portant le sceptre de la Croix ; puisque vous avez daigné me donner en partage cette Croix si précieuse, j'espère au Ciel vous ressembler et voir briller sur mon corps glorifié les sacrés stigmates de votre Passion...

« Après l'exil de la terre, j'espère aller jouir de vous dans la Patrie, mais je ne veux pas amasser de mérites pour le Ciel, je veux travailler pour votre seul Amour, dans l'unique but de vous faire plaisir, de consoler votre Cœur Sacré et de sauver des âmes qui vous aimeront éternellement.

« Au soir de cette vie, je paraîtrai devant vous les mains vides, car je ne vous demande pas, Seigneur, de compter mes œuvres. Toutes nos justices ont des taches à vos yeux. Je veux donc me revêtir de votre propre Justice et recevoir de votre Amour la possession éternelle de Vous-même. Je ne veux point d'autre Trône et d'autre Couronne que Vous, ô mon Bien-Aimé !...

« À vos yeux, le temps n'est rien, un seul jour est comme mille ans, vous pouvez donc en un instant me préparer à paraître devant vous...

« Afin de vivre dans un acte de parfait Amour, je m'offre comme victime d'holocauste à votre Amour miséricordieux, vous suppliant de me consumer sans cesse, laissant déborder en mon âme les flots de tendresse infinie qui sont renfermés en vous et qu'ainsi je devienne Martyre de votre Amour ô mon Dieu !...

« Que ce martyre après m'avoir préparée à paraître devant vous me fasse enfin mourir et que mon âme s'élance sans retard dans l'éternel embrassement de Votre Miséricordieux Amour...

« Je veux, ô mon Bien-Aimé, à chaque battement de mon cœur vous renouveler cette offrande un nombre infini de fois, jusqu'à ce que les ombres s'étant évanouies je puisse vous redire mon Amour dans un Face à Face Éternel !...

« Marie, Françoise, Thérèse de l'Enfant-Jésus, de la Sainte-Face - rel. carm. ind. Fête de la Très Sainte Trinité, le 9 juin de l'an de grâce 1895. »

(Extrait de sainte Thérèse de l'Enfant Jésus, *Manuscrits autobiographiques*, Éditions Carmel de Lisieux 1957.)

Une quête éperdue d'amour

En cherchant l'exact opposé de la « petite » Thérèse de Lisieux, on pourrait évoquer la « grande » Marilyn Monroe, la célèbre star d'Hollywood. J'ai alors pensé faire un parallèle entre cet Acte d'Offrande si total à l'Amour Miséricordieux et l'investissement passionné d'une Marilyn en quête éperdue d'amour et de reconnaissance. Bien sûr, toute comparaison entre les personnes a ses limites, Dieu seul sonde les reins et les cœurs.

À votre avis, que se serait-il passé si la petite Thérèse était née dans un couloir de la Metro Goldwyn Meyer à Hollywood d'une mère un peu dérangée, et si la petite Norma Jean – qui devait devenir Marilyn Monroe – était née au sein de la famille Martin, aimante et très catholique, dans une petite ville calme de Normandie ? Selon vous, de quel côté aurait germé la sainteté ?

La réponse n'est pas évidente car même si tout semble les opposer, Marilyn et Thérèse avaient toutes les deux la même vocation fondamentale. D'ailleurs, elles l'ont bien prouvé. Toutes les deux ont poussé jusqu'à l'extrême leur quête effrénée d'amour, elles ont investi pour cela toute leur force, toute leur énergie et même leur propre vie, jusqu'à en mourir. Elles ont tout misé, tout brûlé pour « réussir en amour ». Cette vocation commune, cette détermination sans faille qui les animaient dépassent de loin leurs différences familiales et sociales. Le Seigneur est capable de faire germer la sainteté là où il veut, dans des contextes parfois très surprenants, comme il l'a bien souvent démontré.

Si Marilyn n'a connu le vrai visage de Jésus qu'au moment de sa mort, dans ce temps particulier entre l'effet mortel des barbituriques et l'entrée définitive dans l'éternité, comment ne pas imaginer que, devant un tel visage, elle ne se soit écriée : « Jésus, sauve-moi, sauve-moi ! » Il ne faut pas oublier que le principal métier de Jésus, c'est d'être le Rédempteur. Alors, plus son enfant émet des signaux de détresse, plus il se précipite – c'est normal, comme nous le verrons plus loin.

Dès son berceau, la cruauté de la vie attendait Marilyn. Père inconnu, mère déséquilibrée et incapable de l'élever. Elle multipliait les amants et fut internée très tôt dans une maison de santé. Marilyn n'en recevra que très peu d'affection, il faut dire que le monde de la démence empêchait toute vraie communication entre sa mère et elle. Entre deux hospitalisations, sa mère travaillait comme monteuse de films pour la Métro Goldwyn Meyer ou la Paramount. Marilyn se trouvait donc aux premières loges pour les nouveautés qui sortaient au cinéma.

Ainsi, la petite Norma Jean aura connu une enfance malheureuse et ces blessures la marqueront jusqu'à la mort : « Quand j'étais enfant, disait-elle, je n'avais dans ma vie ni baisers, ni caresses, ni amour, rien… » Ou bien encore : « Quand j'étais entourée de tous ces gens qui s'intéressaient à moi parce que j'étais une star, je songeais à la petite Norma Jean à laquelle personne ne s'intéressait jamais et je me sentais désespérée. »

Elle deviendra pupille de la Nation et sera ballottée de famille d'accueil en famille d'accueil. Tout d'abord, sa mère la confia à des voisins qui la gardaient pour quelques dollars par semaine. Ces voisins étaient austères et pauvres, très pieux et surtout profondément bons. Marilyn y restera jusqu'à l'âge de sept ans. Chez eux, elle commencera à prier, à chanter des cantiques, elle entendra tous les jours l'Évangile. Elle ira aussi à l'école du dimanche et elle se régalera en chantant à tue-tête son hymne préféré : « Jésus m'aime, je le sais. » Comment ne s'en est-elle pas souvenue plus tard ?

À sept ans, Marilyn déménage chez un couple d'acteurs anglais qui, eux, ont vite fait de la plonger dans un univers très différent, plutôt artiste et bohême ; où l'idée même de Dieu est absente. Dans cette maison, elle dira avoir été victime d'abus sexuels.

Quand elle a l'âge de raison, elle commence à chercher son identité. Sa conscience encore toute naïve et pure est déjà mise à mal par un déplacement complet des valeurs. En plus du vide affectif total et des violences subies, elle se sent perdue. Dans sa première famille, aller au cinéma et boire de l'alcool était un péché. Et voilà que, maintenant, on voit facilement deux films par jour et personne ne semble s'en inquiéter. Où est la vérité, où est le bien, où est le mal ? Il n'y a personne pour la prendre à part et répondre avec douceur à ses questions. Sur le plan psychologique, elle développe un sentiment d'insécurité et de peur face au monde extérieur. C'est aussi à cette période que sa mère sort complètement de sa vie puisque, à l'occasion d'une explosion de délire (crise de schizophrénie), elle est emmenée de force à l'hôpital psychiatrique. Ce même hôpital où ses propres parents venaient de mourir déments. Heureusement, Marilyn ne le saura pas avant l'âge adulte, ce qui certainement l'a préservée de bien des angoisses.

À sept ans, elle ne peut dire « maman » à personne… comme Thérèse ! Et, curieusement, elle semble supporter tout cela mieux que Thérèse. Elle se familiarise avec son nouveau terreau totalement athée, mais pas pour autant débauché. C'est à cette époque-là, dans cette nouvelle famille, que Marilyn commence à s'imbiber d'un sentiment de vide intérieur. Elle perd complètement ses points de repère si indispensables aux enfants, et elle ne les retrouvera jamais. Elle amorce là une lente érosion de son enthousiasme naturel, de sa capacité de s'émerveiller, de vibrer.

Sa mère n'en finit pas d'être à l'hôpital, le vieux couple anglais décide de repartir en Angleterre, et la voilà à nouveau confiée à des voisins. Jusqu'au jour où elle se retrouve avec ses valises devant un grand portail et lit la pancarte de l'institution : « Foyer des Orphelins de Los Angeles ». Alors là, elle craque ! Elle se met à crier qu'elle n'est pas orpheline, qu'elle n'ira pas là, que sa mère est vivante. Mais la pauvre ! On la fait entrer de force.

Imaginez ces années passées à l'orphelinat, avec tout ce que cela comporte de traumatisant pour elle. J'ai envie de pleurer sur tous ces adolescents à qui l'on n'offre aucune perspective enthousiasmante, qui s'autodétruisent et qui errent sans but. Ces ados à qui on ne peut plus parler d'amour sans agiter des préservatifs ou des pilules abortives. À qui l'on ne peut plus parler de la vie sans ajouter les statistiques du chômage, à qui l'on ne peut surtout pas parler de Dieu parce que, de toute façon, il est mort et que l'on prétend avoir trouvé bien mieux grâce à la parapsychologie, au New Age et à bien d'autres ersatz de ce genre.

Pour en revenir à Marilyn, elle avait quand même un tout petit créneau d'échappement dans son malheur : c'était le cinéma du samedi après-midi. Elle adorait le cinéma. Un de ses biographes dit d'ailleurs qu'elle aimait le cinéma aussi passionnément qu'un malade s'accroche à la vie dans l'espoir d'une rémission. C'est tout à fait cela : elle compensait ses manques en rêvant avec les grandes stars d'Hollywood. On imagine facilement la fascination exercée sur elle par cet univers clinquant du cinéma américain de l'époque. C'était l'âge d'or d'Hollywood, on fabriquait du rêve à tour de bras et Marilyn, plus qu'une autre, se nourrissait le cœur et l'âme de ces portions de rêve du samedi après-midi.

C'est au cinéma que Marilyn a puisé sa conception de l'amour, cet amour qu'elle n'avait encore jamais vécu personnellement. Et c'est dans le cinéma qu'elle a puisé son schéma mental sur le moyen d'obtenir l'amour, à savoir la séduction. La super-séduction des stars. Pour elle, c'était devenu clair, l'amour se gagne à coup de séduction. Et comme seul l'amour rend heureux, la conclusion s'impose : pour être heureux dans la vie, il faut être très, très séduisant.

C'est à cette époque, en pleine adolescence, que Marilyn va vivre quelque chose qui fera basculer son existence, quelque chose qui la frappe vraiment en plein cœur. L'anecdote pourrait passer inaperçue tant elle est simple et même banale, mais vous allez voir quelle profonde résonance cela a déclenché dans les fibres les plus intimes de Marilyn.

Un jour où il pleuvait et où elle se sentait assez dépressive, Marilyn fait une fugue. Elle est ramenée par un agent de police. On la fait entrer dans le bureau d'une dame de l'orphelinat qu'elle ne voyait presque jamais. Bien sûr, elle s'attend à être grondée, peut-être même battue. Mais, à sa grande surprise, la dame s'approche d'elle avec beaucoup d'amour, lui donne des vêtements secs pour remplacer les siens trempés par la pluie. La dame la prend dans ses bras en lui disant qu'elle est jolie et qu'elle a une peau merveilleuse. Elle l'appelle « mon enfant » et elle sort même son poudrier pour la maquiller un peu. Pour Marilyn, c'est l'illumination de sa vie, elle écrira plus tard : « C'était la première fois de ma vie que je me sentais aimée, personne auparavant n'avait jamais remarqué mon visage, ou mes cheveux, ou ma personne ! »

Voilà toute sa vie qui bascule car, pour la première fois, elle goûte enfin à la tendresse humaine ! Pour elle, c'est un vrai miracle. Là encore, elle fait une association d'idées qui l'amènera bien loin : « Si je suis aimée, c'est parce que je suis jolie et que ma peau est douce. » Alors, la direction est prise : Marilyn va complètement s'investir dans son corps. Si la beauté de son corps peut déclencher une telle tendresse, alors il faut tout miser là-dessus ! Grâce à cela, elle aura droit enfin à ce qu'elle désire le plus au monde : être aimée. Et pour elle, être aimée, c'est une question de vie ou de mort.

Sans même qu'elle s'en aperçoive, l'esprit d'idolâtrie prend corps en Marilyn, sur ce terrain profondément blessé par la vie. Comment l'absence de Dieu, l'absence de relations avec Dieu peut-elle faire tomber un cœur assoiffé d'amour dans l'idolâtrie ? Lorsque le manque d'amour humain laboure le cœur, on est prêt à tout pour obtenir cet amour ! Pour Marilyn, cette quête d'amour va la pousser à s'engouffrer dans d'interminables séances de maquillage, des heures à rallonge devant la glace pour étudier sous toutes les coutures comment séduire le mieux, comment être remarquée, ce qui lui vaudra par la suite la surprise émerveillée de tous ses photographes – parce que personne ne savait comme elle se placer devant les objectifs ; elle avait cette réputation d'être quasi magique dans ce domaine.

La jeune fille constituera une proie facile pour l'industrie d'Hollywood. Elle deviendra ainsi la première femme ayant le statut de sex-symbol et contribuera, sans doute malgré elle, à faire émerger, aussi bien au cinéma que dans la vie réelle, l'image de la femme fatale et facile qui bouleversera en profondeur et pour toujours les mentalités. On en connaît les conséquences désastreuses pour nos sociétés.

Comparez maintenant avec la petite Thérèse qui a vécu quelque chose de similaire. À onze ans, elle aussi va vivre un événement déterminant : sa première communion. Ce jour-là, elle dira simplement : « Ah, qu'il fut doux, le premier baiser de Jésus à mon âme ! » Dans une grande onction, dans une grande douceur, la vie de Thérèse bascule. Elle ajoute : « Ce fut un baiser d'amour. Je me sentais aimée et je disais aussi : je vous aime, je me donne à vous pour toujours. »

À cet âge-là, elle n'était pas bien haute, la petite Thérèse, mais elle avait déjà tout compris. Après ce premier baiser, comme elle l'a écrit, elle va foncer tête baissée vers ce qui lui a été révélé comme le plus beau des trésors : être aimée de Jésus et ne plus faire qu'un avec lui.

Quant à Marilyn, après cette expérience de « bonheur » donné par l'amour, elle va faire comme Thérèse, elle va tout sacrifier pour obtenir cet amour de manière durable et pouvoir enfin s'en rassasier. On verra que, si le but est bien le même pour les deux, les chemins sont divers et nous arrivons là au drame de notre propos : tous les chemins ne mènent pas là où l'on voudrait !

Contrairement à Marilyn, Thérèse est née dans une vraie famille où les relations entre les membres étaient empreintes d'une grande tendresse, d'un profond respect et aussi d'une grande exigence. On était ferme sur les prix quant aux valeurs essentielles de la vie. Il faut dire que Thérèse a absorbé la connaissance de Dieu et son amour dès le berceau. Elle a été jusqu'à dire que dès l'âge de trois ans, elle n'a jamais rien refusé à Dieu. Bien sûr, c'était une grâce venue d'en haut, mais le terreau avait été bien préparé pour accueillir cette grâce.

Le Seigneur est très présent dans sa maison. Dès le matin, on lui demande : « As-tu donné ton cœur à Jésus ? » Mais voilà, à l'âge de quatre ans, la fête paradisiaque prend fin car la maman Martin meurt. Sous le choc, l'heureux caractère de Thérèse se met à changer complètement, la blessure est très profonde. Alors, elle devient timide, craintive devant les gens, hypersensible, elle se met à pleurer pour des riens. Heureusement, ses sœurs et son père l'entourent d'une grande affection. Malgré son jeune âge, Thérèse a déjà une profonde sagesse naturelle ; elle comprend que la terre n'est qu'un passage, que l'essentiel est ailleurs. D'ailleurs, ses quatre frères et sœurs aussi sont morts. À neuf ans, après le départ de Pauline, sa deuxième petite maman, elle est saisie par des tremblements nerveux et des hallucinations, elle éprouve des frayeurs terribles totalement inexpliquées. Elle se retrouve donc au lit comme hébétée, personne ne sait vraiment ce qu'elle a ; elle ne dort plus et surtout elle ne parle plus, son regard devient fixe et cela dure de longs mois. Un jour, elle essaye de crier : « Maman ! Maman ! » Elle se tourne vers la statue de la Vierge qui trône devant elle, en face de son lit. Et voilà que la Mère de Dieu tourne son visage vers elle et lui sourit. « Ravissant sourire », dira Thérèse, « la Sainte Vierge me parut belle, si belle que je n'avais jamais rien vu de si beau. » Et, par ce sourire, Thérèse est instantanément guérie ; la tendresse de la Vierge l'a pénétrée jusqu'au fond de l'âme et l'a délivrée de son terrible mal.

Je crois que le grand moteur de la vie de Thérèse, son dynamisme interne qui était vraiment à toute épreuve, fut de comprendre très tôt le sens ultime de son existence. De comprendre le pourquoi de sa vie et de s'en émerveiller. Pourquoi est-elle entrée au Carmel, pourquoi a-t-elle embrassé avec tant de courage cette vie monotone de sacrifices cachés ? C'est parce que, très tôt, elle a éprouvé ce vertige d'être aimée, aimée par l'Amour lui-même ! Pour elle, le Carmel était le moyen de ne pas le quitter d'une semelle. C'était l'aventure royale du cœur à cœur constant, un cœur à cœur intime, caché aux yeux du monde.

Ici, nous touchons au vif de notre sujet qui est la véritable adoration, l'adoration en esprit et en vérité, si liée à cet abîme évoqué par Thérèse. Adorer, cela veut dire porter tout son être vers, porter sa bouche vers, prier vers. Et l'on ne peut pas adorer sans avoir fait l'expérience de l'abîme qui est en nous. Adorer, c'est jeter notre propre abîme dans l'abîme de Dieu. *« L'abîme appelant l'abîme »*, comme dit le psaume, c'est la raison pour laquelle l'adoration est à la portée de tous comme l'expérience mystique la plus simple qui soit. Je dirais même que le besoin d'adoration est le besoin le plus viscéral de l'homme. Qui d'entre nous peut dire qu'il n'a jamais perçu en lui-même la faim existentielle de l'amour et de la vie ? Qui n'a jamais eu mal de sentir son cœur en creux ? Adorer, c'est tout simplement jeter ce creux abyssal que nous portons, dans les profondeurs encore plus abyssales du cœur de Dieu. Jeter notre soif dans Celui qui est la source, la seule et unique source capable de nous abreuver vraiment. J'aime beaucoup cette parole de Thérèse qui explique si bien cela : « Toi seul, ô Jésus, peux contenter mon âme car jusqu'à l'infini j'ai besoin d'aimer. » Voilà, c'est l'infini de notre désir qui rencontre la plénitude du don.

Marilyn aurait très bien pu prendre à son compte la deuxième partie de la phrase : « Jusqu'à l'infini j'ai besoin d'aimer. » Tout son comportement d'adulte le prouve ; mais cet infini de l'amour, de qui l'attendait-elle ? Ils ont été nombreux, ceux auprès de qui elle cherchait à se rassasier. Et quel drame pour elle de butiner à droite et à gauche en quête d'amour, jusqu'à l'épuisement de son espérance, jusqu'au désespoir et à la mort. Oui, « Toi seul, ô Jésus, peux contenter mon âme » ! La grâce de Thérèse est d'avoir connu très tôt l'adresse et le numéro de téléphone, si j'ose dire, de Celui qui pouvait contenter son âme, et d'avoir pu s'engouffrer à corps perdu dans l'aventure avec Lui. Cette grâce lui a épargné bien des errances et bien des trahisons. Elle-même le dit clairement : « Avec un cœur comme le mien, je me serais laissée prendre et couper les ailes. » Et surtout, le trait de génie que le Saint-Esprit lui a inspiré, c'est de comprendre que c'était sa petitesse, sa faiblesse, sa totale impuissance à faire par elle-même de grandes choses qui attiraient le plus l'amour de Dieu sur elle.

Il faut bien souligner qu'il y a là un fossé radical entre cette révélation de l'Esprit Saint et ce que murmure l'esprit du monde, cet esprit du monde condamné par Jésus parce qu'il conduit à la destruction et la mort. Le monde nous répète à longueur de temps que si l'on veut avoir du succès et être aimé, il faut avoir des richesses. Il faut être beau, intelligent, jeune et dynamique, rentable, performant, en bonne santé si possible, bref, les normes sont draconiennes. Si l'on perd ces qualités, on se fait jeter, abandonner, on n'intéresse plus personne. Et la publicité et tout le système économique sont entièrement fondés sur cet esprit. D'où l'angoisse terrible de perdre l'amour en perdant la santé, en perdant la beauté, en perdant la jeunesse, d'où la hantise de vieillir de la plupart de nos contemporains. La hantise de faiblir en quoi que ce soit. Le monde est d'une cruauté sans faille. Les hôpitaux psychiatriques sont remplis de dépressifs qui ne sont que les victimes de cette mentalité inhumaine.

Alors, quelle bouffée d'air quand on lit Thérèse, quel Dieu splendide elle nous révèle, quelle libération ! Tu es pauvre ? Alors, tu es le plus chéri. Tu n'as pas beaucoup de dons ? Alors, tout ce qui est à moi est à toi, je te donne tout. Tu es blessé ? Alors, tu es plus qu'un autre capable de comprendre mes mystères et de t'unir à moi. Tu es trop faible pour monter l'escalier tout seul ? Alors, saute dans mes bras et moi je te porterai jusqu'au sommet. Voilà le vrai visage de l'amour que Thérèse nous dévoile. Et je lui dis merci, merci, d'avoir fait souffler sur le monde le vent des Béatitudes et de la miséricorde.

Marilyn a été victime d'une confusion qui lui coûta très cher, puisqu'elle lui coûta la vie. Elle voulait devenir riche pour acquérir l'amour, puisque, dans son esprit, c'était la beauté qui attirait l'amour. Elle s'est abusée elle-même en pensant que c'était son seul atout.

Marilyn représente un symbole pour notre société, et pas seulement un sex-symbol. Lorsqu'elle découvre à l'adolescence l'impact de sa beauté sur son entourage, elle conçoit peu à peu un vaste projet, elle se met à rêver de devenir un jour une grande star. Il faut imaginer aussi dans quelle ambiance elle vivait, d'un côté la platitude morne d'une vie de pensionnaire sans éclat et, de l'autre, la révélation d'un monde scintillant de tous ses feux, rempli d'aventures captivantes, d'histoires romantiques que montrait le cinéma d'Hollywood. Comme le propre de l'adolescence est de s'identifier à qui l'on admire, voilà Marilyn qui commence à mimer les grandes stars et à se centrer sur son propre personnage, à se regarder vivre, à guetter l'effet qu'elle produit, etc. Après un premier mariage raté (en fait, on l'a mariée pour échapper à une autre période d'orphelinat), elle fait des prouesses dans une agence de mannequins. Là, elle se passionne de plus en plus pour sa propre image. Elle met un acharnement vraiment touchant à se faire happer par l'engrenage de la cupidité. Elle croit dur comme fer que, par ce moyen, tout le monde l'aimera, que tous les hommes la désireront et qu'enfin, elle sera la reine. Elle sera la star des stars.

Ce qui me frappe dans la démarche de Marilyn à ses débuts, tout comme dans celle de Thérèse au même âge, c'est qu'elles visent toutes les deux la même chose : l'amour absolu et la gloire. Elles cherchent farouchement la gloire et elles ont raison, elles sont faites toutes les deux pour la gloire, comme chacun de nous car Dieu nous a créés pour la gloire.

Thérèse, elle, se passionnait pour les récits chevaleresques et l'histoire des grandes héroïnes françaises comme Jeanne d'Arc : « Le Bon Dieu me faisait comprendre que la vraie gloire est celle qui durera éternellement. » Alors cette gloire-là, elle la veut ! De toute façon, elle veut toujours le meilleur, c'est simple ! « Je pensais que j'étais née pour la gloire, écrit-elle, et cherchant le moyen d'y parvenir, le Bon Dieu m'inspira qu'il n'était pas nécessaire de faire des œuvres éclatantes, mais de se cacher et de pratiquer la vertu. Le Bon Dieu me faisait comprendre aussi que ma gloire à moi ne paraîtrait pas aux yeux mortels, mais qu'elle consisterait à devenir une grande sainte. »

Voilà... Rien de moins ! Quand Thérèse adolescente franchit les grilles du Carmel, elle part pour la gloire, celle que Jésus lui a montrée, celle surtout qui viendrait de lui et non pas d'elle, celle qu'il lui communiquerait lui-même, goutte-à-goutte, dans l'étreinte cachée de son amour. Il lui donnerait sa gloire à lui parce qu'il la ferait reine. Jésus ne dit-il pas dans l'Évangile : *« Je leur ai donné la gloire que tu m'as donnée pour qu'ils soient un comme toi Père tu es en moi et moi en toi »* (Jn 17, 22) ? Et Thérèse sera une grande sainte, elle en a la certitude, car elle sait bien que Dieu, dans sa grande miséricorde, ne verse jamais un désir dans notre cœur sans vouloir le réaliser.

Le Seigneur a splendidement confirmé toutes ses inspirations ! Thérèse est non seulement devenue une grande sainte dans le Ciel, mais même après sa mort, ses écrits se sont répandus dans le monde entier, ce fut un succès foudroyant, un best-seller extraordinaire ! Quel parcours que celui de cette petite carmélite obscure, à peine sortie de l'adolescence, sans diplôme, malade de la tuberculose ! Voilà que des dizaines de milliers de chrétiens et de non-chrétiens se mettent à dévorer son livre : *Histoire d'une âme*, et à vivre de sa spiritualité ! Ainsi, sa gloire est apparue aux yeux des hommes.

C'était aussi le fruit de beaucoup de souffrance. Le Seigneur lui avait révélé, peu avant sa mort, le succès étonnant qu'elle connaîtrait et il lui avait annoncé que tout le monde l'aimerait. Je dois préciser que c'était une gloire totalement liée à l'amour, comme l'est toujours la vraie gloire, celle qui vient de Dieu. La gloire qui vient des hommes, elle, engendre surtout divisions et jalousies avant de s'évanouir pour toujours. Nous comprenons alors que c'est précisément là que Marilyn s'est complètement fourvoyée. Elle s'est retrouvée dans une impasse.

Comme Thérèse, Marilyn me touche par sa volonté d'aller loin, son désir fou d'être aimée, son ambition de dépasser tout le monde. Elle en était aussi convaincue que l'était Thérèse de devenir une grande sainte. Son intuition, au fond, était bonne : elle voulait l'amour absolu. Mais là où elle s'est complètement trompée, c'est que, ne connaissant pas la vraie, la seule source de l'amour, elle a tout attendu des hommes. Elle attendait la gloire qui vient des hommes, et cette gloire-là s'appelle tout simplement la vaine gloire. De fait, au lieu de cueillir le bon fruit de l'amour, après avoir joui bien peu de temps d'être le centre du monde, la voilà qui étreint le vide.

Il est bien sûr difficile de dire précisément quel était le dessein de Dieu sur Marilyn et sur sa vie. Son idée fixe à elle, c'était vraiment… la beauté ! Faire jaillir l'émotion par la beauté. Mais, au lieu de se brancher sur la source, elle s'est branchée sur elle-même, sur son propre « ego ». Elle s'est alors mise à suivre la pente savonneuse qui a gâché tant et tant de bons artistes, elle s'est laissé fasciner par ses propres dons. On peut même dire qu'elle s'est mise à adorer sa propre image. Évidemment, elle entendait que les autres aussi l'adoraient et on touche ici au propre de l'idolâtrie. Idolâtrer veut dire « adorer une image ». Quel drame ! Elle portait en elle ce désir fou d'adorer, ce désir de se plonger dans un abîme d'amour qui faisait sa noblesse, et voilà que tout ce potentiel formidable d'adoration, elle le détourne, sans doute inconsciemment, pour embrasser sa propre image. C'est là que précisément, sans s'en rendre compte, elle s'est destinée au désespoir. On dirait aujourd'hui : elle a pris un ticket pour le désespoir. Et comme elle allait toujours jusqu'au bout, c'est à ce moment-là qu'elle s'est exposée à mort. Vu son parcours, à qui la faute ?

Si Thérèse a été fidèlement et amoureusement accompagnée sur le plan spirituel dès son enfance, Marilyn, elle, n'avait personne à qui se confier, elle était sans cesse livrée à ses propres fantasmes, personne ne lui montrait le sens de la vie. En un mot, personne ne l'a aidée à accrocher son désir à Celui qui pouvait magnifiquement le combler. De plus, elle a été victime à cette époque-là d'une secte comme on en voit pulluler tant aux États-Unis, la « Christian Church » où l'emmenait parfois sa meilleure amie ; une secte assez ésotérique, où le triomphe du Moi individuel prévalait sur tout et où la voix de l'instinct était la manifestation de l'esprit divin.

Marilyn a franchi très rapidement les degrés qui mènent à la célébrité, elle a fait très vite fureur sur les écrans, elle a fait gagner des millions de dollars à ses producteurs, tout le monde la voulait, son image tapissait aussi bien les affiches publicitaires que les murs des maisons privées, toutes les femmes voulaient lui ressembler et certaines se faisaient même refaire le visage pour avoir son nez, sa bouche et tout le reste. Les hommes rêvaient de la tenir dans leurs bras (pour parler sobrement), bref elle était devenue vraiment LA star dans toute l'amplitude du terme. Elle incarne encore aujourd'hui la femme-objet, la femme née pour séduire, mais à qui il ne faut surtout pas demander autre chose.

Au début, Marilyn intègre totalement ce personnage ; mais, un jour, elle fait sa crise, elle en a assez de cette image futile d'elle-même. Elle assume de plus en plus mal cette exaltation factice de sa personnalité et de son identité. Et voilà qu'elle mesure peu à peu le fossé terrible qu'il y a entre son image publique, ce que l'on attend d'elle, et sa pauvreté réelle, vraie, lancinante, sa difficulté au bonheur, sa solitude intime, ses insomnies chroniques et peut-être les spectres de la folie qui lui viendrait de sa mère et de ses grands-parents. L'angoisse la prend peu à peu. Elle voit tous les jours un psychiatre et se gave de médicaments. Il me semble qu'à ce moment-là, elle aurait aimé crier qu'elle n'était pas seulement un corps désirable, qu'elle avait aussi un cœur et surtout une âme, qu'elle pouvait donner autre chose que sa sensualité devenue légendaire, qu'elle refusait d'être enfermée dans ce personnage limité à ses rondeurs et à son sourire de vamp.

Dans les biographies de Marilyn, j'ai cherché longtemps une parole vraiment spirituelle qui aurait pu sortir de sa bouche, j'avoue que j'ai eu du mal, mais j'en ai enfin trouvé une. Au faîte de sa gloire, elle répétait souvent à ses proches cette parole de Jésus : *« Que sert-il à l'homme de gagner le monde entier s'il vient à perdre sa propre vie ? »* (Mc 8, 36) ! Quelle lucidité ! Elle avait la conscience intime qu'elle était en train de se perdre.

Pour ma part, je ne crois pas du tout à la fatalité. Marilyn aurait pu très bien devenir une grande sainte en restant tout simplement fidèle aux inspirations que le Seigneur lui envoyait, au lieu de se conformer au monde qui, lui, méprise Dieu.

Quant à Thérèse, de son côté, elle aurait très bien pu devenir la petite fille invivable, adulée, la petite bourgeoise contente d'elle qui passe son temps à tirer la couverture à soi et qui considère tout comme un dû.

L'histoire de l'Église montre que des gens, bien plus débauchés qu'elle, sont parvenus à un très haut degré de sainteté. Quand, dans les dernières années de sa vie, Marilyn a vu que son existence, au fond, n'était que vide, solitude et désolation, elle aurait pu crier : « Jésus, sauve-moi ! Je ne suis pas digne, mais prends-moi dans tes bras et pardonne-moi ! » Oui, elle aurait pu. Qui sait ce qui se passait dans sa conscience, sinon Dieu seul ? Mais elle n'a sans doute pas cru que sa miséricorde était pour elle. A-t-elle pensé que cette ultime porte de salut lui était fermée ? On l'a retrouvée morte dans son appartement de Los Angeles. Sa mort a été classée comme « suicide probable », mais elle intervenait à un moment où Marilyn avait décidé de ne plus suivre la voie de vamp qu'on lui avait tracée. S'est-elle suicidée à l'aide de barbituriques, comme cela fut annoncé ? De nombreuses voix évoquèrent la thèse d'un assassinat. En avril 2015, sur son lit de mort, Norman Hodges, un agent de la CIA, affirma avoir tué Marilyn Monroe de ses propres mains, puis maquillé sa mort en suicide.

Elle avait 36 ans, c'était le 5 août 1962, en la vigile de la Transfiguration.

Au Carmel de Lisieux, près de soixante-dix ans plus tôt, un événement se produit, qui concerne très fortement la vie de Marilyn et qui en a certainement changé l'issue.

Ce jour-là, une image tombe sous les yeux de la Petite Thérèse. C'est Jésus en croix et Thérèse ne remarque qu'un détail : ses mains transpercées laissent couler du sang ; ce sang tombe par terre et il n'y a personne pour le recueillir ; il se perd dans la terre. Thérèse en est bouleversée jusqu'au fond de l'âme, elle comprend en un éclair à la fois le drame de Dieu et le drame de l'homme. Deux soifs qui ne se rejoignent pas. Dieu est en manque de l'homme qui ne vient pas puiser son amour à la source, et l'homme est désespérément en manque de Dieu parce que son cœur est fait pour lui. L'homme est simplement en train de mourir de soif à côté de la source ! Marilyn est morte de soif à côté de la source et la source est torturée de ne pouvoir donner son eau. Dieu est torturé comme un amoureux dont l'amour est éconduit et méprisé.

Alors, Thérèse, qui ne supporte pas une telle situation, s'offre pour être en quelque sorte une entremetteuse entre ces deux soifs d'amour. Ainsi, elles pourront s'abreuver l'une l'autre, se guérir l'une par l'autre. Or qui, mieux que Thérèse, peut comprendre ce qu'est la béance d'un cœur déchiré de ne pas étreindre l'objet de son amour ? À l'âge de quatre ans, après la mort de sa mère, elle en est tombée malade, et gravement ! Plus tard, elle sera hantée par la détresse de ceux qui ne savent pas qu'ils sont aimés de Dieu, aimés de l'Amour lui-même ; elle sait qu'il n'existe pas d'infirmité plus terrible que celle-là dans la vie d'un homme. Pourtant, jamais avant ce jour, elle n'avait compris avec autant d'acuité que Jésus était le plus pauvre, le plus démuni des mendiants d'amour. Il vient comme quémander notre « Oui », comme un enfant qui n'a rien pour forcer notre réponse. Jésus nous respecte beaucoup trop. Alors, pour que Jésus soit enfin aimé et que les hommes puissent enfin se jeter dans ses bras (surtout les plus grands pécheurs), elle a une idée ou plutôt une inspiration géniale : elle s'offre à l'Amour Miséricordieux.

Qu'est-ce à dire ? Oh ! bien sûr, elle suit toujours sa fameuse petite voie qui est de saisir chaque occasion, chaque événement de la vie quotidienne pour en faire un acte d'amour. Mais cette offrande donne en quelque sorte toute permission à Dieu de la prendre comme terrain fertile où sa miséricorde pourra tomber et se répandre dans le cœur des hommes. Un terrain où, dans un combat sanglant, s'affronteront la miséricorde qui s'offre et l'indifférence de l'homme. La miséricorde divine et son refus par l'homme.

En faisant cette offrande d'elle-même, Thérèse se prépare à souffrir de ce combat, bien sûr. Mais l'enjeu est trop beau, trop important, elle va pouvoir ramener à Dieu des milliers et des milliers de pécheurs, elle va faire sauter les grilles de son Carmel pour les rejoindre là où ils sont. Elle dit que son offrande s'étendra **« partout dans le monde et jusqu'à la consommation des siècles »**. Comment résister à une telle motion intérieure ? C'est plus fort qu'elle ! L'immense compassion des âmes que le Seigneur met dans son cœur la brûle. Elle dira :

> « Voilà que tout à coup, j'ai été prise d'un si violent amour du Bon Dieu que je ne puis expliquer cela qu'en disant que c'était comme si on m'avait plongée tout entière dans le feu. Oh, quel feu et quelle douceur en même temps ! Je brûlais d'amour et je sentais qu'une minute, une seconde de plus, je n'aurais pu supporter cette ardeur sans mourir. »

La voilà maintenant prête pour son martyre d'amour ! Cette extraordinaire brûlure d'amour, elle va la porter dans les âmes les plus éloignées, les plus dépravées, les plus séparées de Dieu, celles mêmes qui disent consciemment « Non » à son amour et à son pardon. Quelque temps plus tard, Thérèse vient « s'asseoir à la table des pécheurs » comme Jésus l'a fait il y a deux mille ans, non pas comme une riche convive ou comme une star, certes non ! Elle avait dit oui au combat spirituel et la voilà plongée en pleine bataille, cette bataille meurtrière entre la lumière et les ténèbres, entre l'amour fou et le refus obstiné de l'amour.

Après son offrande, elle se sent envahie par les sentiments mêmes et les pensées de ceux qui ne connaissent pas Dieu, la voilà torturée intérieurement par leur propre torture, elle mange le pain de leur désespoir et de leur amertume, et ses consolations habituelles disparaissent. C'est le vertige de la nuit noire et sans fond de ceux qui marchent dans les ténèbres, c'est comme une descente aux enfers, sans doute similaire à celle de Marilyn. Thérèse dira alors : « Jamais je n'aurais cru qu'il était possible de tant souffrir, jamais, jamais ! Je ne puis m'expliquer cela que par l'ardent désir que j'ai eu de sauver des âmes. » Normal, elle s'est enfouie dans le cœur même de Dieu, alors pourquoi s'étonner que les ténèbres du péché la fassent autant souffrir ?

Elle goûte tellement à la souffrance atroce du désespoir qu'elle ira jusqu'à penser à se suicider. « Si je n'avais pas eu la foi, je me serais donné la mort sans hésiter », écrit-elle. Eh oui, comme Marilyn ! Là où elle aurait dû voir le Ciel, elle ne voit plus qu'un mur, un mur qui s'élève jusqu'aux cieux. Par permission de Dieu, Satan essaie de lui faire croire que le Ciel n'existe pas. Mais si elle goûte avec intensité au drame secret des pécheurs et des incroyants, elle ne s'arrête pas pour autant à ses propres souffrances ; elle continue à tout offrir et à croire, malgré la nuit. Elle dit même que, pour son entourage, elle est « gaie comme un pinson ».

Elle aurait très bien pu couler et sombrer complètement sous les forces ennemies et démoniaques qui ont élu domicile chez elle. Mais non, l'amour est le plus fort ! Thérèse marche de victoires en victoires. Et parce qu'elle traverse ces années d'épreuves dans la fidélité de l'amour, elle rejoint les cœurs les plus endurcis pour y verser l'amour. C'est ainsi qu'elle devient la mère d'une multitude d'âmes qui, grâce à elle, trouveront la lumière. Elle a gagné ! Tous ses petits et ses grands « Oui » au cœur de la souffrance ont anéanti tous les petits et les grands « Non » de ceux qui refusent Dieu.

Comme elle l'avait si bien prophétisé, ses victoires s'étendront jusqu'à la consommation des siècles. Connaissez-vous quelqu'un qui ne croit pas, quelqu'un qui erre sans but ou qui souffre ? Priez Thérèse ! Vous verrez ! Elle s'est taillé une solide réputation, et pas seulement dans l'Église.

Même dans le milieu du show-business, Thérèse est active et super-efficace ! Prenons la célèbre chanteuse Édith Piaf : étant enfant, elle était presque aveugle et c'est grâce à la Petite Thérèse qu'elle a été guérie. Alors, chaque jour, et surtout avant ses spectacles, Édith Piaf la priait à genoux. Thérèse était devenue son amie intime, elle la consolait. Elle l'a escortée jusqu'à son dernier soupir.

Je suis sûre qu'invisiblement, Thérèse se tenait au chevet de Marilyn durant ces longues, longues nuits où Marilyn sombrait peu à peu dans l'autodestruction dont l'issue la terrorisait. Oui, j'ose dire que Thérèse était là, près de Marilyn, ce fameux dernier soir où la dose massive de barbituriques la plongea dans son ultime agonie. Car

Thérèse, depuis son offrande à la miséricorde, n'était plus séparable du destin des pécheurs.

Imaginez ! Ce soir-là, lorsque Marilyn s'est présentée devant son Créateur et Sauveur, Thérèse a dû lui glisser un petit mot et lui dire :

– « Ne t'inquiète pas, Marilyn, j'ai un passeport pour toi, tu es de ma famille, on a vécu les mêmes choses, toutes les deux : ton enfer, je le connais, j'y ai séjourné durant des années. Tu n'as qu'à dire à Jésus que toi, c'est moi et que moi, c'est toi ! Et puis, viens embrasser humblement, très humblement, son Cœur qui donne le vrai Feu et qui, depuis toujours, t'appelle par ton nom. Tu es arrivée à la maison, Marilyn, le voilà enfin, Celui que tu cherchais ! »

On pourrait accoler les photos de Marilyn et de Thérèse, pour montrer qu'il n'y a pas de misère sans une réplique de la miséricorde ! Montrer aussi que ceux qui aiment et adorent Dieu de tout leur cœur et de toutes leurs forces sur cette terre feront escorte sur le chemin du Ciel à ceux qui auront investi dans des vanités ou de vaines idoles. Les vrais adorateurs sont les « rabatteurs de Dieu » et ils portent sur leurs épaules tous les enfants perdus pour les ramener au Père ; ils font corps avec eux ! Pourquoi ne pas imaginer ce que Marilyn et Thérèse se sont dit en se retrouvant au Ciel ? Mettons en scène Marilyn s'adressant à Thérèse :

– « Thérèse, quand je vois ta vie… c'est incroyable ! Mais moi, si j'avais eu seulement le quart de l'amour que tu avais pour Jésus, j'aurais joué toute ma vie pour lui et rien que pour Lui ! J'aurais incarné toutes les femmes de l'Évangile, même la Vierge Marie, j'aurais fait un battage terrible pour Lui… Alors, tu aurais vu le scoop ! Son image aurait flashé sur tous les écrans d'Hollywood ! Toute l'Amérique se serait convertie ! »

– « Marilyn, répond Thérèse, moi, quand je vois ta vie, je pleure ! Jamais je n'aurais pu supporter ce que tu as supporté si longtemps. Telle que je me connais, avec mon hypersensibilité, j'aurais bien été capable de me donner la mort dès mon adolescence ! Je ne sais pas comment tu as fait pour te lever le matin sans pouvoir te dire que tes souffrances avaient un sens, sans pouvoir poser ta tête sur un vrai cœur qui ne t'abandonne jamais. Je ne sais pas comment tu as fait pour tenir si longtemps dans le désespoir, dans une vie qui se brise par tous les bouts… Mais tu vois, Marilyn, au fond, je te remercie, parce que c'est grâce à toi que je suis entrée au Carmel, trente ans avant ta naissance, même sans te connaître ! C'est ta détresse qui m'a poussée à m'enfermer dans cette prison volontaire, c'est ton cri qui me hantait le jour et la nuit, et qui me fendait le cœur ! C'est à cause de ce cri que j'ai eu le courage de donner ma vie goutte à goutte et de descendre dans l'arène des enfers pour te ramener à Jésus. C'est à cause de toi, Marilyn, et à cause de toutes les Marilyn du monde, que j'ai été comme acculée à aimer, oui, à aimer jusqu'au bout, jusqu'à mourir d'amour ! Parce que tu vois, Marilyn, je vais te dire mon secret, à toi qui as toujours voulu être la reine de l'amour ! Le sommet de l'amour, c'est Jésus qui me l'a appris. Le voilà : "Il n'y a pas de plus grand amour que de donner sa vie pour ceux qu'on aime." »

20

Sois Moi !

Thaïlande, 1992. Paroisse Notre-Dame-de-Fatima à Prachuab.

Au volant de son minibus, le père John Tamayot s'estime satisfait. Depuis des années, il ne cesse de servir sa communauté de Salésiens et il peut se vanter d'avoir édifié de magnifiques bâtiments pour le besoin des enfants qu'ils accueillent. Il en a concocté les plans, il a discuté avec les architectes, il a transporté les matériaux, il a examiné les chantiers, en bref, il a travaillé dur. À l'âge de cinquante ans, son efficacité n'est remise en cause par personne.

Dans le minibus, les enfants chahutent derrière lui. Tout à coup, un malaise le saisit. Il ne peut plus respirer. Rien ne va plus ! Devant ses yeux, tout est devenu noir. C'est le *black-out* total ! Il parvient toutefois à arrêter le véhicule. Transporté d'urgence à l'hôpital, les médecins diagnostiquent un accident cérébral mineur ainsi qu'une anomalie au cou : « On va étirer votre cou pour vous soulager », déclare le médecin. En effet, son cou était très calcifié par suite de son travail dans les missions. Le transport de lourds fardeaux pour ses constructions, ciment, bois, sable, l'avait grandement endommagé.

Mais quand on étira son cou, il perdit toute sensation dans son bras droit et s'écria : « Arrêtez ! » Le médecin venait de commettre une grave faute médicale. Toute la moitié droite du corps du père John se trouvait désormais paralysée ! On lui prescrivit de longues séances de kinésithérapie. Dans l'aile numéro 7 de l'hôpital, le père John se retrouva avec tous les invalides.

« Une vie entière d'invalide dans ce pavillon ? » se dit-il. Un terrible poids s'était abattu sur lui, provoquant la dépression. De soir en soir, le père John se sentait de plus en plus écrasé et la tentation du désespoir prit corps en lui. Le voilà cloué au lit sans rien faire, sans espoir d'amélioration, lui, l'actif par excellence. Quel contraste avec sa vie d'avant, si remplie d'activités et de contacts ! Aux prises avec sa solitude et dans un terrible sentiment d'impuissance, il criait tous les jours vers le Seigneur : « Au secours ! Au secours ! »

Trois mois plus tard, dans la chapelle de l'hôpital où le père John était transporté chaque jour, il poussa devant son Seigneur le même cri de détresse, mais il ajouta : « C'en est trop, je n'en peux plus ! Tire-moi de là, je t'en supplie ! Je veux mourir ! »

Soudain, il entendit la voix du Christ qui lui demanda :

– Mon Fils, quel est mon âge ?

Le père John répondit :

– Seigneur, tu as trente-trois ans !

– Et toi ?

– J'ai cinquante ans.

– Pourquoi ne me remèrcies-tu pas ? Je t'ai donné dix-huit années de plus à vivre. À trente-trois ans, j'étais déjà mort.

– Oui, Seigneur, je regrette ! Pardonne-moi de n'avoir pas apprécié ces dix-huit années supplémentaires de vie que tu m'as données.

– Tu as bien parlé de moi, John, mais tu ne me connais pas. **Goûte-Moi !** (Jésus appuya longuement sur le mot *Goûte-moi*).

– Seigneur, qu'est-ce que tu veux dire par là ?

– Mon fils, je ne t'ai pas consacré pour être un travailleur. Je ne t'ai pas consacré pour être un administrateur. **Je t'ai consacré pour que tu sois MOI ! Sois Moi !**

Le père John fut bouleversé en entendant le ton de Jésus lui dire : sois « Moi ». Jésus ajouta :

– Quand je souffrais, je me sentais abandonné, rejeté, cloué… C'est une situation très douloureuse. Maintenant, tu sais.

Le père John était complètement retourné ! Commençant à comprendre le sens profond des paroles de Jésus, il lui dit :

– Oui, Seigneur, merci de me donner cette occasion de vraiment revivre ta douleur et ta souffrance. Merci de me rappeler que tu m'as consacré pour **être TOI.**

À partir de ce jour-là, le père John se calma car une grande paix l'avait envahi.

Jésus n'attendait que cela pour poursuivre son plan de miséricorde envers lui. Peu après cet incroyable dialogue, les doigts de la main droite de son prêtre recommencèrent à bouger. De jour en jour, ses jambes retrouvaient leur mobilité. Grâce à la prière et la rééducation, il allait de mieux en mieux, à tel point que dans l'aile numéro 7, tous les patients lui demandaient :

– « C'est quoi, ton médicament ? Où peut-on l'acheter ? »

Il leur disait :

– « C'est le Seigneur Jésus, uniquement le Seigneur ! Croyez en Dieu ! »

Devant ses progrès inattendus, l'équipe médicale décida de faire passer une IRM au père John. L'examen montra que son cou était encore calcifié. Il fallait donc l'opérer. Mais l'opération n'avait que 50 % de chance de réussir. C'était quitte ou double ! Le père John s'abandonna entre les mains de Dieu :

– « Seigneur, lui dit-il, je dépends entièrement de toi, je te donne ma vie. Occupe-toi de moi ! »

L'opération dura dix heures. Le cou du père John se vit enrichi de 36 vis et de 3 grosses plaques. Le suspense quant au résultat ne dura pas longtemps car après l'opération, il put bouger les doigts, les bras et les jambes !

C'est à cette période-là, au cours d'une de mes missions à Bangkok, que je fis la connaissance du père John. Il rayonnait lorsqu'il partageait avec moi le secret de son bonheur :

– « Maintenant, je fais confiance au Seigneur. Il m'a consacré pour ÊTRE LUI, alors je le laisse faire. Je vis mon ministère de prêtre pour LUI car je sais que c'est réellement LUI qui vit en moi et qu'Il continue à travers moi son œuvre de prédication, de guérison et de libération. Alors, louons et remercions le Seigneur ! Que mon expérience soit pour sa plus grande gloire ! »

Le père John a saisi une réalité qui nous concerne tous : il accomplissait mille et une œuvres POUR Dieu, où la prière manquait dangereusement. À travers sa déréliction de personne handicapée, le Seigneur lui a fait comprendre qu'il attendait de son prêtre qu'il fasse plutôt les œuvres DE Dieu, c'est-à-dire celles que Dieu avait préparées pour lui, afin qu'il les réalise selon ses desseins divins. La générosité du père John était certes belle et louable, mais Jésus voulait davantage pour lui : il voulait lui apprendre à se laisser faire, à LE laisser faire, et l'associer à son œuvre divine. Désormais, le père John sera ô combien plus fécond et, comme prêtre, il sera « un autre Christ » !

21

Le grand avorteur métamorphosé

Dr Stojan Adasevic

Stojan n'arrive plus à dormir. Lui, le célèbre gynécologue de Belgrade vers lequel tout le monde accourt pour sa dextérité bien connue, en est réduit à aller trouver un psychiatre pour régler son problème. Lui, le grand ponte, aller voir un psy, c'est le monde à l'envers !

En effet, il est terrorisé. Toutes les nuits, depuis des mois, il fait le même rêve et se demande s'il ne devient pas fou. Il a tout essayé : tisanes, médicaments, mais rien n'y fait.

Chaque nuit, jour après jour, semaine après semaine, mois après mois, son rêve l'emporte dans une grande prairie baignée de soleil, nappée de superbes fleurs aux teintes chatoyantes. L'air est chaud, agréable, des papillons moirés de toutes les couleurs volettent ici et là.

Pourquoi, au milieu de cette beauté paradisiaque, Stojan est-il saisi d'un sentiment d'angoisse ? Pourquoi ne parvient-il pas à se dégager de cette oppression bizarre et sans fondement apparent ? Il ne comprend pas.

Qui est le docteur Stojan Adasevic[25] ?

Déjà, comme étudiant en médecine, il semblait promis à une brillante carrière. Il sera gynécologue-obstétricien dans le Belgrade communiste des années soixante.

Dans ce contexte athée, il est convaincu que l'avortement, tel qu'il est enseigné dans les facultés de Médecine, est une simple procédure chirurgicale semblable à l'opération de l'appendicite. La seule différence se trouve dans l'organe qui est ôté : une partie de l'intestin dans un cas et un tissu embryonnaire dans l'autre.

Pourtant, il avait tout lieu de comprendre les choses autrement. Revenons à un épisode fameux qu'il a vécu durant ses études. Alors qu'il se trouvait un jour dans la salle d'attente du cabinet médical de la Fac, à ranger les dossiers des patients, un groupe de gynécologues entra dans la pièce. Sans prêter la moindre attention à cet étudiant accroupi derrière sa pile de papiers, ces médecins se mirent à échanger librement des histoires sur leurs pratiques médicales. Le docteur Rado Ignatovic évoqua le souvenir cuisant d'une femme venue le

25. Afin de soutenir son point de vue, Adasevic révèle une pratique courante en Serbie : « Comme nos lois ne protègent la vie de l'enfant qu'à partir du moment où il respire, donc à partir de l'instant où il pousse son premier cri, les avortements sont légaux au cours des 7e, 8e et 9e mois de grossesse. » Mais il y a pire, Stojan parle d'un seau d'eau. Que vient faire un seau d'eau auprès de la femme en train d'accoucher ? Avant que l'enfant ait la possibilité de pousser un cri, l'avorteur obstrue sa bouche pour l'empêcher de crier et le plonge dans l'eau. Officiellement, comme l'enfant n'a pas crié, il n'est pas vraiment né et cela rend le meurtre parfaitement légal sous le nom d'avortement.
Dans ses conférences, le docteur Adasevic cite Mère Teresa de Calcutta, canonisée le 4 septembre 2016 : « Si une mère peut tuer son propre enfant, qu'est-ce qui pourrait nous empêcher vous et moi d'en tuer un autre ? »
N.B. : Le docteur Adasevic s'est entretenu avec les moines du Mont Athos. Ceux-ci font bien la part entre les méthodes contraceptives et les méthodes abortives. Les méthodes abortives tuent le bébé qui est déjà conçu. C'est précisément ce que faisaient la pilule IUD et le RU 486. Le stérilet, quant à lui, agit comme une épée, qui sépare le tout petit être humain de sa source d'alimentation dans l'utérus.
Stojan poursuit : « Ceci est une vraie guerre, déclarée par ceux qui sont nés à ceux qui ne sont pas encore nés. Dans cette guerre, je me suis trouvé sur le front à plusieurs reprises : d'abord en tant que fœtus condamné à mourir, puis comme médecin avorteur moi-même et, maintenant, comme apôtre pour la défense de la vie. J'ai mis du temps à saisir que l'enfant dans le sein de sa mère est une personne vivante bien avant sa naissance et son premier souffle. Contrairement à ce que nous enseignaient les professeurs communistes, l'enfant est vivant dès l'instant où l'embryon est formé, ce qui veut dire dès le moment où le spermatozoïde pénètre l'ovule ».

consulter pour un avortement. Il avait procédé à une intervention qui avait complètement échoué et l'enfant était né bien vivant. Puis il commença à raconter l'histoire de cette femme, une ancienne dentiste, qui exerçait son métier dans une clinique non loin de là.

Stojan ne perdait pas une miette de ce récit lorsque, soudain, il se figea, stupéfait : il venait de réaliser que cette femme n'était autre que sa propre mère.

– « Elle est morte, maintenant, fit observer l'un des gynécologues, et je me demande bien ce qui est arrivé à l'enfant non désiré ? »

C'est plus fort que lui, Stojan ne peut résister, il se lève et s'exclame devant eux avec force :

– « Je suis cet enfant ! »

Un silence de mort s'abat sur les occupants de la pièce et, dans les secondes qui suivent, les médecins sortent l'un après l'autre, la tête basse.

Les années passent et le docteur Stojan Adasevic n'oublie pas qu'il doit la vie à un avortement raté. Pas question pour lui de faire une telle boulette ! Il en arrive très vite à dépasser son professeur en dextérité et en notoriété. « Le secret réside dans l'entraînement, dans la pratique, dans la position de la main », disait-il. Fidèle à cette maxime, il réalisait entre 20 à 30 avortements par jour et il estime en avoir effectué environ 50 000 en vingt-six ans de pratique.

Dans les années 1980, un doute commença un jour à poindre dans son esprit. En effet, les nouvelles technologies utilisant des ultrasons arrivèrent en Yougoslavie. Pour la première fois, Stojan vit sur un moniteur USG une réalité jusque-là cachée à ses yeux : l'intérieur d'un utérus portant un enfant vivant, suçant son pouce, bougeant ses bras et ses jambes. Or, une fois sur deux, au cours de l'intervention, il posait avec désinvolture sur une table à côté de lui les fragments des membres de cet enfant.

Mais cette découverte ne lui avait pas suffi pour comprendre. C'est alors que son rêve récurrent commença à devenir un cauchemar. Au départ, dans les premières semaines de son rêve, il n'était qu'un personnage passif qui se contentait de regarder autour de lui. Et voilà que la belle prairie sur laquelle il marchait se remplissait d'enfants qui couraient, riaient et jouaient au ballon. Leur âge allait de trois à vingt ans. Stojan était frappé par leur extrême beauté.

Il remarqua en particulier un garçon et deux filles dont les visages lui semblaient étrangement familiers et il se demandait où il avait bien pu les voir. Il décida donc de leur parler. Mais à peine avait-il tenté de s'approcher d'eux que ceux-ci partirent en courant, hurlant de peur. Stojan avait remarqué la présence d'un homme adulte, silencieux, vêtu d'une cape noire, qui regardait la scène avec attention. Était-ce le gardien des enfants ? Ce rêve réveillait Stojan au milieu de la nuit et il restait éveillé jusqu'au matin sans parvenir à se rendormir.

Une nuit, dans son rêve, pris d'une folle inquiétude, il commença à poursuivre les enfants qui s'enfuyaient. Il parvint à en attraper un, mais l'enfant s'écria, pétrifié : « Au secours, au secours, assassin ! Sauvez-moi des mains de cet assassin ! » À ce moment-là, l'homme vêtu de noir se transforma en aigle, vola vers lui et lui arracha l'enfant des mains. Stojan se réveilla en sursaut, mort de peur. Son cœur battait la chamade. Dans cet hiver de Belgrade, sa chambre était froide et pourtant, il était trempé de sueur.

Ce matin-là, il décida d'appeler un psychiatre pour prendre rendez-vous.

Le cauchemar continuait, inexorablement. Alors, Stojan décida de parler à cet homme mystérieux vêtu de noir et lui demanda qui il était. L'étranger lui répondit : « Même si je vous le disais, mon nom ne vous dirait rien. » Mais Stojan ne s'avoua pas vaincu et persista dans sa demande. Finalement, l'homme lui répondit : « Je m'appelle Thomas d'Aquin. » Effectivement, ce nom n'évoquait rien pour Stojan. Inconnu au bataillon ! Mais l'homme en noir poursuivit :

– « Pourquoi ne me demandez-vous pas plutôt qui sont les enfants ? Ne les reconnaissez-vous pas ? »

Le docteur répondit par la négative. L'homme reprit :

– « Ce n'est pas vrai, vous les connaissez très bien ! Ce sont les enfants que vous avez tués lorsque vous avez pratiqué les avortements. »

Stojan n'en revenait pas.

– « Comment cela est-il possible ? riposta-t-il. Ces enfants sont grands. Je n'ai jamais tué des enfants qui sont nés. »

Thomas lui répondit :

– « Ne savez-vous pas qu'ici, dans l'au-delà, dans l'autre monde, les enfants continuent à grandir ? »

Le docteur ne lâcha pas prise :

– « Mais je n'ai jamais tué un garçon de vingt ans ! »

– « Vous l'avez tué il y a vingt ans dans le sein de sa mère, lui répondit Thomas, lorsqu'il avait trois mois. »

Stojan dut alors se rendre à l'évidence, il reconnut en effet les visages du jeune garçon de vingt ans et des deux fillettes. Ils ressemblaient à s'y méprendre à des gens qu'il connaissait bien, des gens qui lui avaient demandé de pratiquer un avortement dans le passé. Le garçon ressemblait à l'un de ses amis. Stojan avait pratiqué un avortement sur son épouse vingt ans plus tôt. Quant aux deux fillettes, le docteur reconnaissait leurs mères, surtout l'une d'entre elles qui était sa propre cousine. Dès son réveil, il se promit de ne plus jamais procéder à un avortement de sa vie.

Ce matin-là, alors qu'il arrivait à l'hôpital, il trouva un de ses cousins qui le guettait avec sa petite amie. Ils avaient pris rendez-vous pour un avortement. La femme était enceinte de quatre mois et elle voulait se débarrasser de son enfant, elle en était à son neuvième avortement. Stojan refusa aussitôt, mais devant l'insistance de son cousin, il finit par céder : « OK, dit-il, mais c'est la toute dernière fois. »

Il ne s'attendait pas le moins du monde à ce qui allait suivre. Sur le monitor USG, il vit clairement l'enfant sucer son pouce. Mais laissons Stojan raconter :

> « J'ai ouvert le ventre, déchiré le placenta, après quoi la poche des eaux s'est rompue et j'ai pu travailler avec mon forceps d'avortement. J'ai attrapé quelque chose, que j'ai brisé, extrait et jeté sur un linge. Je regarde et je vois une main – une main assez grande. L'enfant avait quatre mois. Le bébé est entièrement formé à ce stade, y compris ses doigts et ses orteils. Tous ses organes sont présents.

« Quelqu'un avait versé de l'iode sur la table et la main est tombée à cet endroit, les terminaisons nerveuses sont ainsi entrées en contact avec le liquide. Que s'est-il passé ? J'ai regardé et je me suis dit : “Mon Dieu, la main bouge toute seule.” »

Stojan frémit alors de tout son être, mais poursuivit l'avortement.

« Je continue malgré tout avec mon forceps, dit-il, j'attrape autre chose, je le brise, je l'extrais. Je me dis : “J'espère que ce n'est pas une jambe.” Je tire, je regarde : une jambe ! Je veux poser la jambe sur la table, doucement, afin qu'elle ne se place pas près de la main qui bouge. Mon bras se baisse pour l'y déposer, mais à ce moment-là, une infirmière laisse tomber un plateau d'instruments chirurgicaux derrière moi. Surpris par le fracas, je sursaute, je relâche mon emprise sur le forceps, du coup, la jambe culbute et tombe près de la main. Je regarde – la main et la jambe bougent toutes seules.

« Mon équipe et moi n'avions jamais rien vu de tel : des membres humains se contractaient de secousses rapides sur la table. Je poursuis tout de même en dirigeant mon instrument vers le ventre et je commence à briser tout ce qui se trouve à l'intérieur. Je me dis en moi-même que, pour compléter le tableau, il ne manquerait plus que je tombe sur le cœur. Je continue de broyer, je broie, je broie, jusqu'à être sûr d'avoir fait de la bouillie de tout ce qu'il reste à l'intérieur, et je retire à nouveau mon forceps. J'extrais cette bouillie en me disant qu'il doit s'agir de fragments osseux et je la pose sur le linge. Je regarde et je vois un cœur humain, qui se contracte, qui se relâche et qui bat, qui bat, qui bat. Je crois devenir fou. Je vois les battements du cœur ralentir, plus lentement, encore plus lentement, jusqu'à ce qu'ils s'arrêtent complètement. Personne n'a pu voir ce que j'ai vu de mes yeux et être plus convaincu que moi de ce que je venais de faire : j'ai tué un être humain. »

Son propre cœur chancela et tout devint ténèbres autour de lui. Combien de temps cela dura-t-il, il ne saurait le dire. Mais la voix terrifiée d'une infirmière le sortit de sa torpeur : « Docteur Adasevic, docteur Adasevic ! criait-elle, la patiente est en train de saigner ! » Pour la première fois depuis son enfance, il se mit à prier avec sincérité : « Seigneur ! Ne me sauve pas, moi, mais sauve cette femme ! »

Stojan termina le travail. Lorsqu'il enleva ses gants, il savait que c'était son dernier avortement.

Comme il pouvait s'y attendre, de fortes persécutions se déchaînèrent contre lui. Jamais jusqu'alors, dans aucun hôpital de Belgrade, on n'avait vu un gynécologue refuser de procéder à des avortements. Outre les pressions exercées sur lui, son salaire fut diminué. Sa fille fut licenciée et son fils échoua étrangement à ses examens d'entrée à l'Université. Il fut traîné dans la boue par la presse et à la télévision nationale. L'État socialiste – disaient-ils – lui avait permis d'étudier afin qu'il puisse pratiquer des avortements et maintenant, il menait une opération de sabotage contre l'État.

Au bout de deux ans, Stojan se trouve au bord du *burn out*. À tel point qu'il songe à reprendre du service et à pratiquer à nouveau des avortements. Mais l'homme en noir, son ami céleste, lui réapparaît dans un rêve. Il lui dit, en lui donnant une tape sur l'épaule : « Tu es mon ami, mon bon ami. Poursuis ton combat ! » Stojan décida de continuer la lutte.

Stojan Adasevic aujourd'hui

Stojan Adasevic ne tarda pas à s'impliquer dans le mouvement *pro-life*, en faveur de la vie. Il parcourut toute la Serbie, donnant des conférences et des cours magistraux sur l'avortement. Il réussit même par deux fois à intervenir à la télévision yougoslave d'État, dans l'émission du docteur Bernard Nathanson's pour son inoubliable film *Le Cri silencieux*. Ce film révélait sur grand écran le comportement du bébé qui nage dans le sein de sa mère comme un bienheureux, mais qui, voyant la sonde de l'avorteur venir à lui, saisi de peur, tente de se réfugier à l'autre extrémité de l'utérus. Mais de quel espace ce pauvre innocent dispose-t-il ? Il est vite aspiré par l'instrument de mort qui vient à lui.

Grâce au combat du docteur Stojan Adasevic, le Parlement yougoslave vota un décret au début des années 1990 protégeant les droits des enfants à naître. Ce décret remonta jusqu'au président Slobodan Milosevic, de sinistre mémoire, qui refusa de le signer. Ensuite, la guerre des Balkans éclata et le décret tomba aux oubliettes.

Durant cette guerre, Stojan se demandait : à quoi d'autre pourrions-nous attribuer le massacre qui a eu lieu ici dans les Balkans, si ce n'est à notre éloignement de Dieu et à notre manque de respect pour la vie humaine ?

22

Ils nous font craquer !

Enfants en Malaisie © Photo Foo

L'innocence des enfants leur permet d'avoir des antennes très sensibles aux Anges et au monde céleste en général. Leurs petits cœurs sont de merveilleux capteurs de la lumière de Dieu car ils sont à peine sortis de ses mains de Créateur. Je livre ici quelques mots d'enfants. Ils confirment que ces petits, placés au milieu de nous, sont nos maîtres en matière de mystique !

La petite poule rousse

Mon amie Cathy raconte à sa fille Marie, cinq ans, l'histoire de « La petite poule rousse ».

Dans ce conte pour enfants, une petite poule rousse trouve un grain de blé. Elle demande aux autres animaux de la ferme, c'est-à-dire au cochon, au chat et à la grenouille, de l'aider à le planter, mais aucun d'entre eux ne se porte volontaire.

Quand arrive le temps de la moisson, elle demande aux animaux de l'aider à récolter le blé, mais chacun d'eux trouve une excuse et la petite poule se retrouve toute seule à faire la moisson. Puis vient le temps du battage et personne ne vient l'aider. Même chose quand il lui faut moudre le blé et cuire le pain : la petite poule demande de l'aide aux autres animaux, mais encore une fois, chacun d'eux trouve une excuse pour se défiler.

Une fois son travail terminé, la petite poule rousse demande alors, avec un sourire au bec, qui veut bien l'aider à manger le pain. Cette fois, tous ceux qui n'avaient pas voulu l'aider à faire son pain sont avides de le manger. Mais la petite poule les regarde droit dans les yeux et leur répond : « Vous avez toujours refusé de m'aider pour le travail de préparation. Vous m'avez laissée seule à chaque fois que j'ai eu besoin de vous. Eh bien ! Maintenant, mon pain, je le mangerai seule aussi avec mes poussins ! Voilà ! »

Alors, la poule mangea le pain avec ses poussins et elle n'en laissa pas une miette aux autres animaux qui s'étaient montrés si paresseux.

Morale de l'histoire : ceux qui ne veulent pas travailler ne méritent pas de profiter du fruit du travail.

Mais, à la fin du conte, la petite Marie regarde sa mère, assez déçue, et s'exclame : « Eh bien ! si la petite poule avait été Jésus, elle aurait quand même partagé son pain avec les animaux ! »

Il adorait l'amour !

À trois ans et demi, Lou était un petit garçon très précoce avec un sens de Dieu et une intelligence de ses mystères incroyable. Un jour, tandis qu'il passait avec sa maman devant une église, celle-ci lui rappela que c'était là qu'il avait été baptisé à l'âge d'un an. Le petit garçon prit alors un air sérieux et affirma : « Oui, je me souviens ! C'est là qu'on m'a plongé dans le sang du Christ ! »

Quelque temps plus tard, il posa à sa maman une question étonnante : « Dis, maman, tu n'es pas inquiète à cause de Jésus ? » « Non, pourquoi ? » lui répondit-elle. Lou lui fit alors cette réponse : « Je l'ai vu sur la croix, il avait la bouche ouverte et il avait beaucoup de mal à respirer. » Lou ne l'avait bien évidemment jamais appris et sa maman ignorait que, sur la croix, Jésus ne parvenait plus à respirer ; il est mort asphyxié.

Un jour, on retrouva Lou… habillé avec un drap. Le drap avait un trou et le petit y avait glissé sa tête. Lorsqu'on lui a demandé à quoi il jouait, il expliqua : « Ben, c'est ma robe de prêtre ! » Alors, sa maman, étonnée, lui demanda pourquoi il voulait être prêtre. Il répondit sur le ton de l'évidence la plus absolue : « Parce que j'adore l'amour ! »

De Grazia Leotta : « Mon neveu David, six ans et demi, m'a dit avec le plus grand sérieux en sortant de l'école : « Tu sais, aujourd'hui, Jésus m'a dit que plus je compte sur lui, plus je remporte la victoire contre Satan ! »

Laurence (49 ans) nous a confié : « Quand j'étais petit, vers l'âge de sept ans, une phrase de l'Évangile m'avait particulièrement marqué : "Le Fils de l'Homme n'a pas où reposer la tête. » C'était vraiment très préoccupant ! Le pauvre Jésus n'avait même pas d'endroit où dormir ? Terrible ! Que faire ? Dans mon petit cœur d'enfant, j'avais trouvé une solution toute simple : chaque soir, je me serrais tout contre le mur pour lui laisser le plus de place possible dans mon lit. »

Parfois, les enfants reçoivent des lumières intérieures surprenantes. Leurs âmes sont tellement transparentes !

Ce matin-là, au réveil, du haut de ses onze ans, la petite Bénédicte (la sœur d'une amie de Paris) est encore toute bouleversée par le rêve qui a habité sa nuit. En fait, ça ne ressemblait pas du tout à un rêve, ça avait l'air si vrai, si réel ! Elle avait eu très peur. Deux hommes très menaçants la poursuivaient, leur intention était claire : ils voulaient la tuer. Elle s'était mise à courir, mais ils se rapprochaient inexorablement. Ce n'était plus qu'une question de secondes. Elle était perdue, elle allait mourir. Son cœur battait à mille à l'heure. Soudain, quelqu'un avait surgi. Malgré sa surprise, elle l'avait immédiatement reconnu. Il portait la même soutane blanche que chaque fois qu'elle l'avait vu à la télévision. Il avait surtout ce même sourire et ce même regard rempli de bonté. C'était Paul VI, ce pape qu'elle chérissait tant ! Il s'interposa fermement entre les deux hommes et la petite Bénédicte, l'assurant avec une grande douceur qu'il allait la protéger. Il lui demandait de monter plus haut pour se cacher. La petite fille protesta : « Non, Saint Père, c'est très dangereux, ils vont s'en prendre à vous et vous faire du mal, il faut vous enfuir ! » Mais le bon Pape lui répondit qu'il ne risquait rien et que personne ne pouvait lui faire aucun mal. « Pour moi, il est trop tard, conclut-il, sauve-toi vite, ma petite ! »

Il venait de lui sauver la vie en sacrifiant la sienne. La petite Bénédicte s'était réveillée un peu plus tard, tout émue par ce songe si fort et si étrange. En entrant dans la cuisine ce 7 août 1978 au matin, elle eut un choc : la radio était en train d'annoncer une terrible nouvelle qui donnait à son rêve une dimension incroyable : le Pape Paul VI était décédé dans la nuit du 6 au 7 août.

Avant d'entrer de plain-pied dans l'Amour du Père, il avait peut-être eu le temps de prendre soin d'une petite fille en danger ?

Aux innocents les mains pleines !

Beaucoup de familles ne pensent pas à faire prier leurs enfants. Quel dommage, quelle perte ! La petite enfance est le temps unique et privilégié où l'âme est encore toute pure et ce temps-là ne reviendra plus. Grâce à leurs antennes spirituelles d'une profonde sensibilité, ces tout-petits puisent dans la prière de grandes richesses pour leurs âmes, qui seront plus tard des points de repères merveilleux au sein d'un monde si prompt à les souiller. Priver les enfants de cette chance – la prière et la révélation de Dieu – est leur faire une grande injustice. C'est tout simplement les sous-développer, voire les mutiler. Et au profit de quoi ? Le cœur innocent des enfants est une splendeur aux yeux de Dieu, qui se complaît en eux avec délice. Un cœur innocent obtient tout de Dieu ! Mais lorsqu'il s'agit de scandaliser l'un de ces petits, alors Jésus ne mâche pas ses mots, lui pourtant si miséricordieux devant les faiblesses humaines :

> *« Si quelqu'un doit scandaliser un seul de ces petits qui croit en moi, dit-il, il serait préférable pour lui de se voir suspendre autour du cou une de ces meules que tournent les ânes, et d'être englouti en pleine mer. »* (Mt 18, 6 et Lc 17, 2)

Sur ces enfants, les parents ont un grand pouvoir, un trop grand pouvoir : ils peuvent écraser cette innocence ou au contraire l'aider à fleurir et à porter ses fruits.

Je me souviens du petit Matthieu, six ans. Sa maman lui annonce que, cette année, il ira encore au catéchisme, mais il n'ira plus aux « Enfants Adorateurs » car, disait-elle, « en plus du catéchisme, ça fait trop ! ». Matthieu se rendait en effet chaque semaine dans une église de Paris où, avec d'autres enfants, il apprenait à adorer Jésus dans l'Eucharistie. Il raffolait de cette heure-là car le prêtre qui les accompagnait leur parlait de l'abondance du cœur. Il découvrait à leurs yeux un Dieu merveilleux avec lequel ils pouvaient dialoguer librement, un Dieu aimant et attentif à leurs petites histoires de tous les jours. Désolé de voir ce temps céleste lui être supprimé, Matthieu s'écrie : « Mais, maman, tu ne comprends pas ! Au catéchisme, j'apprends à connaître Jésus, mais aux Enfants Adorateurs, j'apprends à l'aimer ! » Dieu merci, la mère a craqué devant une telle déclaration et le petit Matthieu put continuer à développer les dimensions secrètes de sa belle âme devant son Dieu caché dans l'hostie... Splendeur de ces humbles dialogues entre le petit d'homme et Dieu fait tout petit ! Joie des anges !

Même si elles se font rarissimes, il existe encore des civilisations très proches de la nature et du Créateur, isolées dans des brousses lointaines et protégées des virus de notre société matérialiste. Là aussi, chez ces peuples, on trouve parfois des perles rares de fraîcheur évangélique...

Voici un beau témoignage raconté par Agostino Ricotta, jeune père de cinq enfants, musicien et leader d'un groupe de prière du Renouveau dans l'Esprit en Sicile. Il a composé une grande partie des chants d'adoration qui se chantent à Medjugorje et dans beaucoup de paroisses. Agostino fut à l'école du père Slavko durant sept ans et il se mettait volontiers au service de la paroisse.

Il y avait rencontré un prêtre italien qui accompagnait souvent des groupes de pèlerins. Au fil des années, Agostino s'était lié d'amitié avec lui. Puis soudain, Agostino ne le vit plus et il se demandait ce que son ami était devenu. Trois ou quatre ans plus tard, le prêtre revint à Medj et expliqua son absence à Agostino :

« J'ai été envoyé par ma communauté dans un petit bourg perdu de l'Amérique du Sud, comme missionnaire. Là, les habitants ne connaissaient rien de la foi chrétienne, n'avaient jamais entendu parler de Jésus ni de Marie. Il a donc fallu que je leur fasse le b-a-ba du catéchisme. Je leur parlais de Jésus, de l'Évangile, de ses miracles et de ses enseignements, des sacrements, etc. Cette population très simple écoutait volontiers la Bonne Nouvelle. Beaucoup se firent baptiser. Un jour où je célébrais la messe du dimanche, une femme s'approcha de l'autel juste avant la consécration. Elle portait un enfant quasi mourant dans les bras. À ma grande surprise, elle déposa l'enfant sur l'autel. Sur le moment, je fus un peu désarçonné et je lui demandai : « Qu'est-ce que tu fais ? » Elle me répondit :

– Tu as dit que, lorsque tu consacres le pain, Jésus se rend présent physiquement dans ce pain et que le Jésus qui vient sur l'autel dans l'hostie est le même que celui qui vivait il y a deux mille ans. Il passait, il faisait du bien à tout le monde, il touchait et guérissait les malades. Si ce que tu as dit est vrai, si Jésus vient sur l'autel, il doit toucher et guérir mon petit garçon ! Moi je suis trop pauvre et je n'ai pas d'argent pour aller chez le médecin ou acheter des médicaments.

Devant une telle déclaration, je lui répondis :

– C'est bien, tu peux le laisser ici.

Elle a donc laissé son enfant sur l'autel et, après la consécration, l'enfant était guéri !

Tu aurais vu la joie de cette femme ! Tu peux facilement deviner la suite : les gens du village, ayant appris la nouvelle, se mirent à apporter leurs enfants malades sur l'autel pendant les messes. Je les laissais faire et une grande partie d'entre eux fut guérie.

Ces gens vivaient dans une très grande pauvreté, ils n'avaient rien, ils étaient à peine baptisés ; mais leur foi a conquis le cœur du Christ, une foi d'enfant, une foi simple, une foi qui transporte les montagnes. »

À ce récit bouleversant, Agostino ajoute : « Pourquoi n'en est-il pas ainsi dans nos églises, dans nos paroisses, dans nos mouvements ? Jésus a dit : *"Lorsque le Fils de l'Homme reviendra, trouvera-t-il la foi sur la terre ?"* (Lc 18, 8.) Oui, il la trouvera si nous le voulons bien ! »

Enfants en Chine © Ella Poon

Prière à l'Enfant Jésus

Pour obtenir l'esprit d'enfance, un excellent moyen est de se familiariser avec l'Enfant Jésus, le grand thérapeute de notre Occident sophistiqué. C'est pourquoi je lui adresse cette prière :

Ô Enfant Jésus, je te regarde et te vois si petit, si innocent, si vulnérable…
Pourtant, tu es mon Seigneur et mon Dieu !
Avec Marie, Joseph et les bergers de Bethléem, je viens moi aussi t'adorer.
Fais de mon cœur ta petite crèche, viens habiter en moi !
Petit Jésus, Hérode voulait te tuer alors que tu venais pour pardonner et sauver.

Garde-moi de tout péché et de tout ce qui peut te peiner dans ma vie.
Remplis mon âme d'amour et de cette paix divine à laquelle j'aspire tant.
Oh ! Comme je voudrais te prendre dans mes bras comme Marie, ta mère, et te couvrir de tendres baisers !
Tu avais froid dans l'hiver de Bethléem, je veux te réchauffer par les chants de mon âme.
Que chacun de mes actes d'amour secrets te soit comme un petit brin de paille et de chaleur.
Viens recréer l'amour entre nous. Tu es notre unité !
Garde-nous de Satan, ne lui permets pas de semer la haine et la division chez nous.
Que le mal s'écrase contre ton innocence !
Je t'en prie, Enfant Jésus, panse les blessures de mon cœur et guéris mes maladies !
Petit Berger divin, que ta bénédiction soit toujours sur nous !
Conduis-nous tous sur le chemin du salut !

© *Ella Poon*

23

Vous dites huit avortements ?

Pierrina cherche désespérément à contacter la voyante Marija Pavlovic. Rongée de l'intérieur, elle se dit que cette rencontre est sa dernière chance. Marija la reçoit volontiers et comprend qu'elle a devant elle une épave au cœur brisé.

– Marija, je viens vers toi aujourd'hui parce que je suis au bord du suicide. Je n'en peux plus. Je suis toute cassée. Tu sais, j'ai vécu huit avortements… Huit, tu te rends compte ? Mon mari ne voulait pas d'enfants[26]. Mais aujourd'hui, je sens la mort en moi, je ne peux pas continuer comme ça. Je suis finie. S'il te plaît, ce soir, quand tu verras la Sainte Vierge, demande-lui de m'aider. Je ne veux pas aller voir un prêtre car si je lui dis que j'ai fait huit avortements, il va me jeter hors du confessionnal.

– Pas du tout, lui dit Marija. Aucun prêtre ne te jettera du confessionnal, au contraire ! Dis-lui bien tout ce que tu as vécu et tu verras, il t'écoutera et t'aidera, n'aie pas peur d'aller te confesser. Et ce soir, je te le promets, je parlerai de toi à la Sainte Vierge. Et je prierai pour toi.

Ce jour-là, Pierrina fait *la* confession de sa vie et s'étonne avec bonheur que le prêtre la reçoive avec une si grande gentillesse et une si profonde compréhension. Mais plus que cela : après avoir

26. Si l'un des deux époux ne veut pas avoir d'enfant au moment du mariage, cela constitue une cause de nullité de ce mariage, c'est-à-dire que le sacrement n'est pas donné. Ils peuvent alors faire une demande de reconnaissance de nullité à leur diocèse. Auquel cas, chacun des conjoints pourra se remarier plus tard à l'Église.

exprimé sa misère, ses péchés et ses blessures, elle a senti que Jésus lui-même venait à son secours pour lui rendre la paix du cœur. Elle goûte pleinement ce trésor incomparable qui ne peut ni s'acheter ni se fabriquer : la paix du cœur dont tout le monde rêve. Et que si peu vivent.

Elle attend Marija au pied de la tour gauche de l'église. Elle sait que celle-ci recevra l'apparition à 17 h 40, qu'elle restera à la messe de 18 heures et sortira de l'église vers 19 heures. Au pied du petit clocher, un groupe de pèlerins s'est déjà amassé, mais Pierrina a prévu le coup, elle s'est collée à la porte et sera la première à accrocher Marija.

– « Tu sais, lui dit Marija avec un grand sourire, lorsque la Vierge est apparue, je lui ai parlé de toi. Elle ne m'a pas laissé lui donner trop de détails. Elle souriait en m'écoutant et me dit : "Cette femme sera un instrument dans les mains de Dieu pour sauver beaucoup de vies." Tu vois, ajoute Marija, tu n'as pas à avoir peur, la Gospa va t'aider et tu marcheras avec elle sur un nouveau chemin. Es-tu allée te confesser ? »

– « Oui, Marija, et Jésus a guéri mon cœur, je ne ressens plus le désespoir, c'est la première fois de ma vie que je trouve la paix. Merci, merci, merci ! »

De retour en Italie, regonflée par cette douche de grâces reçues à Medjugorje dans son corps, dans son cœur et dans son âme, Pierrina décide de retourner dans l'hôpital où elle avait vécu ces huit avortements et là, avec la simplicité de ceux qui n'ont rien à perdre, elle se met à parler avec les femmes qui viennent pour avorter. Elle ne moralise pas, elle n'explique pas, elle ne prêche pas, elle témoigne de son expérience personnelle : comment, après huit avortements, elle avait sombré dans la mort intérieure et comment à Medjugorje, par une sincère confession et une intervention personnelle de la Vierge, elle avait retrouvé la vie et le goût de vivre.

La prophétie de la Mère de Dieu se réalisait ! En effet, en entendant Pierrina et en voyant la lumière qui émanait d'elle, beaucoup de femmes repartaient de l'hôpital avec l'intention de garder leur bébé.

Ce qu'il y a de bien avec Dieu, c'est qu'au cœur du plus grand désastre, Il trouve toujours une issue pour redonner courage et vie à qui se confie en Lui.

Oh, maman, si tu me connaissais !

Durant l'une de mes missions au Kerala, dans le sud de l'Inde, j'ai eu l'occasion de voir plusieurs centaines de personnes pleurer toutes les larmes de leur corps lors d'une représentation théâtrale, jouée un soir par une équipe de *Jesus Youth* en plein air. Cette communauté est composée de jeunes, de fervents chrétiens bien formés à l'évangélisation, qui parcourent l'Inde pour faire connaître le Christ et la foi chrétienne, surtout parmi les jeunes.

Ce soir-là, sur les bancs de fortune disposés autour de la scène, rares sont ceux qui n'ont pas sorti leur mouchoir. Présente dans l'assemblée, je ne peux pas non plus retenir mes larmes. Au premier rang, l'évêque du lieu, venu assister au spectacle, ne cherche même pas à retenir les siennes.

Que se passe-t-il sur la scène ? Une femme. Une voix chaude et captivante. Un timbre qui vous retourne les entrailles. Tendresse et exultation de joie. Puis une tragédie. Cris de douleur. Un orchestre discret qui fait écho à cette voix qui déchire la nuit. Nous sommes en présence du drame caché qui a touché, qui touche et touchera encore des millions de petites créatures.

C'est Beema qui incarne ce soir-là l'un de ces petits êtres, donnant une voix à leurs cris silencieux. Il m'est impossible de redonner ici, par écrit, le ton qui confère à ce drame sa portée si profondément humaine ! Mais vous saurez lire entre les lignes le message de ce chant d'amour qui nous transporte alors dans la réalité pure et nue des plus minuscules d'entre les hommes.

« Je suis un enfant qui n'a jamais vu le jour,
et je m'adresse à vous depuis le pays de l'Éternité.
J'ai été créé dans l'amour, mais on m'a tué avec cruauté.
Lorsque j'étais encore un petit embryon de trois mois,
on m'a condamné à mort.
Mon père est devenu l'auteur de ma mort, et le sein de ma mère
mon lit de mort.
Oh, comme j'envie chacun de vous qui êtes vivant !
Oh, combien j'aspire à chanter avec les oiseaux du ciel !
Je voudrais danser avec les lys des champs sous le vent !
Je voudrais rire ! Je voudrais pleurer !

Je voudrais goûter la saveur de cette vie magnifique dont j'ai été privé si injustement.
Tout ce qui me reste maintenant, ce sont des souvenirs… merveilleux souvenirs de ces trois mois passés dans le sein de ma mère.
Laissez-moi vivre ! Laissez-moi marcher sous l'éclat du soleil !
Laissez-moi vivre ! Laissez-moi me blottir dans les bras de ma mère ! Laissez-moi goûter à son étreinte. Laissez-moi ressentir l'amour de mon père. Laissez-moi faire partie de la création de Dieu ! Laissez-moi vivre !

Je suis dans le sein de ma mère depuis un mois. Je baigne dans ce petit coin chaleureux, sombre et intime. J'entends des sons tamisés tout autour de moi. Est-ce ma mère ? Je me le demande. Ma mère ne sait pas encore que je suis là. Oh ! Comme elle va être heureuse quand elle va se rendre compte de ma présence !
Maintenant, j'ai deux mois et je continue à grandir chaque jour. Mon cœur constitue la plus grande partie de mon être, et voilà qu'il s'est mis à battre. Oh ! Comme je suis contente d'être vivante ! Les doigts de mes mains et de mes pieds sont formés et j'ai maintenant une petite bouche.
Aujourd'hui, j'ai trois mois et je peux sourire, je peux froncer les sourcils. Je peux donner des coups de pied et même des coups de poing. Maman ! Je suis là ! Je suis vivante ! Maman, je suis vivante !
Hier, mon père et ma mère m'ont tuée.
Ils ont pensé que j'étais seulement un amas de cellules. Moi, un amas de cellules ? Oh, comment expliquer la douleur que j'ai ressentie lorsque j'ai appris que je n'étais pas désiré ? Comment exprimer l'horreur qui m'a saisie lorsque j'ai découvert que je devais être exécutée ? Qui comprendra l'agonie et l'atroce douleur que j'ai endurées lorsque les instruments du médecin ont transpercé mon corps et m'ont coupée en morceaux ? Mes petites mains, mes petits pieds… !
Est-ce que quelqu'un pourrait me dire ce qui n'allait pas chez moi ? Pourquoi ne voulaient-ils plus de moi ? Oh ! Maman ! Maman, tu ne me connais pas ? Tu ne te souviens pas de moi ? Je suis ton enfant ! La chair de ta chair ! Tu m'as portée dans ton sein pendant trois mois. J'ai partagé ta vie et ton sang… et puis tu m'as tuée.
Pourquoi, maman ? Pourquoi ?
Tout ce que je voulais, c'était vivre. Faire partie de la famille !
Dis-moi, petite maman, comment t'est venue l'idée d'enlever une vie donnée par Dieu ? Suis-je quelque chose dont tu peux disposer comme bon te semble ? Oh, maman, si tu me connaissais ! »

Puis Beema se tourne vers l'assemblée.
« Souvenez-vous : chacun de vous est vivant aujourd'hui simplement parce que votre mère ne vous a pas tué lorsque vous étiez encore dans son sein. Allez-vous m'écouter ? Est-ce que quelqu'un va entendre mon cri silencieux et ma supplication ? Tout ce que je demande, c'est le droit de vivre... »

Donner un nom à l'enfant

Un avortement est toujours un drame pour les parents, une blessure profonde, qu'ils en aient conscience ou non.

Le Seigneur, dans sa Miséricorde, donne à ces mères et à ces pères des chemins de guérison pour panser cette blessure. Plusieurs étapes se succèdent :

– Prendre conscience que cet enfant existe dans le Ciel. Marthe Robin disait que les enfants avortés constituent la couronne de Gloire de la Sainte Vierge et qu'ils passent leur Ciel à intercéder pour leurs parents. C'est dans le sein de Marie qu'ils continuent à croître jusqu'à atteindre la stature de « l'homme parfait ».

– Donner un nom à cet enfant. Cette étape est très importante car le nom, c'est l'identité. Ainsi, le petit d'homme ne sera plus un anonyme pour ses parents, ou un « amas de cellules », mais un être bien identifié, avec lequel il sera possible de vivre la communion des saints. Il va remplir le vide abyssal qui s'est creusé dans le sein de sa maman.

– Demander pardon à Dieu pour ce péché dans le sacrement de réconciliation. Normalement, ce domaine est réservé à l'évêque, mais devant la pléthore des cas, celui-ci délègue bien souvent à ses prêtres le pouvoir de pardonner les péchés d'avortement[27].

---

27. Durant son expérience de mort imminente, Gloria Polo a vu que chaque avortement déclenchait une horrible satisfaction en Enfer parmi les démons, si haineux envers la vie humaine. Jésus lui a montré que l'avortement est un culte rendu sur l'autel de Satan. À chaque fois qu'un enfant est tué, des sceaux qui scellent l'enfer sautent et les démons qui en sortent vont spécialement attaquer les prêtres. Il y aurait donc un lien étroit entre la pléthore des avortements aujourd'hui et la chute de tant de prêtres. Bien sûr, il ne faut pas prendre cela comme parole d'Évangile, cela reste une révélation privée. (Voir le témoignage de Gloria Polo, chapitre 5).

– Demander aussi pardon à l'enfant. Maintenant qu'il a un nom, une identité, ses parents peuvent lui parler **car il les entend**. Il faut réaliser que c'est probablement la première personne qu'ils rencontreront au moment de leur entrée dans l'éternité ! Le pardon demandé et reçu par les parents est très guérissant pour ceux-ci.

– L'ultime étape de ce processus est de se pardonner à soi-même. Pour beaucoup, c'est l'étape la plus difficile. La prise de conscience de la gravité de ce péché peut conduire à de profondes et intenses culpabilités. Pour certaines mères, c'est l'image d'elles-mêmes qui s'en trouve endommagée, elles en ressentent honte et forte humiliation. J'ai remarqué que beaucoup de mères ayant vécu une IVG s'en confessent et s'en reconfessent sans fin. C'est qu'en réalité, elles ne se pardonnent pas à elles-mêmes et ne trouvent donc pas la paix dans la confession. Quand je leur suggère de le faire, elles me répondent parfois : « Mais comment puis-je me pardonner un acte aussi affreux ? Ce bébé ne reviendra jamais ! » Je les exhorte alors à faire preuve d'humilité et à se dire : « Eh bien oui, j'ai été capable de faire cela ! » La Petite Thérèse elle-même dit que, sans une grâce prévenante de la Miséricorde divine, elle aurait été capable de commettre bien des péchés mortels.

Par bonheur, une fois confessé avec un vrai repentir, ce mal est pardonné par Dieu une fois pour toutes, englouti dans l'océan de sa Miséricorde. D'une certaine manière, il n'existe plus en tant que péché, seules ses conséquences demeurent et demandent à être traitées dans l'optique d'une guérison intérieure. Les deux parents peuvent alors entrer dans la joie de savoir qu'un enfant, leur enfant, les attend au Ciel, qu'il est bien vivant et qu'il les aime infiniment, sans aucune forme de rancune, de l'amour même de Dieu !

Que ressent une femme après un avortement ?

Benedetta Foà[28] est docteur en psychologie à Milan. Elle anime des sessions de guérison intérieure pour les mères qui ont vécu la perte d'un enfant non-né. Son expérience est éclairante ! Elle écrit :

« Il est délicat d'affirmer que les femmes qui ont fait une fausse couche ou un avortement volontaire se sentent forcément toutes mal, ou qu'elles

28. Dr Benedetta Foà (Milan) : info@benedettafoa.it

ressentent la même souffrance, pour la simple raison que toutes les femmes sont différentes et réagissent de manière unique. Certaines se sentiront mal immédiatement après l'interruption de grossesse, d'autres des années plus tard (souvent à l'occasion de la naissance d'un autre enfant). J'ai rencontré des femmes qui, après avoir avorté, ont continué leur vie comme avant, comme si rien de spécial ne s'était passé. Cela ne relève pas d'une question de religion, mais d'une prise conscience. C'est souvent lorsque les parents se rendent compte qu'un enfant *manque à l'appel* que leur malaise survient, mais s'ils réalisent que c'est de leur propre fait, alors leur souffrance devient intense.

Les parents à la recherche d'un soutien psychologique pour faire ce deuil souffrent d'une pathologie globale de stress post-avortement qui se caractérise par un syndrome avec plusieurs symptômes associés, dont :

– la dépression : commisération, pensées noires, tristesse, angoisse, pleurs continus, culpabilité et honte ;

– l'anxiété : à la base positive et stimulante, l'anxiété peut se dégrader jusqu'à l'angoisse et des états aigus de panique ;

– les accès de colère : contre le partenaire, les parents et les médecins ;

– les idées obsessionnelles : idées fixes sur l'événement de l'avortement ;

– les troubles du sommeil : insomnie, léthargie, cauchemars nocturnes ;

– le dénigrement de soi : jusqu'à penser qu'on ne vaut plus rien ;

– les difficultés d'ordre cognitif : troubles de l'attention, de la mémoire et de la concentration ;

– les troubles relationnels : aboutissant souvent à une rupture avec le conjoint et à un renfermement de la femme sur elle-même, sur sa douleur intérieure, avec un isolement progressif du monde et des autres ;

– les problèmes sexuels : désintérêt ou au contraire activité sexuelle effrénée sans se protéger, de façon à provoquer une autre grossesse (processus inconscient) ;

– les idées noires : tentatives de suicide.

Est-il possible de sortir d'une si grande douleur ? Oui, une femme peut et doit sortir de cette immense souffrance[29]. Tout est récapitulé dans le Christ et tout peut être immergé dans son Cœur miséricordieux ! Il n'y

---

29. Sur ce point, signalons un numéro vert pour les francophones : 0 800 202 205. Et deux associations (entre autres) d'écoute et d'accompagnement :
– Droit de naître et de vivre, voir site : www.droitdenaitre.org
– Mère de Miséricorde, 08 00 74 69 66 : mmcfrancesecretariat@orange.fr – 27 rue Sainte-Philomène, 31400 Toulouse.

a pas de péché plus grand que de douter du pardon de Dieu ! Il est nécessaire d'accomplir plusieurs pas, en commençant par reconnaître que l'avortement d'un enfant constitue un événement traumatique en tant que tel. Il s'agit d'un combat complexe qui requiert un soutien professionnel. L'avortement est une blessure qui atteint le corps, la psyché et l'âme : la guérison de chacune de ces parties est nécessaire. S'il revient au médecin de soigner le corps et la psyché, c'est à un prêtre compétent et sensibilisé au sujet qu'il faut s'adresser pour l'âme. »

24

Une clinique exorcisée

Le père Jozo Zovko, o.f.m., disait : « Un pays qui tue ses enfants n'a pas d'avenir. »

Aux USA, nombreuses sont les initiatives privées qui luttent contre le fléau de l'avortement. Dans la ville de Rockford, dans l'État de l'Illinois où Obama était sénateur avant de devenir le Président des USA, une des cliniques spécialisées dans les avortements fut le théâtre de faits exceptionnels[30].

Depuis son ouverture en 1988, innombrables sont les enfants qui ont perdu la vie dans ce sinistre lieu. Il s'agit du *Rockford Women Center* qui voulait se démarquer des autres « cliniques de la mort ». Comment ?

Elle offrait à ses clientes une procédure simplifiée, qui leur permettait d'avorter plus rapidement. Or, les précautions médicales n'étaient pas respectées, l'hygiène laissait à désirer, ce qui menaçait aussi la vie des mères. Par exemple, des rapports médicaux avaient pointé que les instruments n'étaient pas bien nettoyés (certains restaient maculés de sang) et l'on fermait les yeux sur les risques d'infection. Les avortements étaient bâclés par manque de personnel compétent et les examens préliminaires préopératoires n'étaient pas assurés. Six femmes sont mortes des violations de ces règles

30. Lorsque l'ex-Président Obama était sénateur de l'État de l'Illinois, il s'est continuellement opposé aux lois que l'État aurait pu voter pour la protection de l'enfant à naître.
Pour en savoir plus, voir le lien en italien : http://www.lalucedimaria.it/esorcizzano-la-clinica-degli-orrori-succede-lincredibile/

sanitaires élémentaires et quatre mille en ont été meurtries à vie. De plus, comme beaucoup d'autres cliniques de l'Illinois, la clinique falsifiait le nombre d'avortements pratiqués et, bien sûr, taisait le nombre des victimes.

Patricia Bainbridge, présidente de *Human Life International*, qui avait également travaillé pour le diocèse comme directrice du bureau pour le respect de la vie, croyait rêver ! C'était l'horreur !

Comment l'État pouvait-il protéger ce genre de clinique ? Comment les médias pouvaient-ils ignorer de tels agissements ? Toutefois, elle se réjouissait de voir qu'autour de cette clinique se levait peu à peu une armée de gens qui défendaient la vie. Ces personnes s'organisèrent à l'extérieur du bâtiment pour offrir aux mères une unité mobile où elles pouvaient non seulement trouver une assistance psychologique, mais aussi vérifier l'état de leur bébé par une échographie.

Il est courant aux USA de voir des personnes se mobiliser pour prier devant les cliniques qui pratiquent l'avortement. Leur but est triple : d'abord d'implorer Dieu d'épargner la vie des enfants, puis de convertir le personnel engagé dans l'avortement, et enfin de donner aux mères la lumière du Saint-Esprit qui leur permettra de dire oui à la vie.

Grâce aux prières ininterrompues de ce groupe de fervents chrétiens devant ce sinistre bâtiment, la situation des femmes s'était déjà améliorée. Kevin Rilott, un membre de *l'Initiative Pro-Life de Rockford*, expliquait que la prière était la pierre angulaire de leur travail. Toutefois, il précisait que ce furent des prières d'une nature très spéciale qui inversèrent radicalement le cours des choses.

Un fait étonnant et inédit se produisit en effet, en 2009, à la clinique de Rockford.

Avec l'aval de leur évêque, Mgr Thomas Doran, et toujours accompagnés par des fidèles en faveur de la vie, quatre prêtres, parmi lesquels le père Kevin Butler, vicaire d'une paroisse du diocèse, ont entrepris une action musclée en 2009. Se plaçant aux quatre angles de la clinique, ils ont prononcé des prières d'exorcisme et ont répété cette opération à de nombreuses reprises.

Ces prières n'étaient pas dirigées contre des personnes, mais elles avaient pour but de déloger le mal qui se commettait à l'intérieur de ces murs.

Après des années de bataille légale contre l'avortement, batailles qui s'étaient avérées sans fruits notoires, un changement se produisit. En effet, dans les deux à trois semaines qui suivirent les exorcismes, le nombre des avortements commença à diminuer. Puis en quelques mois, il chuta carrément de moitié, tandis que les demandes d'aide des femmes enceintes à *l'Initiative Rockford Pro-Life* avaient doublé.

La clinique, qui pratiqua entre 25 et 75 avortements par semaine durant des années, dut réduire ses jours d'ouverture. Les employés s'en trouvaient lésés. En septembre 2011, la clinique dut fermer provisoirement, car elle ne fournissait plus aux employés le nombre d'heures de travail imposé par le Ministère de la Santé.

En janvier 2016, bien que cette administration ait suspendu la sanction, la clinique dut verser une amende d'environ 5 000 dollars. Dans la foulée, le célèbre *Rockford Women Center* déclara sa fermeture définitive.

Il avait fallu six ans à ces quatre prêtres courageux et motivés pour remporter la victoire ! Combien de vies ont été ainsi épargnées ? Ils ne le sauront qu'au Ciel ! Mais on peut aisément imaginer que les anges de Dieu et tous les élus ont dansé pour chaque enfant sauvé car, selon le mot de la Vierge à Medjugorje, « n'oubliez pas que chacun de vous est un univers unique devant le Père céleste » !

Ce récit va-t-il inspirer d'autres prêtres motivés pour la vie humaine ?

25

Mariam a encore frappé !

Rome, 17 mai 2015. Avec quelques amis croates et français, je suis assise en plein midi sur le plus haut podium de la place Saint-Pierre, à moins de cinquante mètres du pape François qui célèbre la messe de canonisation de Mariam de Bethléem. Nous cuisons sous un soleil torride, mais la joie est au rendez-vous. Je suis loin de me douter que, à quelques rangées devant moi, se trouve une femme qui m'est alors inconnue et qui crie au secours de tout son cœur.

C'est Martine, de Tarascon. Depuis vingt-sept ans, elle se bat contre l'impossible et elle a fait tout ce voyage en bus jusqu'à Rome pour venir s'effondrer dans les bras de Mariam, sa grande amie, canonisée aujourd'hui. L'étendard de Mariam vient d'être hissé sur la façade de Saint-Pierre et Martine lui crie avec toute la passion qui émane d'une vie crucifiée :

– « Mariam, je n'en peux plus, prends Laurent, je te le laisse, occupe-toi de lui, fais quelque chose ! Moi, j'ai tout essayé, je suis à bout. »

Qui est ce vilain Laurent, ce fils prodigue ? Abandonné à l'âge de deux ans et demi par son père, il a grandi tant bien que mal dans une maison presque sans parent car sa mère Martine travaillait dur pour élever ses quatre enfants. La consolation de Laurent était dans son grand frère Jacques qu'il admirait et ne quittait pas d'une semelle. Or, un terrible accident de voiture vint faucher Jacques, qui se retrouva aux Urgences plus mort que vif, à l'âge de dix-huit ans.

Tous les examens achevés, les médecins déclarèrent que son cerveau était mort, sans aucun espoir d'amélioration. Électroencéphalogramme plat. Devant cette évidence incontournable, une question accablante fut posée à Martine :

– « Si vous voulez le débrancher et faire don de ses organes, cela doit être fait dans les heures qui viennent, car demain vous n'aurez plus le droit de le faire, la loi l'interdit. Vous devrez alors le ramener à la maison, il sera comme un légume sous machine durant des années. »

Martine, déjà écrasée de douleur par le choc de cet accident, se vit pressée de prendre cette terrible décision avant le délai inéluctable.

Travaillant en anatomie pathologique comme laborantine dans un hôpital, elle connaissait la valeur et la rareté des organes humains de jeunes gens pour aider à sauver une vie par une transplantation. Dans sa générosité, elle souhaitait que l'accident de son fils puisse au moins profiter à une autre personne sur une liste d'attente pour un don d'organe.

Elle demanda que les machines qui maintenaient la vie de son fils Jacques soient débranchées. Elle fit don du bloc « cœur, foie, poumon ». À dix-huit ans, le cœur de Jacques était encore tout neuf.

Ayant appris le choix de sa mère, Laurent n'en comprit pas les motivations. Il ne vit qu'un aspect de la question : « Maman a fait débrancher mon frère, Jacques est mort, elle l'a tué. » Il conçut envers elle une haine farouche. « Tu lui as donné la vie et maintenant tu l'as tué ! » lui lançait-il à la figure. Il n'avait jamais assez de mots pour l'insulter, lui criant au visage les pires insanités, pensant soulager ainsi la douleur que lui causait la perte d'un frère et d'un compagnon de vie.

Hélas, de la part de Laurent, cette violence ne faisait que commencer, avec la cruauté inconsciente que peut avoir un adolescent de quinze ans. Les événements qui suivirent dépassent l'imagination : il a commencé à fréquenter de mauvais copains et à boire. Martine de son côté était anéantie, souffrant de trois cancers, souvent absente de la maison et même parfois transportée d'urgence en hélicoptère à Paris. Laurent s'est senti doublement abandonné. Puis il commença à sniffer l'essence de sa mobylette. Voyant les mauvaises influences qu'il subissait, Martine le changea plusieurs fois d'école, mais rien n'y fit, il s'engouffra dans le labyrinthe de l'autodestruction et ce fut la descente aux enfers.

Il en vint à se piquer et fut contaminé par l'hépatite. Entre-temps, Martine s'était remariée avec un homme bon et, grâce à sa foi en Dieu, elle supportait les exactions de son fils avec une patience quasi angélique. Durant vingt-sept interminables années, Laurent tortura sa mère. Il alla jusqu'à cambrioler le domicile de ses parents. « Si mon mari n'avait pas été là, me dit-elle, il m'aurait esquintée. » Elle devait parfois dépenser des sommes colossales pour louer un logement près des hôpitaux où Laurent atterrissait à cause de ses excès d'alcool et pour réparer les dégâts des appartements qu'il avait saccagés dans ses crises de folie. Par la grâce de Dieu, son mari la soutenait dans son combat et parvenait à régler les factures. Il semble que, chez Martine, l'amour maternel n'avait pas de limites. Laurent avait beau cogner, frapper, voler, crier, injurier, le cœur maternel de Martine, certes profondément blessé et endolori par chaque coup reçu de lui, ne flancha jamais. Il semblait que la haine de Laurent se noyait dans l'océan d'amour que lui portait sa mère. Elle n'a jamais fermé sa porte.

Comment Martine a-t-elle tenu le coup, cumulant la douleur d'un cœur maternel broyé et la crainte constante du scandale public, le risque de dettes insolvables et la pensée torturante que Laurent finisse par mourir d'une overdose ? Où puisait-elle un tel amour ?

Lorsque je lui demandai : « Comment as-tu tenu bon dans l'espérance qu'il s'en sortirait un jour, alors que tu avais constamment sous les yeux la preuve qu'il coulait à pic ? », sa réponse jaillit en un mot : « La prière ! » Elle puisait son amour dans l'immense Cœur de Dieu dont l'amour ne connaît aucune limite. Martine utilisait pour cela le moyen le plus efficace : elle puisait cet amour avec le vase de la CONFIANCE comme Jésus l'avait enseigné à sainte Faustine. Elle croyait de tout son être que Dieu sauverait son enfant des griffes de la destruction. L'idée qu'Il ne le sauverait pas n'a jamais effleuré son esprit.

Laurent eut plusieurs accidents de moto, qui lui valurent de nombreuses opérations. Il a été greffé et le chirurgien dit à Martine que, durant l'anesthésie, il entendait Laurent parler avec Jacques, son papa. « Non, Jacques, c'est son frère », répondit Martine au chirurgien. Elle comprit que Jacques était constamment aux côtés de son frère hospitalisé. Quel encouragement !

Parmi ses amis proches, elle comptait un prêtre qui travaillait à la diffusion du message spirituel de Mariam et avait ses entrées aussi bien à Bethléem qu'à Pau où la Carmélite vécut durant plusieurs années. Cet homme de cœur, doublé d'un esprit érudit, maintenait son entourage dans l'émerveillement de cette petite carmélite de Terre Sainte. Martine se familiarisa avec elle et elle lui parlait souvent à cœur ouvert. Elle adopta Mariam et elle alla même jusqu'à me dire :

– « Tu sais, Sœur Emmanuel, j'aime bien la Sainte Vierge, mais j'aime encore plus Mariam. »

Mariam et Martine ne se rejoignaient-elles pas dans la simplicité d'un cœur d'enfant ? Aux innocents les mains pleines !

Chaque matin, Laurent démarrait sa journée en *sifflant* (avalant d'un trait) carrément un litre de vodka. Ce qui le fit souvent tomber dans un coma éthylique. Or, l'excès d'alcool dans le sang a pour effet de brûler la gaine des nerfs, ce qui provoque une atroce souffrance. C'est pourquoi les médecins plongeaient souvent Laurent dans un coma artificiel pour lui épargner cette torture. Ses proches devant un tel calvaire en venaient à souhaiter qu'il meure et que tout ce cauchemar cesse enfin pour que Martine puisse commencer à respirer. Chaque année, Martine se rendait à Lourdes comme hospitalière avec quelques amis. Ceux-ci, partageant avec elle ses soucis pour son fils, n'hésitaient pas à lui dire :

– « Tu sais, Martine, il ne faut pas rêver, ne pense pas le sortir de là avec cette septicémie, ses 42° de fièvre, toutes ses carences, laisse-le partir, qu'il soit heureux, qu'il soit dans la paix ! »

Lorsque tout le monde lui disait que c'était une cause perdue, il s'en sortait toujours et les médecins ne comprenaient pas. Mais Martine, l'inébranlable, passait des heures entières chaque jour à son chevet et n'interrompait jamais sa prière confiante.

Inébranlable ? Devant sa confiance héroïque, Dieu l'a réconfortée par un signe qu'elle n'oubliera jamais : elle s'était rendue en pèlerinage à Saint-Jacques-de-Compostelle. Or, dans la cathédrale Saint-Jacques se trouve une statue de l'apôtre, saint patron de son garçon disparu. Les pèlerins sont invités à passer derrière cette statue qui domine l'autel majeur, à monter sur une petite estrade et à enlacer cette statue, donc de dos, tout en priant le Saint. C'est ce que fit

Martine et là, une belle consolation lui fut accordée : son fils Jacques, décédé vingt-cinq ans plus tôt, lui apparut et, sans prononcer une parole, lui sourit. Il était d'une grande beauté et semblait lui dire : « Maman, c'est bien, continue ! » Inutile de dire que Martine reçut à ce moment-là une telle dose de lumière, de joie et de courage qu'elle était prête à continuer la lutte avec la certitude que Laurent serait un jour sauvé malgré les apparences contraires ! En réalité, le fait que Dieu pouvait ne pas sauver son fils ne lui vint jamais à l'esprit.

Puis arriva le fameux jour de la canonisation de Mariam. Guidée par son ami prêtre, Martine arriva dans un état de grande fatigue physique et intérieure. Lorsque le portrait de Mariam fut dressé sur la façade de Saint-Pierre, elle répéta intérieurement cette prière que Mariam disait constamment :

> « Esprit Saint, inspirez-moi ; Amour de Dieu, consumez-moi ; au vrai chemin, conduisez-moi ; Marie, ma Mère, regardez-moi ; avec Jésus, bénissez-moi ; de tout mal, de toute illusion, de tout danger, préservez-moi. Venez, ma Consolation ! Venez, ma Joie ! Venez, ma Paix ! Ma Force, ma Lumière, venez, éclairez-moi pour trouver la source où je dois me désaltérer. »

Et Martine lui cria sa douleur et la supplia en pleurant d'épuisement : « Je n'en peux plus, Mariam, fais quelque chose ! Occupe-toi de lui : pour moi, c'est trop ! »

J'ai souvent entendu dire que les saints, le jour de leur canonisation, obtiennent des grâces très spéciales pour ceux qui les prient. Effectivement, un beau cadeau attendait Martine : une semaine après son retour de Rome, Laurent arrive chez elle et lui annonce avec calme :

– « Maman, j'ai arrêté de boire, je ne boirai plus à partir de maintenant, c'est décidé. »

Martine le regarde, il est métamorphosé. Le miracle s'est produit !

Que s'est-il passé ? Laurent est très sobre dans son explication :

– « J'ai eu un déclic, je ne veux plus boire, je ne veux plus prendre de cachets, je ne veux plus prendre de drogue, mais il faut qu'on m'aide. »

Martine, qui avait toujours vu son fils bourré de problèmes, n'en revenait pas, elle se trouvait devant un autre homme : « Un homme que je ne connaissais pas », dit-elle. C'était le vrai Laurent remonté des enfers. Il venait de rencontrer un addictologue (spécialiste des dépendances) qui l'avait pris sous son aile et Laurent en était ressorti un autre homme.

Une autre joie attendait Martine. Pour le 25 décembre 2015, Laurent est arrivé chez elle avec un gros paquet sous le bras. C'était Noël.

– « Écoute, maman, je vais te faire un cadeau. Un cadeau que personne ne t'aura jamais fait et que tu pourras garder tout le temps. »

Martine ouvre le paquet et trouve une belle grande statue de 60 cm de haut.

– « Regarde, maman, c'est moi ! C'est ton fils Laurent, un homme nouveau ! »

Martine ignorait tout de cette nouvelle technique récente, qui permet de créer un clone en trois dimensions, sous forme de figurines plus vraies que nature. En voyant cette statue, Martine a éclaté en sanglots. Bouleversée, elle n'arrivait pas à contenir sa joie et tremblait d'émotion.

Comme Laurent était un enfant brillant et que Martine avait toujours veillé avec soin à ce qu'il suive la meilleure scolarité possible malgré ses dérives, il a pu retrouver son poste à la SNCF, avec tous les avantages liés aux fonctions d'ingénieur qu'il occupait avant sa descente aux enfers.

Il sait qu'il doit son sauvetage à l'amour sans limite de sa mère et à sa prière. Martine avait dépassé tous les quotas de patience, elle avait même dépassé sainte Monique qui, elle, pria durant vingt-deux ans pour la conversion de son fils Augustin. Résultat, dans l'Église, nous n'avons pas seulement maintenant un grand saint en la personne de saint Augustin, mais nous avons aussi sainte Monique ! Aurons-nous maintenant un autre saint Laurent ? Il est vrai qu'après toutes ces années si dures pour Martine, sainte Mariam de Bethléem, la petite Arabe, avait su taper fort[31] !

---

31. Voir : Sr Emmanuel Maillard, *Mariam de Bethléem, la petite Arabe*, EdB, 2015. Extraits sur le site : http://www.editions-beatitudes.com/f/index.php?sp=liv&livre_id=736

Chère Mariam, durant ta vie, tu as été de victoire en victoire. Maintenant, continue à déverser tes bénédictions sur la famille de Martine, mais pas seulement sur celle-là. Tu sais combien de jeunes aujourd'hui vivent comme le Laurent d'alors. Autrement dit, ton travail ne fait que commencer, allez, nous comptons sur toi, écoute le cri des pères et mères qui, en lisant ce témoignage, vont te bombarder d'appels au secours !

26

J'AI TUÉ MON PÈRE

Avec Natalia, c'est du jamais vu ! Elle avait décidé d'aller jusqu'au bout de l'horreur et elle a réussi. La voilà campée devant la scène la plus atroce qui soit : son père torturé à mort par deux hommes. Elle ne pleure pas, n'éprouve aucune tristesse, son visage reste impassible, c'est normal, c'est elle qui a commandité cet assassinat. Elle a tout juste treize ans ; elle en a vu de toutes les couleurs.

Natalia est née en 1983 au Brésil, dans un quartier très pauvre et plein de violence où les personnes se disputaient l'espace parmi les rats et les ordures. Elle était le fruit d'une des multiples relations de sa mère alors âgée de dix-sept ans. Chose courante dans ces favelas, sa mère vivait de la prostitution pour se fournir en crack, la drogue des pauvres, ce maudit crack pire que l'héroïne qui l'anéantissait complètement. Incapable de s'occuper de sa fille, elle l'avait abandonnée. Natalia fut élevée par des proches dans un milieu lui aussi marqué par la drogue, si bien qu'elle n'avait rien gagné au change. Pire : elle s'est retrouvée dans une famille de trafiquants où régnaient la violence et la drogue.

Le cœur de la petite Natalia s'était vite rempli de haine et de révolte. À l'âge de neuf ans, elle alla vivre chez son père qui, lui aussi, se droguait. Il traitait Natalia avec une froideur doublée d'une grande méchanceté, alors qu'il était très affectueux avec ses autres enfants, nés de son union avec la femme qui partageait sa vie. On devine la colère qui grondait sourdement et augmentait de jour en jour dans le cœur de l'enfant.

Mais elle n'avait pas encore touché le fond de l'horreur : un matin, son père lui demande de lui masser le dos. Elle s'exécute. Mais au cours du massage, le véritable motif du père se dévoile et il viole sa propre fille. À partir de ce moment-là, Natalia perd tout goût de vivre. Un vide sidéral s'installe dans son cœur. Elle conçoit une grande révolte contre Dieu et contre le monde entier, doublée d'une violente haine envers son père. Un désir lancinant germe en elle et devient bientôt une idée fixe : le tuer !

À l'âge de treize ans, elle est arrêtée après avoir commis une agression. La prison ne fait que décupler sa violence intérieure et renforcer sa décision : passer à l'acte et enfin tuer son père. Un jour, elle gagne R$ 50,00, l'équivalent de 12 €, et court s'acheter les services de deux tueurs à gage. Mais elle n'aura même pas besoin de débourser un centime. En effet, les tueurs lui demandent quelles sont ses motivations et quand ils apprennent que son père l'a violée à l'âge de neuf ans, ils décident de passer à l'acte gratuitement. Natalia tient à voir de ses yeux les souffrances et la mort de son agresseur. Natalia, l'enfant violée, devient une meurtrière. Son âme va-t-elle se perdre à tout jamais ? Ce serait mal connaître la miséricorde de Dieu !

L'arrivée dans la favela de jeunes missionnaires va bouleverser radicalement le cours de son existence[32]. Ils rayonnent d'une joie que Natalia n'a jamais vue ni éprouvée de sa vie !

Ils soignent les malades, enlèvent les ordures des maisons et se mettent au service des habitants. Pourquoi font-ils tout cela ? Et gratuitement ! Natalia a du mal à y croire. Un amour aussi grand, aussi désintéressé peut-il exister ? Natalia se sent presque éblouie par tant de lumière et d'amour. Les missionnaires lui révèlent qu'ils sont chrétiens et qu'ils risquent leur vie pour l'amour de Jésus. Jésus ? C'est qui, lui ? À peine en a-t-elle entendu parler dans son enfance, mais, pour elle, il est tellement loin !

Tout change pour Natalia devant ce témoignage vivant. Un feu, une chaleur sont entrés dans son cœur, et une immense espérance. Les premiers balbutiements de la vie ! Tout émerveillée, dans son enthousiasme, elle court à la rencontre du père Henrique qui accompagne les missionnaires. En trois mots, elle lui trace le tableau de

32. Contact des Missionnaires de l'Alliance de Miséricorde : a.misericordia@tiscali.it

sa vie : l'addiction, la haine et le meurtre de son père. Elle ajoute que l'amour des jeunes missionnaires a retourné son cœur et lui a permis de connaître Jésus. « Je veux être comme eux, lui dit-elle, pouvez-vous me baptiser ? »

> « Pour moi, dit Natalia, un nouveau chemin s'ouvrait. Je comprenais à quel point le démon pouvait détruire une vie, mais aussi comment l'amour pouvait nous faire renaître vraiment. Je suis née à nouveau ! J'ai commencé à fréquenter la communauté de l'*Alliance de Miséricorde* et j'y ai découvert la présence vivante de Dieu, ainsi que sa Parole. Un mot de Jésus à sœur Faustine m'a touchée particulièrement : "Si les plus grands pécheurs faisaient confiance à ma Miséricorde, ils deviendraient les plus grands saints de ce temps." »

Grâce au « Oui » de Natalia, toute sa famille a pu trouver le salut. Ainsi s'accomplissait pour elle la Parole du Seigneur à travers saint Paul : *« Crois et tu seras sauvé, toi et toute ta famille. »* La communauté a accueilli les frères et sœurs de Natalia, ainsi que sa mère désormais libérée de son addiction au crack.

Aujourd'hui, Natalia est devenue missionnaire, elle consacre sa vie à l'évangélisation. Elle donne le témoignage de la force de cet amour miséricordieux qui l'a transformée et qui peut tous nous transformer.

Un souvenir impérissable s'est gravé dans sa mémoire : l'ex-petite meurtrière a été choisie pour chanter sur scène lors de la visite du pape François pour les JMJ de São Paulo. Encore un de ces cadeaux du Ciel que Dieu raffole d'offrir à ses enfants perdus et retrouvés.

27

Les visites secrètes de Slavko

Le père Slavko Barbaric, qui priait et jeûnait beaucoup, entreprenait des actions secrètes que peu de témoins connaissent. Il aimait à se rendre dans des familles de la région, surtout celles qui avaient des enfants. Il leur apportait des chocolats, des friandises, il jouait avec eux, riait et priait avec eux.

Une des familles proches de la région traversait une crise grave. Le père s'était mis à boire et l'atmosphère était devenue insoutenable. La voyante Marija nous raconta un jour, devant la tombe du père Slavko au cimetière de Kovarica, que celui-ci prit à cœur de sauver cette famille de la destruction et de la ruine. Il demanda à la mère à quelle heure son mari se mettait à boire chaque jour. Puis il décida de se rendre dans cette famille précisément à cette heure-là pour s'entretenir avec cet homme. Il lui racontait des histoires, apportait des friandises, priait avec lui et trouvait mille moyens de soutenir son attention. Plus tard, au moment de son départ, l'heure de l'alcool était passée et la sobriété avait marqué un point. Slavko se rendait tous les jours dans cette famille. Sa fidélité, son amitié, sa présence lumineuse avaient comblé le vide que ce paysan ressentait en son cœur, si bien qu'un jour, il oublia l'alcool et reprit une vie normale en assumant ses responsabilités de père de famille et d'éducateur. Il était guéri !

28

TOI AUSSI, FAIS DE MÊME !

Il baignait dans son sang. Il avait perdu connaissance sous la violence des coups. On l'avait jeté dans un fossé comme on se débarrasse d'un détritus, après l'avoir dépouillé de tout. Il se mourait à petit feu, tout seul[33].

Heureusement, un prêtre passe par là, venant de Jérusalem, et il voit cet homme en train d'agoniser. Un prêtre ? Parfait ! Certainement, il va s'arrêter et s'occuper de lui ! Pour un consacré, voilà une occasion en or de vivre la plus belle des *mitzvot* : celle de la charité gratuite envers le prochain. Il arrive à la hauteur de l'homme, jette un regard sur lui et... horreur ! Il passe outre et poursuit son chemin. Il vient de trouver l'excuse parfaite, ce commandement formel pour les Juifs de ne pas toucher un mort. Mais il n'a pas écouté la voix de l'Esprit Saint qui lui soufflait que, peut-être, cet homme était encore en vie et qu'il avait besoin d'un secours immédiat. Or, pour les Juifs, la protection de la vie humaine passe bien avant tous les préceptes.

Par bonheur, un lévite de la région survient en ce lieu et voit notre ami gisant dans le fossé. Certainement, un homme de Dieu, un liturge qui chante chaque jour les louanges du Seigneur dans le Temple, ne va pas rester insensible ! Mais... horreur, lui aussi passe son chemin. Comment est-ce possible ? Quelle excuse aura-t-il trouvé pour se dérober à la misère de son frère ? Il a sans doute un rendez-vous ? Il ne peut pas se permettre de se salir et d'arriver dans cet état au Temple pour la prière du soir ? Ou bien il se dit que si cet homme est

33. Parabole du Bon Samaritain (Lc 10, 29 - 37).

dans cet état, c'est peut-être qu'il l'a bien cherché ! Et puis, avec les inconnus, sait-on jamais…

Le temps passe et l'état de l'homme s'aggrave.

Malheureusement, le passant suivant est un Samaritain, un étranger à la communauté hébraïque… Pas de chance ! Les Samaritains et les juifs ne se parlent pas, ils ne sont pas d'accord sur certains points fondamentaux de la religion. En plus, il est en voyage, on l'attend quelque part… Bref, aucun espoir de son côté !

Mais, surprise ! Voyant le moribond dans un si piteux état, il s'émeut, saisi d'une vive compassion. Contre toute attente, sans hésiter, le voilà qui s'approche de l'homme. Son cœur chavire devant ses blessures ouvertes. Cela lui est insupportable ! En voyant la souffrance de cet homme, il la fait sienne.

Alors, sans même se poser de questions, sans laisser aucune excuse parvenir à son esprit, il fait tout ce qui est en son pouvoir pour secourir l'homme blessé comme s'il s'agissait de son propre fils.

Il passe à l'action, car la véritable compassion ne consiste pas à éprouver un sentiment ou une émotion forte, elle nous pousse à agir. C'est là le sceau de la miséricorde authentique.

Il se lance alors dans une série impressionnante d'initiatives envers cet inconnu ! Il n'en omet aucune : il bande ses plaies, il y verse de l'huile et du vin, il le charge sur sa propre monture, il le mène à l'hôtellerie, il prend soin de lui, il tire deux deniers et les donne à l'hôtelier en lui précisant : *« Ce que tu auras dépensé en plus, je te le rembourserai, moi, à mon retour. »*

Dans cette énumération, cette dernière bonne action se détache de manière singulière, car le Samaritain prend ici un risque réel : en effet, l'aubergiste pourrait profiter de l'occasion pour abuser de sa confiance et s'en mettre plein les poches.

Sans qu'il le sache, c'est le Saint-Esprit qui inspire à son cœur une compassion aussi brûlante. En effet, ce Samaritain ne calcule aucune des conséquences éventuelles de sa folle générosité : ni le coût potentiel en argent et en temps passé, ni l'éventualité d'une arnaque. Nous comprenons là que la compassion est le contraire absolu de l'indifférence.

Mais notre nature charnelle, aiguillonnée par le démon, résiste à cette motion du Saint-Esprit. Dès que notre cœur s'éprend d'un élan de charité et de miséricorde, nous voilà bombardés de pensées bloquantes, du type : tu n'as pas le temps ! Ce n'est vraiment pas le moment ! Cela va te coûter cher ! Qui sait ce que cela va entraîner comme conséquences ? Est-ce que cette personne le mérite vraiment ? Tu n'en es pas capable ! Il est trop tard ! Trop tôt ! On va profiter de toi ! Tu ne connais même pas cette personne ! Etc.

Cette parabole nous édifie magnifiquement ! En conclusion, Jésus demande expressément à son interlocuteur, légiste de son état, de prendre exemple sur ce Samaritain et de faire comme lui : *« Va, et toi aussi fais de même ! »* De même ? Il n'est pas question d'en faire seulement le dixième, ni le quart, ni la moitié, mais la totale ! Et quelle promesse s'attache à cette invitation ? Rien de moins que la Vie éternelle.

Jésus : le Retour !

Et ce n'est pas tout ! Le symbolisme de ce récit nous ouvre les yeux sur un grand et profond mystère qui nous mène concrètement, aujourd'hui même, à la Vie éternelle. Il s'agit du mystère de l'Église.

Que représente notre ami gisant dans son fossé de mort ? L'homme déchu, blessé par le péché originel, défiguré par ses propres fautes, et dont l'âme est comme morte. Autrement dit, il est chacun de nous, toi et moi !

Que représentent le prêtre et le lévite ? L'impuissance de la Loi de la première alliance et du sacerdoce ancien à sauver par eux seuls l'humanité.

Que représente le Bon Samaritain ? Jésus lui-même ! Les Samaritains étaient méprisés par les Juifs. Jésus, le grand méprisé par excellence, est le seul à pouvoir prendre en charge le malade et le soigner.

Que représentent l'auberge où est déposé le blessé et l'aubergiste qui reçoit tout ce qui est nécessaire pour les soins à lui dispenser ? Il s'agit bien sûr de l'Église qui est à la fois une maison et des personnes. Elle a reçu du Christ le pouvoir de conduire les âmes au salut et tous les moyens pour cela. Notamment par les sacrements, signifiés par l'huile, le vin et tout ce que l'aubergiste devra acheter en plus, jusqu'au retour du Samaritain.

Et ce retour ? Il s'agit bien entendu celui du Christ en gloire que l'Église tout entière attend. Jésus remettra alors à chacun la récompense qui lui est réservée.

Péchés d'omission, ou non-assistance à personne en danger

Ce jour-là, au catéchisme, la maîtresse expliquait aux enfants les différents types de péchés. Pour vérifier s'ils avaient bien compris, elle interroge le petit Clément :

– Tu peux nous dire ce qu'est le péché par omission ?

– Oui, madame ! C'est quand on a l'occasion de faire un péché et qu'on ne le fait pas !

Ce bon mot nous fournit un excellent moyen mnémotechnique : on retient parfois plus volontiers un trait d'humour qu'une chose sérieuse ! Retenons ici ce que n'est certes pas le péché d'omission !

Que se passera-t-il lorsque nous nous présenterons devant le Seigneur à l'heure de notre Pâques ? Dans la lumière absolue de l'instant de la mort, nous verrons notre vie et notre âme dans leur pure réalité. Aucun détail ne nous échappera. Or, d'après certains mystiques chrétiens, il semble que le plus douloureux et le plus grave soit davantage de voir le bien que nous n'avons pas fait lorsqu'il était en notre pouvoir de le faire, plutôt que le mal que nous avons commis. Nous sommes là au cœur du péché d'omission, tel que Jésus nous en parle dans la description du Jugement dernier (Mt 25, 41-46) : *« Ce que vous n'avez pas fait au plus petit d'entre les miens, c'est à Moi que vous ne l'avez pas fait. »*

En effet, au soir de la vie, nous serons jugés sur l'amour, comme l'enseigne saint Jean de la Croix. C'est justement ce que le prêtre et le lévite de notre parabole avaient oublié. À l'amour, ils ont préféré une vision légaliste et faussée de la Torah, déconnectée de la charité fraternelle en acte. Ils se sont donné bonne conscience en s'appuyant sur des préceptes de pureté légale mal interprétés. La glissade est si vite faite !

Dieu merci, tout le monde ne glisse pas ! Aujourd'hui, nous voyons tant d'exemples de personnes qui ont choisi de préférer la miséricorde en acte au mépris de leur propre protection ou de toute autre considération. Par exemple :

Une sainte religieuse française, Mère Yvonne-Aimée Beauvais, dite de Malestroit[34], tenait un hôpital en Bretagne durant la Seconde Guerre mondiale. Elle éprouvait une grande compassion pour tous ceux qui risquaient de finir dans un camp de concentration si bien que, pour s'opposer aux nazis, elle les déguisait en malades. Elle savait qu'elle s'exposait à la torture et à la mort si elle était découverte, mais elle ne s'est pas arrêtée à elle-même devant la situation désespérée de ces hommes, elle a simplement trouvé le moyen de les sauver d'une mort ignominieuse.

Le moteur de la miséricorde, c'est la compassion. N'ayons pas peur, la vraie compassion n'affaiblit personne : la Sainte Vierge se tenait debout au pied de la croix. Padre Pio restait des heures au confessionnal, et non dans son lit à gémir sur les violentes douleurs des stigmates qu'il ressentait à cause des pécheurs. Tout au contraire, il travaillait d'arrache-pied et c'est bien le fait de partager la souffrance des autres qui le propulsait dans la vie, la joie et même l'humour. De sa profonde compassion est né son immense hôpital « pour le soulagement de la souffrance », à San Giovanni Rotondo. L'infatigable Mère Teresa de Calcutta ne voyait que Jésus dans l'homme brisé ; loin de se demander si elle avait ou n'avait pas la force de le secourir, elle retroussait ses manches et se lançait à son secours. Elle allait même jusqu'à provoquer Dieu qui était alors bien obligé de lui envoyer la force !

La véritable compassion ennoblit l'âme. Elle nous offre la béatitude des miséricordieux. Les personnes qui la vivent ont au cœur une lumière, une tendresse, une beauté particulière. Ils ont obtenu miséricorde !

---

34. Lire l'excellent livre de son père spirituel, le père Labutte, *Yvonne-Aimée de Jésus*, Éditions FX de Guibert.

29

Le paradis de Nivaldo

Nivaldo © Photo Alleanza di Misericordia

Effondré en larmes sur le trottoir devant l'église de son village, Nivaldo était complètement anéanti. Ce jeune Brésilien illettré n'avait connu dans sa vie que l'extrême pauvreté et l'extrême violence. Il avait sombré dans la drogue dès l'âge de douze ans, puis dans la délinquance et la criminalité à l'âge de quinze ans. Membre d'un des nombreux gangs qui pullulent dans les favelas de la banlieue de São Paulo, il venait de perdre son meilleur ami dans un règlement de comptes. Celui-ci était mort dans ses bras, tué par erreur à sa place. Nivaldo se vit plongé dans un désespoir sans fond. Il ignorait pourquoi ses pas l'avaient conduit devant cette église, mais il se sentait incapable d'aller plus loin. À ce moment-là, deux jeunes s'approchèrent de lui et lui dirent : « Jésus t'aime ! » Nivaldo, qui n'avait jamais entendu parler de Jésus, rétorqua : « Mais je ne suis pas gay ! C'est qui, ce Jésus ? » Les jeunes lui annoncèrent l'Amour de Dieu qui, en Jésus, s'est révélé à tous les hommes ; puis ils l'invitèrent à entrer dans l'église pour y prier dans la chapelle du Saint-Sacrement. Nivaldo accepta, mû davantage par le désespoir que par la foi. Là, il s'agenouilla et se mit à penser :

– « Seigneur, si toi tu existes réellement, si tu m'aimes vraiment, manifeste-moi ton amour, montre-moi que tu es Dieu ! »

À cet instant, l'envie le prit d'ouvrir la Bible au hasard. Son regard se posa sur un passage d'Isaïe. Quelle ne fut pas sa stupéfaction quand il se rendit compte que lui, analphabète (il ne savait lire que le numéro des bus), commençait à épeler, puis à lire rapidement cette Parole qui proclamait :

« Je suis le Seigneur, il n'en est pas d'autre : hors moi, pas de Dieu. Je t'ai rendu puissant, alors que tu ne me connaissais pas, pour que l'on sache, de l'Orient à l'Occident, qu'il n'y a rien en dehors de moi. » (Is 45, 5-6)

Les paroles et les larmes se mélangeaient à ce feu que Nivaldo ressentait dans son corps et dans tout son être, comme si ces paroles étaient vivantes, comme si elles le remplissaient, l'embrasaient, le recréaient. Il se sentit envahi par ce feu qu'il comprendrait plus tard être celui de l'Esprit Saint. C'était comme s'il était soigné, lavé et restauré. En se relevant, il n'était plus le même homme. Tout semblait neuf en lui. Par la force de cette Parole qui avait terrassé son désespoir, Nivaldo changea complètement de vie. Il abandonna son revolver et prit pour seule arme un grand crucifix qu'il gardait toujours sur lui et qu'il utilisait comme une arme véritable dans ses combats les plus difficiles contre les puissances du Mal. Il parvint à vaincre le démon de l'impureté et celui de la drogue ; plus jamais, après cette effusion, il ne tomba dans ces vices. Nivaldo devint, comme l'annonçait la Parole qu'il avait entendue, un prédicateur de feu extrêmement généreux et simple. Il souffrait de maux de tête très forts, conséquence de tant d'années de prise de drogue, mais malgré cela, il s'appliquait de toutes ses forces à étudier. Joyeux, pur, souriant, il était toujours disponible, prêt à servir et à accueillir. Il travailla durant quelques années dans un centre de réinsertion.

Un jour, il éprouva le désir de consacrer toute sa vie à Dieu pour annoncer l'Évangile. Il s'engagea dans une communauté, l'Alliance de Miséricorde.

Sa vie était entièrement donnée au quotidien, avec l'unique objectif de grandir dans l'amour. Il avait tellement changé qu'il choisissait désormais, non pas ce qui était le plus facile, mais ce qui lui coûtait le plus, pour ressembler davantage au Christ

Nivaldo avait lu un livre de saint Jean de la Croix et il avait été très marqué par ces mots : « L'amour ne lasse pas et ne se lasse pas. » Il avait décidé de prendre comme devise cette très belle expression qu'il changea cependant légèrement sans le vouloir, à cause de sa difficulté à lire. Il disait : « L'amour ne lasse pas et ne se repose pas… » Ces paroles furent pour lui une véritable source de vie, et il ne se doutait pas à quel point il allait les vivre.

Le 15 septembre 2001, il partit animer une retraite dans une prison pour mineurs. Son thème : *Le Bon Larron.* Cette prédication – qui devait se révéler être la dernière – avait touché tous les cœurs. Non seulement celui des jeunes prisonniers, mais aussi celui des gardes de la prison. Les mots qu'il prononça alors étaient prémonitoires : « À côté de la Croix de Jésus – disait Nivaldo – il y avait un voleur qui avait été condamné à la crucifixion. Face à la mort, il sut reconnaître le Fils de Dieu et, avec humilité, il lui dit : *"Jésus, souviens-toi de moi quand tu entreras dans ton Royaume."* (Lc 23, 42) Moi aussi – continuait Nivaldo – j'ai été un voleur, peut-être comme certains d'entre vous. J'ai fait des cambriolages, je me suis drogué et j'ai été dealer, j'ai fait partie d'une organisation criminelle, j'ai utilisé une arme et ça me donnait un sentiment de puissance… Mais, un jour, au fond du désespoir, moi aussi j'ai dit à Jésus avec une intention droite et humble : *"Seigneur, souviens-toi de moi !"* Et Il s'est souvenu de moi ! Il m'a sorti des abîmes où j'étais tombé, parce que j'ai invoqué son Saint Nom avec un cœur sincère. Oui, je veux aller au paradis, mais pas tout seul… »

Puis, pointant son doigt vers les jeunes délinquants, il ajouta : « Et toi, tu veux venir au paradis avec moi ? Et toi aussi, tu veux venir ? Et toi ? » Il répéta sa question plusieurs fois pour que les jeunes se sentent aimés personnellement, de façon unique. À la fin, il ajouta : « Parce qu'être consacré, cela signifie ne pas aller au paradis tout seul ! »

À cette époque, Nivaldo était le coordinateur de la seule maison d'accueil de l'Alliance de Miséricorde ouverte aux jeunes qui avaient quitté la rue et désiraient sortir de la drogue. Par la qualité de l'amour qui leur était prodigué, ils pouvaient retrouver leur dignité et commencer une nouvelle vie.

Cette nuit-là, en rentrant de la prison après sa prédication, il apprit qu'un des jeunes accueillis dans cette maison venait de fuguer. Il demanda à son père spirituel la permission d'aller à sa recherche dans les rues de São Paulo : « Il est faible et il n'aura pas le courage de revenir si on ne va pas le chercher », supplia-t-il.

Pensant que ce serait dangereux, le prêtre refusa. Dans un élan d'amour, de générosité et de « folie évangélique », Nivaldo répondit aussitôt : « Père, tu m'as enseigné que le Bon Pasteur donne sa vie pour ses brebis (Jn 10, 11). Laisse-moi aller chercher ce frère perdu, demain ce sera peut-être trop tard ! » Le prêtre fut tellement touché par ces mots qu'il laissa partir Nivaldo avec deux autres missionnaires.

Au retour, ils furent victimes d'un très grave accident de voiture. C'est là, quelques mètres seulement avant d'arriver à la maison, que Nivaldo rendit sa belle âme à Dieu. Il avait vingt-six ans. Témoin ardent de la Miséricorde de Dieu, il retournait pour toujours dans la Maison du Père. Il était le premier missionnaire consacré de sa communauté.

Lui seul mourut dans l'accident. On le trouva sur le siège avant, courbé, comme s'il se trouvait dans les bras de la Sainte Vierge. Avec deux autres frères de sa communauté, il venait d'achever la prière du chapelet. Le dernier chant de sa vie fut le *Magnificat* :

> *« Il se souvient de sa miséricorde, de la promesse faite à nos pères, en faveur d'Abraham et de sa race à jamais. »* (Lc 1, 54-55)

Le lendemain, durant la veillée funèbre, la « brebis perdue » revint. Le jeune qui avait fugué de la maison d'accueil lors d'un moment de faiblesse voulut se placer juste à côté du cercueil et il y resta toute la soirée. Nivaldo, son berger, avait donné sa vie pour lui. Ne l'ayant pas trouvé cette nuit-là dans les bars de São Paulo, c'est du haut du Ciel qu'il avait réussi à le ramener au bercail. Il était allé jusqu'au bout de la miséricorde !

Les frères de sa communauté ont conservé le crucifix de Nivaldo comme la relique la plus précieuse et la plus parlante de son offrande totale à Dieu. À côté de la croix, ils ont placé une partie de ses vêtements tachés de sang, le sang qu'il avait perdu dans l'accident, ainsi qu'une Parole du Christ qui exprime si bien le sens de son court chemin et la fécondité de sa mission :

> *« Si le grain de blé tombé en terre ne meurt pas, il reste seul ; mais s'il meurt, il porte beaucoup de fruit. »* (Jn 12, 24)

30

Mère, il est à toi !

Jésus est un excellent conteur. Élevé dans un petit hameau perdu de Galilée niché au milieu de collines riantes et pleines de surprises, il a pu observer la création. Il a vu l'homme aux prises avec la nature et le dur labeur qu'il doit fournir pour la maîtriser. Voilà un arbre, nous dit-il, qui ne porte pas de fruits. Il épuise le sol, il devient nuisible, il faut donc le couper. Le couper ? Dommage ! La terre d'Israël n'est pas la Normandie, combien d'années faut-il pour faire pousser un arbre sur ce sol qui manque d'eau ? Tout le labeur du jardinier serait-il perdu ? Non ! On va lui donner une dernière chance, il pourra creuser autour du pied, lui mettre une bonne dose de fumier et il va certainement repartir. S'il ne produit toujours rien, alors il faudra le couper (cf. Lc 13, 6-8).

Tiens, cela me rappelle une histoire…

Fredonia, État du Kansas, USA, 18 octobre 1985. Le père Steven, curé de la paroisse du Sacré-Cœur, doit se rendre à l'évidence : il s'est complètement planté, il a raté sa vie.

Comment en est-il arrivé à cette accablante prise de conscience ? Tout a commencé sur une route très fréquentée du Kansas. Pris dans une collision avec un pick-up, il a été éjecté de sa voiture pour atterrir dans le champ d'à côté, faute d'avoir mis sa ceinture de sécurité. La Providence permit qu'une infirmière très compétente le suive ; elle vit son vol plané, s'arrêta net et courut à son secours. Grâce à son bon diagnostic, elle put diriger le travail des ambulanciers qui prirent un soin immense pour le bouger, car le moindre choc pouvait le paralyser à vie. En effet, elle avait réalisé que cet accidenté souffrait d'une grave commotion cérébrale due au choc et d'une fracture des cervicales. Si on bougeait sa tête un tant soit peu, il allait immédiatement mourir asphyxié. Il avait déjà perdu connaissance.

Comme le service des urgences le plus proche ne pouvait rien faire de plus que lui recoudre son scalp, les médecins décidèrent de le transporter par hélicoptère au grand hôpital de Wichita, au service de traumatologie, tout en déclarant qu'il ne survivrait sans doute pas au voyage. Ils évaluaient ses chances de survie à 15 %. C'était compter sans la grâce de Dieu ! Le père Steven fut remis entre les mains d'un neurochirurgien spécialisé dans le traitement des fractures des cervicales dont il souffrait, connues sous le nom de *fracture du pendu* ou *fracture de Hangman*. Il se retrouva donc immobilisé dans deux appareils pendant huit longs mois. Quatre vis avaient été fixées dans son crâne afin d'entourer sa tête, à hauteur de son front, d'une sorte de couronne en métal. De cette barre de métal partaient quatre tiges métalliques qui venaient se fixer sur un gilet qui maintenait tout son thorax. Ces deux appareils devaient maintenir son cou dans l'alignement de son thorax et empêcher tout mouvement de sa part afin que ses cervicales se réparent. Il n'avait jamais autant souffert de sa vie ! Les médecins pensaient qu'il resterait allongé sur le dos dans cette position le restant de sa vie, paralysé de la tête aux pieds. Mais le Seigneur avait d'autres plans !

Le soir de l'accident, un de ses paroissiens qui se trouvait justement à Fredonia dans le premier hôpital, voyant son curé dans cet état critique, sonna le clairon pour mettre toute sa paroisse en prière pour lui. L'église fut ouverte toute la nuit. Les fidèles savaient leur prêtre entre la vie et la mort et ils élevèrent vers Dieu une prière incessante. Le rosaire fut ainsi récité deux fois par jour à son intention. Même les églises protestantes, méthodistes et mennonites se mirent à prier intensément pour lui.

De retour à Fredonia, sa convalescence dura environ un an.

La mémoire lui revient

Un jour qu'il célébrait sa messe du matin comme de coutume, un phénomène totalement surnaturel le surprit. Il s'apprêtait à lire l'évangile du jour, un évangile qu'il connaissait par cœur, sur la parabole du figuier qui épuise le sol, dans Luc 13, 6-9. Il s'agit d'un propriétaire qui veut couper son figuier car, depuis trois ans, il ne donne aucun fruit. C'est l'intercession du jardinier qui le sauve de la destruction car il plaide pour une deuxième chance. Il promet de mettre du fumier pour redonner vie à l'arbre. À cet instant de la lecture, le père Steven a l'impression de se souvenir d'une conversation. Par ailleurs, la page du lectionnaire s'illumine, s'agrandit et se détache du livre pour venir vers lui. Saisi par l'émotion, il tente de finir sa messe aussi normalement que possible. Puis il se rend en hâte dans son presbytère, s'assied, avale d'un trait quatre tasses de café et cherche dans son esprit pourquoi cet évangile précis ramène à sa mémoire tant de souvenirs. Mais quels souvenirs ?

La lumière ne tarde pas à se faire dans son esprit. Avec une précision étonnante, il revit le moment de l'accident, lorsque, grièvement blessé et inconscient, il avait fait une expérience de mort imminente. Il s'était retrouvé aux portes de la mort.

Le cas du père Steven comporte un élément très rare : en effet, à cette heure cruciale du choix définitif, il put entendre l'incroyable dialogue entre le Seigneur Jésus et la Vierge Marie, sa Mère, à propos de son sort éternel. Il a conscience qu'il mérite l'enfer…

Mais laissons-le raconter !

« J'étais devant le Trône du Jugement ! Jésus Christ était le Juge. Je ne le voyais pas et je l'entendais à peine. Tout se passa en une fraction de seconde si l'on compare avec notre notion du temps ici-bas. Le Seigneur fit défiler toute ma vie devant moi et dévoila mes nombreux péchés commis par action et par omission. Ces péchés, non seulement je ne les avais pas confessés, mais je ne m'en étais même pas repenti. Dès lors, ils n'avaient pu être pardonnés. À chacune de ces offenses, devant l'évidence, je disais : "Oui, Seigneur !" En fait, prévoyant parfois ce moment de mon jugement personnel, j'avais déjà planifié tout un tas d'excuses à dire au Seigneur. Par exemple : "Eh bien, Seigneur, tu sais, cette paroissienne était vraiment pénible, elle faisait perdre patience à tout le monde !" Mais voilà, lorsque l'on s'adresse à la Vérité en personne, on n'a plus d'excuses et tout ce que l'on peut dire, c'est : "Oui, Seigneur !"

« Lorsque Jésus arriva à la fin de mon jugement, il me dit : "Ta sentence est l'enfer." Et là encore, je lui dis : "Oui, Seigneur, je sais !" C'était la seule conclusion logique à laquelle il pouvait aboutir. Cela ne me choqua pas. C'était comme si le Seigneur respectait et même honorait mes choix, mes décisions. J'avais ainsi moi-même choisi ma sentence. »

L'heure avait sonné pour le père Steven d'entrer dans son éternité. Face à cette immense lumière divine, il avait réalisé qu'il ne pouvait prétendre entrer au Ciel car, durant des années sur la terre, il avait opté pour les ténèbres. Ne vivait-il pas depuis longtemps, jour après jour, en état de péché mortel, lui, un prêtre ?

« C'est à ce moment-là, dit-il, après cette terrible sentence, que j'ai entendu une voix féminine :
– Fils, veux-tu bien épargner sa vie et son âme immortelle ?
J'entendis le Seigneur lui répondre :
– Mère, durant douze ans, il a été prêtre pour lui-même et non pour Moi. Qu'il récolte la peine qu'il mérite.
Elle lui répondit :
– Mais, Fils, si nous lui donnons des grâces et des forces spéciales, nous verrons alors s'il porte du fruit. Dans le cas contraire, que ta Volonté soit faite.
Il y eut alors une pause d'un court instant et j'entendis Jésus dire :
– Mère, il est à toi !
« Calé dans le fauteuil de mon presbytère, je suis bouleversé par cette mémoire qui me revient. Toutes les pièces du puzzle s'assemblent harmonieusement. Sauvé in extremis par ma Mère du Ciel, je suis devenu vraiment sien de manière naturelle et surnaturelle dans les années qui suivirent.
« Je n'en revenais pas… Comment avais-je pu vivre sans elle durant toutes ces années où elle était absente de mon existence et de ma vie spirituelle ! On me demande souvent : "Mais alors, vous deviez avoir une dévotion spéciale à la Mère de Dieu avant l'accident, pas étonnant qu'elle ait intercédé pour vous ?" À cela, je réponds : "Non, pas du tout !" Certes, étant petit, je rejoignais parfois ma mère le mercredi soir pour prier le rosaire avec elle, sans plus. Mais plus tard, bien que prêtre, ma foi dans les Anges, les Saints, la Mère de Dieu, était quasi nulle. OK, je croyais à leur existence, mais *dans ma tête*. C'était une connaissance intellectuelle et pas du tout avec le cœur. Pour moi, les Anges et les Saints étaient de gentils copains de jeux imaginaires. Mais ils n'étaient pas réels. C'est seulement par mon accident que j'ai découvert combien ils étaient réels.
« Il a fallu cet événement pour que je centre mon attention sur le Seigneur.

« Souvenez-vous du jour où Jésus mourut au calvaire. Marie, sa Mère, et Jean le disciple qu'il aimait se trouvaient au pied de la croix. Lorsque Jésus vit sa mère, il lui dit avec amour : *« Femme, voici ton fils »*, puis au disciple, il dit : *« Voici ta mère. »* C'est à ce moment précis que Jésus nous donna tous à sa Mère, comme ses fils et ses filles. Elle prend cela très au sérieux. Elle vient au secours de chacun et intercède pour lui comme elle intercéda pour moi, je n'avais rien d'exceptionnel. Depuis l'accident, j'ai appris une vérité très importante sur la Vierge Marie, sur le Père, le Fils et le Saint-Esprit. À tout ce que veut la Sainte Vierge – quoi que ce soit – ni Dieu le Père, ni le Fils, ni le Saint-Esprit ne peuvent résister. Il leur est impossible de lui dire non. »

Quelle puissance dans l'intercession de la Mère de Dieu en faveur de ses fils de prédilection ! Elle a obtenu au père Steven un billet de retour pour la terre ! Pour sa plus grande joie, une deuxième chance lui fut ainsi offerte !

Après son expérience de la vraie lumière dans l'au-delà, le père Steven devint un autre homme et changea radicalement la direction de sa vie. Dans son âme, la nuit fit place au jour.

Dieu s'incline devant notre liberté !

Récemment, j'ai pu lui poser quelques questions fondamentales.

– Père Steven, à peu de personnes, il est donné une deuxième chance après avoir connu un jugement particulier ; pourquoi cela vous est-il arrivé à vous ?

– J'ai compris que, grâce à l'accident, j'ai été sauvé de la mort physique et de la mort spirituelle pour deux raisons. Une : dire que l'enfer existe. Deux, tout aussi importante : dire que même les prêtres sont susceptibles d'y aller. J'ajoute une autre raison : que nous sommes tous censés garder les commandements de Dieu et que nous en sommes responsables.

« À notre époque, beaucoup de gens tendent à rejeter le fait que Dieu est juste. Ils pensent que, comme Dieu est amour, personne ne peut être puni pour l'éternité. Ceci est une idée fausse. Chacun de nous est appelé à garder les commandements de Dieu et à utiliser le sacrement de réconciliation pour le pardon de ses péchés. Si nous pensons que nous

ne péchons pas, nous ferions mieux de faire un examen de conscience bien complet. Lors de mon expérience, j'ai appris une vérité importante : ce n'est pas Dieu qui envoie quelqu'un au Ciel ou en enfer, nous choisissons nous-mêmes notre destinée éternelle. Dieu s'incline devant notre liberté. Cette décision vient de nous ; Dieu ne fait qu'honorer et confirmer notre propre choix, dans l'infini respect qu'Il a pour chacun de nous.
« Ce n'est pas parce qu'un prêtre est prêtre qu'il jouit d'une garantie pour le Ciel. Bien au contraire ! Un prêtre devrait être encore plus responsable que toute personne laïque de garder les commandements de Dieu. Il devrait représenter ce type de prêtre ordonné pour servir le peuple de Dieu et incarner Jésus-Christ. La Sainte Vierge Marie nous a demandé souvent de prier pour les prêtres et non pas de les critiquer. Maintenant plus que jamais, à notre époque, il est aisé de critiquer un prêtre ou un évêque quand nous sentons qu'il a quitté le chemin de l'orthodoxie de l'Église. »

Le père Steven m'a raconté que, parfois, il fait ce geste significatif : il retire son col romain devant les gens et déclare : « Ce petit morceau de plastique blanc que vous voyez n'est pas une garantie pour le Ciel ! » N'était-il pas passé à un cheveu de la perdition ?

Il change de vie

Le père Steven vivait auparavant en état de péché mortel, c'est clair. Je n'ai pas osé lui demander des détails sur les péchés commis. Qu'avait-il fait de si grave, en quoi avait-il brisé sa communion avec Dieu ? Il avoue volontiers qu'il ne priait pas et ne récitait jamais son bréviaire, alors que cela est un devoir quotidien pour tout prêtre. En effet, c'est dans la prière fidèle que le prêtre puise en Dieu la lumière et l'amour dont il a besoin pour exercer son ministère auprès du peuple de Dieu. C'est là qu'il recharge ses batteries. Sans la prière, que peut-il donner aux autres ? Par ailleurs, ce manque de prière entraînait chez lui un sommeil de la conscience. Il n'hésitait pas à pécher gravement et continuait toutefois à célébrer la sainte messe. Marthe Robin a confié au père Finet (son père spirituel) qu'elle voyait mystiquement tant de prêtres monter à l'autel en état de péché mortel, et elle en sanglotait de douleur. Il s'agit en effet d'un sacrilège extrêmement douloureux au Cœur du Christ, car accompli de la part de ses « choisis », de ceux qui devraient l'aimer de façon particulière et prendre soin de son troupeau.

Durant l'interview qu'il m'a accordée, j'ai trouvé un prêtre bien calé dans sa foi, à tel point qu'il m'était difficile de l'imaginer tiède et mondain avant son accident. Je lui demandai :

– Je suppose que maintenant, vous êtes très heureux d'être revenu en ce monde pour vivre enfin une véritable union avec le Seigneur ?

Sa réponse jaillit comme un cri :

– Oh ! mon Dieu, oui ! Mais ici, la terre... ce n'est pas notre vraie place, la vraie vie est après la mort. Ici, nous ne vivons que l'ombre de la vraie vie qui nous attend.

– Avez-vous vu Dieu ?

– Non, je ne l'ai pas vu. J'étais en état de péché mortel. Vous ne voyez pas Jésus quand vous êtes en état de péché mortel. En revanche, j'ai clairement entendu sa voix.

Afin de ne pas heurter son humilité, j'ai questionné à son sujet un couple d'amis américains très chers, Bill et Mabel, qui habitaient dans son diocèse. Je voulais être éclairée sur sa manière de vivre avant et après l'accident.

Mabel me confia :

« Un jour que je surfais sur le net, je suis tombée sur l'histoire de ce prêtre qui avait fait une expérience de mort imminente et à qui il fut donné une deuxième chance. Je fis tout pour le rencontrer. Dès notre première entrevue avec lui, voyant la lumière qui émanait de sa personne, Bill et moi lui avons demandé d'être notre accompagnateur spirituel. Dès lors, il nous a "embarqués" dans l'assemblée des *Marian Helpers* qui propose des messes quotidiennes pour ses membres. Les premiers vendredis du mois, il avait mis en place l'Adoration dans ses paroisses et il y participait lui-même. Il encourageait la dévotion mariale des premiers samedis du mois[35]. Parfois, dans notre désarroi de

35. Les cinq premiers samedis du mois : le soir du 10 décembre 1925, la jeune postulante Lucie de Fatima reçut la visite de la Vierge dans sa cellule et, à côté d'elle, porté par une nuée lumineuse, l'Enfant Jésus. La Vierge lui montra un Cœur entouré d'épines qu'elle tenait dans sa main. L'Enfant Jésus dit : « Aie compassion du Cœur de ta Très Sainte Mère entouré

ne pas savoir comment bien gérer une situation difficile, il nous disait : “Seul Dieu sait, et pour l'instant, Il ne nous parle pas !” Cette remarque nous a aidés à nous abandonner et à faire confiance à Dieu. »

« Avant son accident, nous a-t-il avoué, il recherchait avant tout à se faire aimer et apprécier de tout son entourage, de ses paroissiens et des autres prêtres. Il travaillait dur à cela. Il jouissait des avantages de sa qualité de prêtre sans avoir le moins du monde le souci des âmes. Déjà enfant, il avait pris l'habitude de parvenir à ses fins en prenant les religieuses de son école par les sentiments et le charme ; il leur disait qu'il voulait être prêtre, ce qui lui valait un traitement de faveur tout spécial de leur part. En un mot, il était déjà habile à se faire aimer et gâter.

« Adulte, il avait mis le monde et l'esprit du monde à la première place dans sa vie. Le regard et l'opinion des autres étaient primordiaux pour lui, ce qui le conduisait forcément à des compromis douteux. Comme prêtre, il sacrifiait le fait de plaire à Dieu à celui de plaire aux hommes. C'est cela qui a failli le perdre ! D'où la remarque du Christ à son égard : “Il était prêtre pour lui-même et non pour moi.” Une telle attitude explique aussi les ténèbres qui l'habitaient. Saint Jean ne le dit-il pas clairement ? *“Si quelqu'un aime le monde, l'amour du Père n'est pas en lui.”* (1 Jn 2, 15)[36]

« Après son accident, son premier souci fut de plaire à Dieu. Finis les funestes compromis ! Le père Steven est devenu un homme libre, délivré de l'esclavage du regard des autres. À temps et à contretemps, il n'hésite pas à proclamer la vérité de l'Évangile du Christ, quitte à être parfois un peu tranchant. Il prêche la vérité nue, sans maquillage. Que cela plaise ou non à son auditoire, peu importe ! Il est devenu son vaillant défenseur.

« Faire la Volonté de Dieu à tout prix, voilà ce qui désormais compte pour lui car il a touché la splendeur de cette volonté. Il a opéré un virage

---

des épines que les hommes ingrats lui enfoncent à tout moment, sans qu'il y ait personne pour faire acte de réparation afin de les en retirer. » Puis la Vierge lui dit : « Vois, ma fille, mon Cœur entouré d'épines que les hommes ingrats m'enfoncent à chaque instant par leurs blasphèmes et leurs ingratitudes. Toi, du moins, tâche de me consoler et dis que tous ceux qui, pendant cinq mois, le premier samedi, se confesseront, recevront la sainte Communion, réciteront un chapelet et me tiendront compagnie pendant quinze minutes en méditant sur les quinze mystères du Rosaire, en esprit de réparation, je promets de les assister à l'heure de la mort avec toutes les grâces nécessaires pour le salut de leur âme ».

36. *« Si quelqu'un aime le monde, l'amour du Père n'est pas en lui. »* (1 Jn 2, 15) Et aussi : *« Qui veut donc être ami du monde se rend ennemi de Dieu. »* (Jc 4, 4).

à 180° ! Son honnêteté et sa sincérité sont remarquables ! Pour lui, l'obéissance à Dieu et la fidélité à son rôle de berger des âmes sont essentielles.
« La Vierge lui est devenue très chère et il répète sans arrêt : "Jésus ne peut rien lui refuser !" Il rend les prières du premier samedi du mois très spéciales. Il a mis la sainte messe au centre de sa vie et il tient à la célébrer tous les jours, même lors de son jour de congé. »

Mabel ajoute :

« Beaucoup d'entre nous, originaires de Great Bend, faisions 50 kilomètres pour nous rendre à Bushton et assister à ses messes du premier samedi du mois car, dans notre diocèse de Dodge City, aucune messe n'était célébrée le samedi matin. Les jours de beau temps, pour nous accueillir, il se tenait dehors devant la porte de l'église, ou dans le vestibule si l'hiver était moins clément, et là, il proposait une onction d'huile à tous ceux d'entre nous qui avions plus de 65 ans, malades ou pas. Car, disait-il, nous encourions un plus grand risque de mourir de manière inattendue. Il est vrai que, pour lui, la mort subite n'avait plus de secret ! Il voulait nous favoriser de cette grâce de surcroît. Après la messe, le chapelet et les litanies de la Vierge étaient récités. Il était vêtu des plus beaux vêtements pour le jour de Notre Dame. Il veillait à mettre de très belles fleurs devant l'autel. Il portait un énorme chapelet avec une grosse croix, et celle-ci contenait une relique de la Vraie Croix. »

Une anecdote montre qu'il avait reçu certains charismes. Bill, le mari de Mabel, s'était déchiré le biceps. Une forte douleur irradiait dans tout son bras. Il consulta un de leurs amis médecins, le Dr Fleske, luthérien de confession, qui ne nourrissait aucune affection pour les catholiques, à l'exception de Bill et Mabel. L'opération de Bill avait été programmée et le père Steven s'était enquis de l'heure exacte où il allait être opéré. Il arriva à l'hôpital et resta assis près de Bill tandis que les infirmières s'affairaient auprès du malade pour les soins préopératoires. Après un dernier examen de Bill, le docteur Fleske ne cacha pas son peu d'espoir quant à la réussite de l'opération qu'il allait tenter. En un mot, l'ambiance n'était pas rassurante ! Puis l'heure arriva de diriger le brancard vers la salle d'opération, mais le père Steven l'arrêta et se mit à prier sur Bill, invitant Mabel et les personnes présentes à faire de même. Voyant cela, le docteur protestant tiqua et demanda à Mabel :

– Qu'est-ce que ce prêtre fait ici ?

– C'est un ami très cher venu nous apporter son soutien, répliqua Mabel.

Puis le père Steven regarda Mabel droit dans les yeux et lui affirma : « Ça va aller, tout va bien se passer pour Bill ! »

Entre l'examen préliminaire et l'intervention chirurgicale elle-même, le tout devait durer environ cinq heures. Dans la salle d'attente, pour juguler en elle l'intrusion de la peur, Mabel se répétait cette parole du père Steven : « Prie et fais confiance. » Trois heures plus tard, le chirurgien, rouge d'émotion et tout en nage, bondit hors de la salle d'opération et court vers Mabel en lui criant :

– « Mabel, j'ai réussi ! Je viens de réaliser l'opération de ma vie ! Je ne sais pas ce qui s'est passé là-dedans, mais j'ai réussi à attraper le muscle, à l'étirer, à l'agrafer et à le fixer avec deux vis. La réparation est solide. Je ne peux tout simplement pas y croire ! Avec une bonne rééducation, Bill devrait pouvoir retrouver une bonne épaule qui ne bouge plus ! Je sais que c'est l'intercession du père Steven qui nous a bénis d'un tel résultat. »

Le père Steven était doté d'un réel don de guérison qui se manifesta à bien d'autres reprises. Aujourd'hui, âgé de 69 ans, il réside dans une maison de retraite pour prêtres car il est très malade. Il est maintenu sous oxygène car il souffre d'une grave insuffisance cardiaque et sa vie ne tient qu'à un fil. On peut aisément deviner à quel point il désire voir de ses yeux sa chère Sainte Vierge et se jeter avec confiance dans les bras de Jésus, son Roi de Miséricorde !

Grâce à Mabel, j'ai eu la joie de connaître ce prêtre qui, par son témoignage, corrobore ce que l'Église comme les mystiques nous ont toujours enseigné : Dieu est amour et miséricorde, il ne met personne en enfer ; il a envoyé son Fils Jésus pour proposer la vie éternelle à tous ses enfants. : *« Dieu veut que tous les hommes soient sauvés. »* (1 Tm 2, 4) Nous choisissons nous-mêmes notre destinée éternelle par les décisions que nous prenons au jour le jour, durant notre vie. Nos petits *oui* préparent notre grand OUI final et nos petits *non* notre grand NON final, car l'arbre tombe du côté où il penche. Ne nous méprenons pas, si la Vierge Marie a intercédé avec puissance auprès de son Fils, c'est Lui-même, son Fils, qui lui a inspiré cette prière pour avoir une fois de plus la joie d'exaucer sa Mère et de sauver cette âme.

Difficile d'aller en enfer ?

Ce témoignage saisissant du père Steven rejoint d'une certaine façon celui de Gloria Polo. Tous deux se sont trouvés aux portes de l'enfer et ont reçu une seconde chance. D'aucuns pourraient se demander si Dieu se satisfait de ce que justice soit faite, à la manière de la justice humaine, à un pécheur qui ne s'est pas repenti. Nous nous représentons parfois l'âme qui se damne comme suppliant désespérément le Seigneur de ne pas l'envoyer en enfer. C'est tout l'inverse ! C'est Dieu qui, jusqu'à l'extrême limite, supplie l'âme de consentir à sa Miséricorde et d'avoir un sursaut de confiance en elle, de sorte que cette âme puisse être définitivement sauvée.

Laissez-moi citer ici un dialogue poignant entre Jésus et le petit Vietnamien Marcel Van, Serviteur de Dieu[37], qui nous montre à quel point Dieu a soif de notre inébranlable confiance en sa miséricorde.

> « *Jésus* : Si les hommes pouvaient comprendre que l'Amour les aime infiniment, il n'y a pas une âme qui tomberait en enfer. Vraiment, le démon n'a aucun pouvoir pour arracher une âme de mes mains ; tout ce qu'il peut faire, c'est amener les hommes à tomber dans le péché. Cependant, si une âme n'a plus confiance en mon amour infini, alors naturellement, il est très facile au démon de s'emparer de cette âme.
> « Hélas ! Marcel, y a-t-il pour l'Amour une douleur comparable à celle de perdre une âme ? Naturellement, l'Amour étant infini, il aime aussi d'un Amour infini. Mais cette infinité de l'Amour ne peut étreindre fortement que les cœurs où se trouve une vraie confiance. Sans cette vraie confiance, l'Amour infini n'ayant plus rien qui lui permette d'adhérer à l'âme, comment pourrait-il encore la retenir ?
>
> « Ô âmes pécheresses, mes petites sœurs, la seule chose que je vous demande, et qui suffit pour que je vous presse sur mon cœur débordant d'amour, c'est que vous croyiez vraiment que l'Amour vous aime

37. La cause de béatification du Serviteur de Dieu Marcel Van, du Viet Nam, est ouverte. Voir l'association *Les amis de Van* : www.amisdevan.org

infiniment. Malheureuses petites sœurs, croyez-vous que j'ignore combien vous êtes misérables ? Même si votre misère est infinie, vous devez croire quand même que mes mérites sont aussi infinis et infinis. Même si vos péchés vous ont mérité l'enfer un nombre infini de fois, vous ne devez pas pour autant perdre confiance en mon Amour... Mais hélas ! Le malheur est que les hommes n'ont pas confiance en mon Amour. Oh le péché ! Le péché ! Jamais le péché n'offense mon Amour ; il n'y a absolument rien qui offense mon Amour, si ce n'est le manque de confiance en mon Amour...

« Marcel ! Marcel ! Ô petit frère, prie pour que les âmes pécheresses, si nombreuses, ne perdent jamais confiance en mon Amour. Tant qu'elles gardent cette confiance, le Royaume des Cieux ne cesse de leur appartenir vraiment...

« *Marcel* : Mais, Petit Jésus, si les hommes continuent à pécher de propos délibéré, qu'arrivera-t-il ? Est-ce que tu leur donneras encore le paradis ?

« *Jésus* : Petit frère, tu ne sais donc pas que je connais l'extrême faiblesse de l'homme ! Même si les hommes m'offensent délibérément et aussi gravement que tu puisses le supposer, leur péché n'est rien en comparaison d'une ombre de l'Amour... L'Amour est infini et infini, dis-le bien aux hommes ; oui, infini et infini. Ayez confiance en moi et, jamais, éternellement jamais, vous ne serez séparés de moi. Même le démon doit désespérer d'une âme en qui se trouve encore le mot « confiance » [...]. Plus tard, au Ciel, on sera certainement très surpris de voir au rang des saints et des saintes un grand nombre d'âmes que l'on croyait damnées...

« L'Amour aime infiniment, il est infiniment juste. C'est parce qu'il est infiniment juste qu'il aime infiniment, et c'est parce qu'il aime infiniment qu'il est infiniment juste... Il suffit d'un simple regard de confiance jeté sur moi pour arracher les âmes pécheresses des griffes du démon. Même si une âme se trouvait déjà à la porte de l'enfer, attendant son dernier soupir pour y tomber, si dans ce dernier soupir il y a le moindre degré de confiance en mon Amour infini, cela sera encore suffisant pour que mon Amour attire cette âme dans les bras de la Trinité ; c'est pourquoi je dis qu'il peut être très facile pour les hommes de monter au Ciel, tandis qu'il peut leur être très difficile et même infiniment difficile de tomber en enfer ; car jamais l'Amour ne peut souffrir qu'une âme se perde si facilement.

« Cependant, petit frère, ces paroles ne doivent pas être manifestées à toutes les âmes indistinctement ; il faut le faire avec prudence, de peur que certaines âmes, sachant cela, ne s'endurcissent dans le mal… Pour ensuite perdre confiance en moi et n'avoir plus aucune confiance[38]. »

Cette dernière phrase est de toute première importance : le péché, tout pardonnable qu'il soit par Dieu, nous aveugle progressivement sur la bonté du Seigneur. Il nous enténèbre, à l'instar du père Steven qui ne croyait plus en la miséricorde et qui ne l'a même pas demandée durant sa rencontre avec Jésus ! Ah, si Marie n'avait pas été là… Mais elle était là et elle le sera pour nous tous !

Un de mes amis, très proche de Dieu, me fit cette confidence : après avoir commis un péché, il était plongé dans une profonde douleur et il s'en voulait beaucoup d'avoir blessé le Christ. C'est alors que, dans son cœur, il entendit ces paroles : « Ton péché ? Regarde ma chair couverte de blessures. Tu m'as confessé ton péché, alors le passé n'existe plus, tes péchés sont dans mes plaies et non plus sur toi ! »

38. Extraits du livre : MARCEL VAN, *Colloques*, § 646-650, Éditions Saint-Paul/Éditions religieuses.

31

Hiroshima ou les victoires du Rosaire

Hirochima après l'explosion de la bombe

Nous sommes le 6 août 1945, il est 9 h 15, un champignon géant s'élève au-dessus de la ville d'Hiroshima au Japon. En deux minutes, il atteint 10 000 mètres d'altitude et rien ne résiste à sa dévastation. Dans un rayon de trois kilomètres, environ 10 000 immeubles sont détruits par le souffle de l'explosion et 50 000 par les incendies. Des milliers de victimes meurent instantanément dans un diamètre de 1 200 mètres du point d'impact de l'explosion. Au-delà de ce cercle, les soldats japonais chargés de ramasser les victimes meurent les uns après les autres en quelques semaines à cause des radiations.

Toutefois, à quelque cent mètres du centre de l'explosion, une maison reste debout comme si elle n'avait pas été concernée par la bombe. Pourtant, c'est une construction japonaise typique, faite de matériaux légers, qui aurait dû être soufflée en un clin d'œil. Que s'est-il passé ?

Cette maison n'était autre que le presbytère de plusieurs missionnaires jésuites allemands. L'un d'eux, le père Hubert Schiffer, donna un témoignage bouleversant lors du grand Congrès Eucharistique de Philadelphie en juillet 1976 auquel j'ai pu assister avec Pierre Goursat et quelques membres de la communauté de l'Emmanuel. Aucun des autres Jésuites qui vivaient avec lui ne fut affecté par la bombe et ils furent épargnés de toute contamination radioactive. Ils sont sortis du drame, non seulement vivants, mais en parfaite santé. Ils sont morts âgés, de nombreuses années plus tard. Le père Schiffer avait trente ans lorsque la bombe éclata. Il vécut encore trente-trois ans en bonne santé, avant de mourir à Francfort en 1982.

Des experts se sont longtemps penchés sur cette énigme, investiguant à l'aide des meilleurs appareils et recherchant avec passion les moindres indices d'une force cachée dans la construction. Comment cette maison avait-elle pu résister à un tel cataclysme ? Par ailleurs, les Jésuites eux-mêmes durent se faire examiner par plus de 200 scientifiques et spécialistes. Leur conclusion restait la même : surpris de ne voir en eux aucun effet de la radioactivité, ils ne comprenaient pas comment ces hommes avaient pu survivre au milieu de cette hécatombe où tous les autres êtres vivants avaient péri, par dizaines de milliers.

Si la science calait et déclarait forfait, les Jésuites, eux, détenaient la clef de l'énigme. Ils expliquèrent que c'était grâce à la prière quotidienne du rosaire récitée ensemble qu'ils avaient été miraculeusement protégés. Le père Schiffer dira plus tard :

> « Les scientifiques n'ont rien compris, ils n'ont pas cru à notre explication lorsque nous leur avons dit que nous vivions le message de Fatima, notamment que nous avions prié chaque jour le rosaire ensemble dans cette maison. »

La Reine du Rosaire avait tenu sa promesse. Au cours de la Première Guerre mondiale, le 13 mai 1917, n'avait-elle pas dit aux trois petits bergers de Fatima :

« Récitez le Rosaire chaque jour pour obtenir la paix pour le monde et la fin de la guerre. »

Un fait analogue se produisit à Nagasaki. Avant la Deuxième Guerre mondiale, le père Maximilien Kolbe, franciscain, avait prévu de construire au Japon un couvent pour l'Immaculée. Lorsqu'il dit à ses supérieurs qu'il voulait établir ce couvent derrière une petite colline surplombant Nagasaki, ceux-ci se moquèrent de lui ainsi que les gens du pays et ils voulurent l'en empêcher car il n'y avait là ni eau ni électricité et le lieu était des plus incommodes. Pourquoi ne pas l'établir en ville et disposer ainsi des équipements urbains ? Le père Kolbe, inspiré par la Vierge, pria avec force et attendit que ses supérieurs changent d'avis. Il obtint gain de cause et construisit son couvent pour l'Immaculée sur la fameuse colline. Là aussi, dans ce couvent, les frères priaient quotidiennement le rosaire ensemble. Ils étaient à mille lieues d'imaginer ce qui allait se passer presque sous leurs yeux ! Trois jours après le bombardement d'Hiroshima, la bombe H « Fatman » fut larguée sur Nagasaki le 9 août 1945 et épargna miraculeusement le couvent. La petite colline l'avait protégé alors que 80 % de la ville furent détruits.

La Sainte Vierge répète sans cesse que la paix viendra seulement par notre retour à Dieu grâce à la prière, particulièrement celle du rosaire. Elle tient toujours ses promesses envers ceux qui se confient en elle ! Retenons alors celle qu'elle a faite à saint Dominique et au bienheureux Alain de la Roche : « Celui qui se confie en moi par le Rosaire ne périra pas. Et encore : « Ceux qui propageront mon Rosaire seront secourus par moi dans toutes leurs nécessités. » Les faits parlent souvent plus que les mots ! Des livres entiers ne pourraient contenir les témoignages de faveurs et de miracles survenus par la prière du Rosaire !

Voici une de ces faveurs récentes : aux USA, notre amie Linda avait des enfants en cours primaire. Des livres New Age, qui faisaient la promotion de la sorcellerie, avaient été introduits dans le programme de leur école. Mary et Linda ont décidé de se mettre au premier rang lors de la réunion de parents d'élèves avec les enseignants et de prier simplement le Rosaire en silence. C'est alors qu'elles ont vu les intervenants, qui faisaient la promotion des livres parlant de sorcellerie, commencer à bafouiller au microphone. L'un après l'autre, ils ont dû aller s'asseoir. Les enfants étaient protégés !

« Donnez-moi une armée qui récite le chapelet et je ferai la conquête du monde ! » dit saint Pie X. Et Adrien VI : « Le Rosaire est le fouet des démons. »

La valeur de notre rosaire, comme celle de toute prière, ne dépend pas des sentiments que nous éprouvons. Elle dépend plutôt de notre bonne volonté et de notre ferme décision de prendre ce temps pour Dieu et nous rapprocher de lui. Le reste… Dieu s'en charge ! Jésus dit un jour à sœur Faustine qui s'attristait d'avoir eu de fortes distractions dans sa prière :

> « Lorsque tu sens la consolation dans la prière, c'est Moi qui te console. Lorsque tu sens de la sécheresse, c'est toi qui Me consoles ! »

Le prophète de la Vierge Marie

Toutes sortes de prophètes s'expriment sur l'avenir, mais il en est un que je souhaite citer ici car il est canonisé : saint Louis-Marie Grignion de Montfort (1673-1716). Curieusement, sa prophétie résonne avec justesse sur notre situation présente, ne serait-ce qu'en Europe.

> « Jésus-Christ viendra, comme toute l'Église l'attend, pour régner partout, à l'époque et de la manière dont les hommes s'attendent le moins. »
> « À la fin des temps, plus rapidement qu'on ne le pense, Dieu suscitera de grands Saints pour établir le règne de son Fils sur le monde corrompu, par le moyen de la dévotion à la Très Sainte Vierge. »
> « Dans les derniers temps, le pouvoir de Marie se manifestera à tous. Elle étendra le Royaume du Christ **jusque chez les Mahométans**. »
> « Marie doit éclater, plus que jamais en miséricorde, en force et en grâce dans les derniers temps… »
> « Les amis du monde persécuteront plus que jamais ceux et celles qui appartiennent à la très Sainte Vierge. Mais l'humble Marie aura toujours la victoire… »
> « Le pouvoir de Marie éclatera sur tous les démons particulièrement dans les derniers temps. »

Extraits du livre *« Le Secret de Marie »*

Sœur Lucia de Fatima s'exprime

La petite bergère de Fatima, devenue sœur Lucie au Carmel de Coïmbra au Portugal, est repartie dans la Maison du Père trois mois avant Jean-Paul II en 2005. Elle a laissé des écrits très forts sur le Rosaire, car même après les six apparitions de 1917 avec ses cousins, elle a continué à rencontrer la Vierge et à recevoir d'elle des lumières sur l'Église et sur notre temps. Ne l'oublions pas, c'est à ces petits pâtres sans instruction que la Vierge a confié la plus belle prophétie la concernant : « À la fin, mon Cœur immaculé triomphera. » Marie n'a pas précisé à la fin de quoi ?! Mais ces lettres sur le Rosaire nous éclairent : elles nous rappellent que la victoire de l'amour se gagne avec les moyens les plus simples, et que l'ennemi se laisse vaincre par ceux qui prient comme des enfants.

À Fatima, la Vierge recommandait le Rosaire « pour arrêter la guerre ». Mais cent ans après, pourquoi l'avons-nous délaissée ? Pourquoi avons-nous permis à l'ennemi de supprimer de nos familles et de nos églises cette pratique qui le gêne tellement ?

En 1957, sœur Lucia écrivait au père Fuentes :

« La Très Sainte Vierge Marie a voulu donner, en ces derniers temps que nous vivons, une efficacité nouvelle à la récitation du Saint Rosaire. Elle a tellement renforcé son efficacité qu'il n'existe aucun problème, si difficile soit-il, temporel ou, surtout, spirituel, dans chacune de nos vies privées ou dans nos familles, que ce soient des familles qui vivent dans le monde ou des communautés religieuses, ou même dans la vie des peuples ou des nations, qui ne puisse être résolu par la prière du Saint Rosaire. Il n'y a pas de problème, dis-je, si difficile soit-il, qui ne puisse être résolu. Avec le Saint Rosaire, nous nous sauverons, nous nous sanctifierons, nous consolerons Notre Seigneur et nous obtiendrons le salut de beaucoup d'âmes. »

En 1970, à l'une de ses sœurs, sœur Lucia écrit :

« Le Rosaire est l'oraison des pauvres et des riches, des savants et des ignorants ; enlever cette dévotion aux âmes serait comme leur enlever le pain spirituel de chaque jour. Le Rosaire alimente la petite flamme de la foi qui n'est pas totalement éteinte dans beaucoup de consciences. Pour les âmes qui prient sans méditer, le simple fait de prendre le chapelet pour prier permet déjà de se souvenir de Dieu et du surnaturel. Le simple rappel des mystères de chaque dizaine entretient dans les âmes la mèche encore fumante. C'est pour cette raison que le démon lui a déclaré une telle guerre ! Le pire est qu'il a réussi à tromper et à induire en erreur des âmes qui avaient de grandes responsabilités dans la charge qu'elles occupaient... Ce sont des aveugles qui guident d'autres aveugles... »

À toutes les Communautés mariales du monde, sœur Lucie écrivit en octobre 2001 :

« La Sainte Vierge nous exhorte à réciter le Rosaire avec plus grande foi, plus de ferveur, en contemplant les mystères joyeux, douloureux et glorieux de son Fils qui a voulu l'associer au mystère de notre Rédemption... Quand vous égrainez le Rosaire dans vos mains, alors les Anges et les Saints s'unissent à vous. C'est pourquoi je vous exhorte à le réciter avec un grand recueillement, avec foi, en méditant avec une profonde piété le sens des mystères. Récitez-le en privé ou en communauté, à la maison ou dehors, dans l'église ou dans la rue, avec simplicité de cœur, en suivant pas à pas le cheminement de la Vierge avec son Fils. Récitez-le toujours avec une foi vive pour ceux qui naissent, ceux qui souffrent, ceux qui travaillent et ceux qui meurent. Récitez-le en union avec tous les justes de la terre et avec toutes les Communautés mariales, mais, surtout, AVEC LA SIMPLICITÉ DES PETITS, dont la voix s'unit à celle des Anges. Aujourd'hui comme jamais, le monde a besoin de votre Rosaire... Bien souvent, la récitation d'un seul rosaire a apaisé la colère de la Justice divine, et obtenu pour le monde la miséricorde divine et le salut de tant d'âmes[39]. »

Un des miracles les plus étonnants survenu en France par la prière du Rosaire est celui obtenu par la voyante Jacqueline Aubry, de l'Île

39. Le 10 décembre 1925, la Sainte Vierge apparut à Lucie de Fatima, et à côté d'elle, suspendu sur une nuée lumineuse, l'Enfant Jésus. La Très Sainte Vierge mit sa main sur l'épaule de Lucie et lui montra, en même temps, un Cœur entouré d'épines qu'elle tenait dans l'autre main. Ensuite, la Très Sainte Vierge lui dit : « Vois, ma fille, mon Cœur entouré d'épines, que les hommes ingrats lui enfoncent à tout moment, par leurs blasphèmes et ingratitudes. Toi, du moins, tâche de me consoler, et dis que tous ceux qui, pendant cinq mois, le premier samedi, se confesseront, recevront la Sainte Communion, réciteront un chapelet et me tiendront compagnie pendant quinze minutes en méditant sur les quinze mystères du Rosaire, avec l'intention de me faire réparation, je promets de les assister à l'heure de la mort avec toutes les grâces nécessaires pour le salut de leur âme ».

Bouchard[40]. Depuis l'apparition qu'elle eut à l'âge de onze ans en 1947 de « Notre Dame de la prière » (reconnue par l'Église), elle priait beaucoup pour la France. Sur une inspiration du Saint-Esprit, elle intercédait particulièrement pour Georges Marchais, le leader du parti communiste de 1972 à 1994 et député de 1973 à 1997 et elle lui écrivit une lettre privée. Celui-ci se mourait d'un cancer. Le résultat ne se fit pas attendre : avant de mourir le 16 novembre 1997, Georges Marchais reçut une lumière intérieure et il se convertit sur-le-champ. Il demanda à se confesser et à recevoir la sainte communion.

> « Donnez-moi une armée qui récite le chapelet et je ferai la conquête du monde ! » (Saint Pie X)

Le père Manteau Bonamy, o.p. (1916-1999), grand expert marial et ami de Medjugorje, écrivait : « La maternité divine a revêtu la Sainte Vierge d'une grandeur qui ne peut avoir d'égal ni sur la terre, ni dans le Ciel. Elle lui donne, par participation, la puissance que Dieu a par nature, et on peut dire d'elle qu'il ne se passe rien au Ciel et sur la terre sans qu'elle n'intervienne. La maternité divine a donné à la Sainte Vierge, dans ses rapports avec nous, la tendresse bienfaisante d'une mère, l'autorité incomparable d'une reine. Marie, Mère de Dieu, Marie, Reine d'amour, participe à la médiation du Christ et à toutes les grâces que le Christ nous a acquises. Elle a mérité d'en devenir la distributrice. C'est elle qui distribue tous les dons, toutes les vertus, toutes les grâces à qui elle veut, quand elle veut, de la manière et dans la mesure qu'elle veut[41]. »

Le 2 décembre 2016, à Medjugorje, la Vierge dit : « Chers enfants, mon cœur maternel pleure lorsque je regarde ce que font mes enfants. Les péchés se multiplient ; la pureté de l'âme est de moindre importance ; mon Fils est oublié, de moins en moins honoré, et mes enfants sont persécutés… C'est pourquoi, chers enfants, **revenez à**

40. Le 8 décembre 1947, la Vierge apparut à quatre petites filles, Jacqueline, Jeannette, Nicole et Laura, et elle demanda de « prier pour la France ». En effet, après la Deuxième Guerre mondiale, le pays était au bord de la guerre civile et les communistes prêts à prendre le pouvoir. La prière des enfants et de toute cette paroisse fit échouer le plan ennemi. Jacqueline s'éteignit le 15 mars 2016 après une belle vie de témoin. Le 8 décembre 2001, Mgr Vingt-Trois, archevêque de Tours, autorisa les pèlerinages et le culte public célébré en l'église paroissiale Saint-Gilles de l'Ile-Bouchard pour invoquer Notre-Dame de la Prière.

41. Extraits du livre : Père Manteau-Bonamy, o.p., *Marthe Robin sous la conduite de Marie*, éd. Saint-Paul.

la prière du Rosaire. Priez le Rosaire avec des sentiments de bonté, de sacrifice et de miséricorde. Priez non seulement avec des mots, mais avec des actes de miséricorde. Priez avec amour pour tous les hommes ! »

32

Je veux voir Maïti !

Les doigts de Maïti courent sur le piano avec maestria, une magnifique mélodie s'élève de ces touches, l'effet est quasi magique. C'est son premier concert, elle a douze ans. Une carrière des plus brillantes s'ouvre à elle. Maïti en est certaine, elle sera pianiste, la musique sera sa vie !

Maïti Girtanner naît en 1922 en Suisse allemande dans une grande famille catholique ayant des origines germaniques. Dans les années trente, on y perçoit déjà avec inquiétude la montée du Nazisme. À la mort de son père, comme sa mère est française, Maïti vient habiter à l'âge de trois ans en région parisienne. C'est là qu'elle entreprend avec brio des études au Conservatoire de Musique de Paris et devient peu à peu une pianiste de talent. La petite fille a déjà une relation d'intimité avec le Christ et elle rêve de le faire connaître par le piano. « J'avais compris que la vérité était une personne, Jésus Christ, et cela me brûlait de transmettre et de proclamer cette vérité. » Lorsque la France est envahie par l'Armée allemande en 1940, la famille vient se réfugier dans sa maison de vacances à Bonnes près de Poitiers, tout près de la ligne de démarcation qui sépare la France libre de la France occupée par les Allemands.

Choquée par les exactions des Nazis et dotée d'un caractère un peu frondeur, Maïti entre très rapidement dans la Résistance et fonde son propre réseau. Elle a tout juste dix-huit ans. Dans son petit groupe de résistants, elle rassemble surtout des étudiants totalement insoupçonnables. Ils aident des soldats, des familles juives, des Anglais, toutes sortes de clandestins, à fuir en zone libre. Ils parcourent des kilomètres à bicyclette pour passer des informations et fabriquent de faux papiers. Devant les graves dangers que ces actions leur font encourir, beaucoup ont peur. Maïti aussi a peur, mais elle les encourage fermement : « Vous croyez en Dieu ? Alors, priez-le et avancez ! » Sa foi et sa détermination abolissent toute limite. Rien ne l'arrête dans sa lancée. Malgré sa jeunesse, elle est décidée à aller jusqu'au bout. Plus tard, elle se demandera : « Jusqu'où va mon jusqu'au bout ? » Il l'emmènera beaucoup plus loin qu'elle ne l'aurait soupçonné.

Lorsqu'en 1943, avec l'avancée des Allemands en zone libre, la ligne de démarcation est supprimée, Maïti décide de partir seule à Paris pour y poursuivre ses activités dans la Résistance. Elle a vingt et un ans !

Là, elle continue à aider des amis à obtenir des papiers, à faire libérer des camarades arrêtés par la Gestapo… Elle utilise toujours ses « armes » : sa maîtrise de la langue allemande et son art d'amadouer. Elle va même jusqu'à accepter de jouer du piano devant des officiers nazis. Elle se lie notamment avec un général mélomane qui l'apprécie beaucoup et lui fait entièrement confiance.

C'est l'heure du cauchemar

Fin 1943, elle est arrêtée par hasard lors d'une rafle dans la capitale. Pour Maïti, c'est le début de l'horreur. Trouvant son nom sur la liste des personnes raflées, le général s'indigne. « Relâchez-moi immédiatement cette jeune fille, c'est notre petite pianiste. » Hélas, on lui prouve sans contestation possible son implication dans la Résistance. Ses activités ont été découvertes. Le Général est fou de colère d'avoir été berné par cette gamine. Il décide de lui infliger une punition exemplaire. Maïti est alors transférée avec dix-neuf autres résistants, hommes et femmes, dans un lieu secret de représailles d'où personne ne ressort vivant. Là, des *médecins bourreaux* s'acharnent à infliger le plus de dommages possibles à leurs victimes.

Maïti est confiée à un homme, il s'appelle Léo. Pendant des jours, sans répit, ce médecin la frappe avec un sadisme et une précision diaboliques. Les coups provoquent de multiples atteintes à la moelle épinière qui vont détruire son système nerveux sensitif. Son bourreau va l'enfermer pour toujours dans des douleurs insupportables. Avec ses compagnons, Maïti n'a qu'une certitude, elle va mourir.

En février 1944, après une nouvelle série de tortures, elle est laissée pour morte. Elle sera libérée et sauvée in extremis, mais elle en gardera des séquelles irréversibles. Il lui faudra huit années d'hôpital et de soins avant d'être remise debout. Mais la souffrance ne la quittera jamais. Tout ce bel avenir qui s'ouvrait à elle s'était écroulé, elle ne serait jamais pianiste. « C'en était fini, racontera-t-elle. Ce renoncement fut terrible à accepter. Durant des années, entendre jouer du piano me faisait pleurer de rage et de regret. » Maïti doit même renoncer à se marier et à fonder une famille.

> « Mais pour autant, dit-elle, je n'en voulais à personne. Cela, de toute façon, n'aurait servi à rien et ne m'aurait pas rendu mes doigts. À aucun moment, je n'ai transformé ma peine en haine, ni nourri de ressentiment personnel contre ce Léo et ses bourreaux. »

Si elle n'en veut pas à ses bourreaux, Maïti n'en veut pas non plus à Dieu :

> « Quand j'ai découvert cette relation de personne à personne avec Jésus, j'ai découvert que Dieu n'avait pas voulu que je fasse ce chemin de souffrance et d'horreur. J'ai compris qu'au cœur de cette souffrance, il me rejoignait presque physiquement par sa présence, sa proximité. Il me rejoignait dans un mal que les hommes étaient tout à fait capables de créer eux-mêmes. Dieu n'a pas voulu ce mal pour qu'au bout du compte, je me raccroche à lui. Dieu m'a rejointe dans un mal affreux, perpétré par les hommes, pour m'aider à m'en sortir et à me reconstruire d'abord, puis apporter, avec mon consentement, quelque chose aux autres. »

Malgré sa foi profonde, Maïti avoue : « Je n'en étais certes pas à l'idée de pardon. Là aussi, c'est un long chemin. » Pendant quarante ans, tous les jours, sans relâche, Maïti prie pour Léo. Elle le porte dans sa prière. Elle dira : « J'ai toujours pensé que le malheur était plus du côté du bourreau que du côté de la victime. L'homme n'est pas cruel de nature. »

Quarante ans plus tard, Léo lui téléphone

Il lui faut en effet se reconstruire et surtout consentir à son nouvel état. « Ce que je n'étais plus, je devais accepter de le donner pleinement. » Elle devient répétitrice de philosophie, passe son permis de conduire, approfondit sa foi chrétienne qui l'aide à trouver un nouveau sens à sa vie : se donner, toujours, grandir dans l'amour. Elle y parvient, non à la force du poignet, mais en invoquant l'aide de la grâce.

Est-ce la grâce qui permit ainsi cette rencontre inimaginable avec Léo, quarante ans plus tard ? Maïti le croit. « Très vite, j'ai eu le désir fou de pouvoir pardonner à cet homme. » Mais il fallait laisser faire la grâce.

C'est lui qui l'appelle un jour de 1984. Oui, cet homme qui l'a détruite resurgit. Il dit qu'il est à Paris et veut la rencontrer. Maïti est bouleversée, elle n'a rien préparé ni rien projeté. Elle ne sait même pas si elle lui a vraiment pardonné. Elle dit oui, elle va tâcher d'être à la hauteur, comme elle a toujours fait. Cette rencontre, elle l'a racontée elle-même à la télévision[42]...

Il vient la trouver alors qu'il est sur le point de mourir. Nous sommes en 1984. Léo est devenu un vieil homme de 72 ans terrorisé par la mort. Son médecin ne lui donne plus que quelques semaines à vivre. Est-ce la prière de Maïti ? Léo ressent un besoin qu'il ne s'explique pas : retrouver cette petite jeune fille qu'il avait quittée mourante sous la torture en 1944. Maïti, comme les autres, aurait dû succomber quelques heures plus tard. Mais l'ancien SS n'y pense même pas, comme si, intuitivement, il la savait encore vivante. Lorsqu'ils se sont connus, Léo avait vingt-six ans. Maïti lui avait demandé comment il en était arrivé là. Pris par les Jeunesses hitlériennes à l'âge de huit ans, il avait été arraché à sa famille, puis, comme tous les autres, avait subi un lavage de cerveau pour devenir un médecin bourreau, un criminel de guerre. Il avait été personnellement choisi par Himmler et en tirait beaucoup de fierté.

Léo se souvient de l'avoir entendue parler de Dieu à ses camarades, les dix-huit autres résistants enfermés avec elle dans une toute petite pièce où il venait les chercher à tour de rôle pour les torturer.

42. Témoignage direct de Maïti dans l'émission « Le Jour du Seigneur ».

Elle leur parlait de cet Amour qui les attend après la mort. Ceux qui n'étaient pas morts étaient ramenés mourants dans le réduit et Maïti les aidait à mourir. Léo avait tout entendu et il s'en est souvenu. À l'heure où la mort s'approche, une sourde appréhension s'empare de lui et il désire en avoir le cœur net. Existe-t-il quelque chose après la mort, ou vais-je tomber dans un trou noir ?

Dans un premier temps, Léo ne veut revoir Maïti que pour cela : être rassuré. Il la retrouve dans son appartement parisien et c'est la première chose qu'il lui dit : « Je viens vous parler de la mort, c'est urgent ! » La discussion va durer près de deux heures. Maïti lui parle de la mort, lui affirmant que Dieu nous attend tous les bras ouverts, y compris les plus grands pécheurs, s'ils se repentent. À ces mots, Léo voit remonter à la surface les souvenirs des atrocités qu'il a commises. L'idée du pardon commence à germer dans son esprit. Son visage se métamorphose soudainement. Jusqu'alors, sa vision de la mort était celle d'un rideau de fer qui tombe brutalement et derrière lequel il aurait été enfermé éternellement, sans plus aucune possibilité de communiquer avec qui que ce soit. Maïti lui explique que la torture la plus grande dans cet enfer, c'est l'absence de communication avec Dieu, l'absence de Dieu. Maïti voit peu à peu grandir dans ses yeux la flamme du pardon.

Au bout d'une heure, Léo décroise ses jambes, se redresse dans son fauteuil, baisse la tête et demande à Maïti avec une grande humilité, comme un enfant perdu :

– « Qu'est-ce que je peux faire ? »

Ça y est, la grâce vient de passer ! Alors, Maïti lui parle de Dieu et de l'Amour.

– « Parlez à Dieu, balbutiez, Dieu habite toutes ses créatures, même les plus enténébrées. Maintenant, vous n'avez plus à vivre que d'amour puisque vous n'avez plus que quelques semaines à vivre. Vous devez prendre les moyens et n'être qu'amour pour les autres. »

– « Je ne peux pas, lui répond Léo, j'ai coupé tous les liens avec ma famille et aucun ne sait ce que j'ai vécu, tout le monde ignore que j'étais un bourreau. Je me suis fait de nouveaux amis, je suis devenu maire de ma ville, je suis un bon citoyen, un ami remarquable, estimé de tous. »

L'idée fera néanmoins son chemin.

Léo et Maïti viennent de vivre des instants inoubliables. Mais le plus beau fruit, l'impensable, reste à venir : « Au moment de partir, raconte Maïti, Léo était debout à la tête de mon lit. Un mouvement irrépressible m'a soulevée de mes oreillers alors que cela me faisait très mal, et je l'ai embrassé pour le déposer dans le cœur de Dieu. Et lui m'a dit tout bas : "Pardon." C'était le baiser de paix qu'il était venu chercher. À partir de ce moment-là, j'ai su que j'avais pardonné. »

Léo vit un tremblement de terre intérieur. Il est métamorphosé ! Dès son retour en Autriche, comme le racontera sa femme après sa mort, il convoque les membres de sa famille et leur dévoile tout, car ils ne savaient rien de son passé de tortionnaire nazi ! Il termine sa confession en leur disant : « Et maintenant, je veux passer le temps qu'il me reste à vous aimer. » Il aura pour chacun une attention particulière et concrète. Il réunit également ses amis d'autrefois et ses amis actuels, et renouvelle sa confession. Il leur déclare que, depuis peu de temps, il ne ressent plus dans son cœur aucune haine envers personne, ni même cette haine idéologique due au nazisme ; puis il poursuit : « Je n'ai qu'une idée, qu'un désir, c'est de passer les dernières semaines de ma vie à accomplir envers vous des actes d'amour et de tendresse. »

Les invités n'en reviennent pas. Léo a pris au pied de la lettre ce que Maïti lui avait dit. Peut-être était-elle pour lui la seule piste, la seule personne qui, de toute sa vie, lui avait indiqué le chemin de la lumière ?

Quelques minutes avant de mourir, Léo ne demande à voir ni un prêtre, ni un pasteur ; sa femme alors lui demande : « Qui veux-tu voir ? » Il murmure : « Maïti ! »

33

La comparaison vient du Malin

Les Pères du désert nous étonneront toujours par la clarté et la sobriété de leurs témoignages. Il était une fois un monastère de moines, en plein désert de l'Égypte. Un des moines vint trouver l'higoumène pour se plaindre à lui car, disait-il, il était témoin d'une injustice et d'un manquement à la règle dans la communauté. En effet, un nouveau postulant, le frère Antoine, disposait d'un coussin dans sa cellule. Or, toutes les autres cellules ne comportaient qu'une natte à même le sol, pourquoi ce nouvel arrivant avait-il droit à un coussin et pas les autres ?

L'higoumène, discernant très vite le piège dans lequel était tombé son frère, lui posa plusieurs questions :

– Avant d'entrer au monastère, aviez-vous chez vous des serviteurs pour les travaux des champs et les tâches domestiques ?

– Non, il n'a jamais été question de cela chez nous. Nous ignorions même l'idée d'avoir des serviteurs.

– Toi, avant d'entrer au monastère, est-ce que tu avais de quoi manger tous les jours ?

– Non, répond le moine, certains jours nous n'avions rien. Ma famille était très pauvre et j'ai connu la faim.

– Et aujourd'hui, ici au monastère, as-tu à manger tous les jours ?

– Oui, répond le moine, grâce à Dieu !

– Avant d'entrer au monastère, reprit l'higoumène, avais-tu un toit sur ta tête ?

– Le toit que nous avions était très précaire, il prenait l'eau et souvent, mon père n'arrivait pas à nous protéger des intempéries

– Et maintenant, as-tu un toit sur ta tête ?

– Oui, c'est le toit du monastère.

– Tu vois, dans le monde, tu n'avais presque rien, mais en entrant au monastère, tu t'es enrichi, la qualité de ta vie s'est grandement améliorée et maintenant, tu ne manques de rien même si nous vivons encore pauvrement. Le frère Antoine, lui, dans le monde, était un prince très riche ; il habitait un palais, des serviteurs pourvoyaient à tous ses besoins. Il jouissait d'un rare confort et pouvait s'acheter tout ce qu'il voulait. Il faisait bonne chère chaque jour. Bref, il vivait dans le luxe. En entrant au monastère, il a renoncé à ses grands biens pour suivre le Christ pauvre. Qui de vous deux vit le plus profondément la pauvreté ?

Le moine comprit aussitôt et remercia son higoumène qui l'avait aidé à détecter le piège dans lequel il était tombé lamentablement en jugeant son frère.

Attention, danger ! La comparaison vient du Malin, Dieu ne compare pas, chacun est unique à ses yeux. La comparaison nous plonge souvent dans l'amertume, la frustration, un sentiment d'injustice, la jalousie. Elle nous pousse à ignorer les bontés de Dieu envers nous et la beauté spécifique et unique qu'il a placée en nous lorsqu'il nous a créés. Jésus disait à sainte Mechthilde :

> « Celui qui se réjouit d'un don que Dieu fait à son frère et que lui-même ne possède pas, reçoit la même récompense que celui qui possède ce don. »

Le saint moine et la prostituée

La tradition orientale des Pères du désert nous rapporte cet apophtegme des premiers siècles de l'Église. Dans un monastère d'Égypte se trouvait un higoumène très réputé pour sa miséricorde car tous ceux qui venaient le voir s'en retournaient très joyeux après avoir toutefois bien pleuré leurs péchés. Il surprenait ses proches par sa profonde humilité et l'amour brûlant qu'il avait pour le Christ.

Son charisme pour convertir les pécheurs les plus endurcis étant bien connu, on lui amène un jour une prostituée de la ville. Cette femme était outrageusement maquillée, ses cheveux tressés et ornés de perles témoignaient d'un grand désir de plaire aux hommes, sans parler du parfum envoûtant qui émanait d'elle. L'higoumène l'accueillit avec bonté. Il la laissa parler un moment et il se mit à pleurer. Un profond chagrin l'avait saisi à tel point qu'il en avait perdu la parole. De toute la rencontre avec cet higoumène, la femme n'eut droit qu'à ses larmes. En le voyant pleurer ainsi, ses proches murmuraient entre eux : « Oh, quelle grande compassion il a pour les pécheurs ! Comme il est beau de voir combien il communie à la souffrance du Christ devant le péché. »

Lorsque la femme se retira, l'higoumène continua à sangloter, il semblait inconsolable. Un des frères pensa alors qu'il y avait autre chose et lui demanda :

– Père, pourquoi tant de larmes ?

– En voyant cette femme, je devinais qu'elle avait passé de longues heures devant son miroir pour se rendre belle aux yeux des hommes. Et moi, un consacré, je n'ai pas su passer autant d'heures qu'elle pour me rendre beau devant mon Seigneur !

La tradition orientale de l'Église nous enseigne que le don le plus désirable du Saint-Esprit est précisément le *don des larmes*, lorsque le cœur est contristé d'avoir blessé une personne que l'on aime… ou même que l'on n'aime pas ! Avant de considérer la tristesse du Christ devant le péché de la prostituée, le saint moine a réussi à voir en cette femme quelque chose de remarquable. Comme dans un miroir, son humilité aidant, il a vu que lui-même n'était pas capable de vivre le même degré de passion pour Dieu que cette femme éprouvait pour son corps.

Que pouvons-nous retirer de cet apophtegme ?

Il nous propose un examen de conscience : quelle passion avons-nous mise au centre de notre cœur ? Sur lequel de nos péchés, de nos jugements, de nos omissions dans la charité, voire de nos condamnations, pleurerions-nous ?

34

Lève-toi et marche !

Hugo Festa et Jean-Paul II

Il y a des gens sur la terre dont nous disons : « Il est préférable de les avoir en photo plutôt qu'à sa table » ou bien : « Tous nos visiteurs nous procurent de la joie. Certains en arrivant, d'autres en repartant. »

Il faut admettre qu'Hugo était un râleur de première classe. Il ne manquait aucune occasion de manifester son agressivité, pire, de proférer ses blasphèmes. Il en voulait à toute la création et surtout au

Créateur. Mais, à sa grande décharge, si nous examinons la racine de son attitude, nous trouvons une immense souffrance, tant physique que morale. Depuis sa plus tendre enfance, Hugo fut affligé d'une série impressionnante de maux.

Contrairement au Bon Larron, il n'avait pas eu l'occasion de rencontrer le regard bouleversant de Jésus en croix, ce regard qui vous fait chavirer l'âme en quelques secondes et qui rend légères les pires croix.

Pour ne citer qu'une partie de ses maux, en voici déjà un aperçu.

Dès sa naissance à Piovene Rochette, petit village du nord de l'Italie, sa vie commence très mal. Jugez-en plutôt : abandonné par sa mère, il est adopté. Dès l'âge de dix mois, il souffre d'une otite bilatérale. À cinq ans, il est atteint d'une méningite tuberculeuse, il est alors hospitalisé pour une encéphalite et une adenotectomie. S'en suivent une hémiplégie et l'apparition d'un strabisme. À treize ans, il est opéré d'une appendicite, à quatorze ans d'une hernie hiatale, à dix-neuf ans d'une cystite, à vingt-deux ans d'une deuxième hernie hiatale, à vingt-trois ans d'une hépatite virale et d'un état délirant nécessitant son transfert en psychiatrie ; à vingt-quatre ans, il est atteint d'un syndrome avec des vertiges entraînant une névrose dépressive. Continuellement hospitalisé, il souffre d'une asthénie neurocirculatoire. À vingt-cinq ans, il est atteint d'une duodénite évasive (inflammation de l'intestin) avec douleurs épigastriques (au niveau de l'abdomen). À vingt-six ans, il commence à tomber dans l'esclavage de l'alcool et du tabac. À vingt-huit ans, il souffre d'une lombosciatalgie (douleur localisée au niveau de la région lombaire et du trajet du nerf sciatique). Les nerfs du pied sont touchés, entraînant un déficit musculaire, une discopathie (arthrose vertébrale) et des difficultés à marcher ; il fait de l'arthrite, l'hospitalisation continue. Vers l'âge de trente ans, il souffre de dystrophie musculaire, d'épilepsie, de crises de convulsions, d'une déformation de la colonne vertébrale, on lui pose des cathéters, etc.

Pour résumer, Hugo Festa est atteint d'un dommage neurologique organique au niveau du système nerveux, entraînant une légère paralysie des membres inférieurs (paraparésie), des troubles urinaires et un syndrome comitial (qui peut se manifester par des troubles de la conscience et de la perception, des convulsions). Ces différentes atteintes ont entraîné une sclérose en plaque, une dépression, des crises d'épilepsie très fréquentes, des tremblements, des réflexes pupillaires défaillants et des troubles de la vision, du sphincter, des problèmes psychiques ainsi qu'une incontinence urinaire. Autant de pathologies qui le condamnent de façon définitive à la chaise roulante, sans aucun espoir de guérison. Pendant des années, il va d'hôpitaux en hôpitaux et consulte un grand nombre de spécialistes. En vain. La médecine s'avoue totalement impuissante. Hugo Festa est incurable !

Le désespoir vaincu

À trente-quatre ans, en désespoir de cause, on avait conseillé à cet ancien ouvrier d'une filature de laine, marié et père de deux enfants, de se rendre à Lourdes. Très sceptique, il était allé en France, non pas tant pour y trouver la guérison que pour y retrouver la maman qui l'avait abandonné à neuf mois. La démarche n'était pas facile pour lui : depuis bien longtemps, il vivait une révolte très profonde envers Dieu qu'il jugeait responsable de sa terrible situation. Mais après le bain dans l'eau miraculeuse des piscines, Hugo Festa, le blasphémateur invétéré, ne parvint plus à émettre aucun juron. Il se confessa pour la première fois depuis bien longtemps et put faire la paix avec Dieu dans le sacrement de réconciliation.

La Vierge l'attendait elle aussi au tournant avec une grande grâce : alors qu'il était assis devant la Grotte et qu'il pensait à sa mère naturelle, il entendit la voix de l'Immaculée : « Je suis ta première Mère, lui dit-elle, et toutes les autres mères sont tes mères. » Il fallait ce mot tendre et maternel, cette onction si particulière dont Marie a le secret, pour que la vie d'Hugo commençât à changer. Il vécut alors une conversion authentique, se mit à prier et prit la décision d'offrir sa souffrance à Dieu.

Malgré ces premiers pas, Hugo souffrait toujours beaucoup et restait paralysé par son handicap. Cela lui occasionnait une crise spirituelle profonde qui le faisait parfois plonger dans le désespoir.

Par bonheur, un nouveau cadeau divin l'attendait, et pas des moindres !

Mais le tournant décisif se produisit lorsqu'il se rendit à Rome pour faire bénir des icônes du Christ miséricordieux. Il y fit la connaissance de Mère Teresa qui le bénit et le réconforta grandement.

Jean-Paul II passe devant lui...

Le lendemain, 29 avril 1990, sur la place Saint-Pierre, le pape Jean-Paul II passa devant lui et... merveille, il s'arrêta un moment devant son fauteuil roulant, bénit les images et lui demanda comment il allait. Hugo en profita pour lui exprimer sa tristesse, son désespoir et sa révolte.

– Mais comment pouvez-vous être désespéré, lui demanda Jean-Paul II, puisque vous tenez dans vos mains Jésus miséricordieux ? Abandonnez-vous complètement à Dieu et confiez-vous à l'intercession de ma sœur Faustine Kowalska[43] !

Le Saint-Père lui recommanda également de se rendre à Villazzano, dans le diocèse de Trente, dans la « Villa O Santissima », un Sanctuaire où l'Alliance de la Divine Miséricorde a son siège[44].

Sans grande conviction, il décida de suivre la recommandation du Saint-Père et se rendit à la « Villa O Santissima » au moment où avait lieu une semaine d'évangélisation et de spiritualité. Hugo ne s'attendait à recevoir aucune grâce particulière. Il avait l'impression d'être entouré d'exaltés et de fanatiques. Le premier jour de prière fut traumatisant, mais il se laissa convaincre par les personnes présentes et décida de rester. Dans ce lieu de recueillement, son état d'âme s'améliora considérablement, à tel point qu'il trouva la force de pardonner à sa mère et de la remercier pour lui avoir donné la vie. Il a pu donner ce pardon au cours d'une prière pour la guérison de la vie, de la mémoire et des blessures vécues dans le sein maternel. Toute

---

43. Sainte Faustine Kowalska (1905-1938) est une religieuse polonaise qui fut favorisée de nombreuses grâces mystiques. Jésus, qui l'appelait la « secrétaire de ma miséricorde », lui a dicté de nombreux messages sur la Miséricorde divine qu'elle consignait fidèlement dans un diaire publié sous le titre *Petit Journal de sœur Faustine* aux éditions Hovine en Belgique et aux Éditions du Dialogue en France, 25 rue Surcouf, 75007 Paris. L'histoire de Hugo fut utilisée pour la canonisation de sr Faustine.

44. « Villa O Santissima » est un Sanctuaire où l'Alliance de la Divine Miséricorde a son siège. Il est animé par une communauté de prière et d'étude dirigée par le père Renato Tisot, qui prit Hugo sous ses ailes.

la haine qu'il avait accumulée depuis son enfance jaillit avec force. Puis il se calma et reçut, à travers le pardon donné, une guérison profonde de la relation avec sa mère. L'effet du pardon suscita même en lui le désir ardent de la rencontrer et de l'embrasser avec amour. Le nœud principal de sa vie venait de sauter ! La source initiale de tous ses malheurs et cette haine qui l'avait tenu captif dans son âme et dans son corps depuis son enfance venait de s'évanouir grâce à la force du pardon. Le Christ pouvait désormais déployer librement, en Hugo, la puissance de son Amour et de sa Vie.

Dieu en rajoute !

Le quatrième jour de la session, Hugo se trouvait au premier rang dans la chapelle et priait avec les autres. Soudain, il éprouva une étrange sensation : la figure du Christ de l'icône devant laquelle il priait se mit à s'animer ! Hugo voyait bouger le vêtement de Jésus et le voyait lui tendre les bras. Hugo prit peur et il cherchait à éviter ce geste du Rédempteur. Il ne voulait pas accepter ce qui était en train de se passer. Mais Dieu est patient… La vision se reproduisit à cinq reprises et, à la fin, Hugo se décida à accepter de se prêter à l'événement incroyable qui lui était proposé. Pour la sixième fois, la figure du Christ sortit de l'icône et s'approcha de lui. Le malade sentit qu'on le touchait. Il entendit alors la voix du Christ qui lui disait : « Lève-toi, quitte ton fauteuil roulant ! » Avant même d'avoir eu le temps de réfléchir, Hugo se retrouva debout, les bras levés devant l'icône de Jésus[45].

C'était le 2 août 1990. Hugo Festa avait retrouvé l'usage de ses jambes, l'épilepsie avait disparu et son déficit visuel était passé de 7 dioptries à moins de 0,7. À partir de ce moment-là, Hugo passa son temps à prier et à remercier Dieu. Il ne réintégra plus jamais sa chaise roulante ! Le 29 août, il rencontra à nouveau le Saint-Père pour l'informer personnellement de la grâce qu'il avait reçue et cette fois-ci, il arriva devant lui, bien campé sur ses deux jambes.

45. Cette communauté de « Villa O Santissima » à Trente a fait don de l'icône à la paroisse de Medjugorje. Celle-ci se trouve dans la petite église de Surmanci, à 15 km de Medjugorje. Beaucoup de pèlerins s'y rendent à pied pour honorer la Divine Miséricorde.

Le miracle a été constaté par un médecin neurologue providentiellement présent ce jour-là, et selon les critères requis à Lourdes. Devant l'icône de Jésus miséricordieux, à « Villa O Santissima », ce médecin avait lui-même été guéri quelque temps plus tôt d'une tumeur au cerveau déclarée incurable.

L'ex-révolté fait volte-face

Passons maintenant aux fruits de la Miséricorde. Après sa guérison spectaculaire, Hugo parcourut le monde entier pour clamer devant tous la bonté de Dieu envers les pires cas comme le sien ! Il était devenu un témoin privilégié de la miséricorde du Christ. En Inde, Mère Teresa voulait être à ses côtés et il fallait voir comme elle le couvrait de sa tendresse ! Hugo s'engagea comme volontaire dans sa Fondation en Inde et en Afrique

En Italie, Hugo se mit corps et âme au service des pauvres. Comme apôtre, avec son histoire stupéfiante, qui pouvait l'écouter sans être profondément touché par la grâce ? Sans pleurer devant un tel amour ? S'il avait bien craché son venin contre Dieu et l'Église, il laissait désormais émaner de lui une force qui bouleversait son entourage. Pour mener à bien son témoignage et rejoindre les plus éloignés de Dieu, il ne reculait devant aucun obstacle. C'est ainsi que Hugo s'exposa à de nombreux périls dans les quartiers les plus durs des cités et auprès des populations déshéritées. Un jour, alors qu'il accomplissait une mission difficile, il fut sauvagement assassiné par un délinquant, le 22 mai 2005. Pour clore son histoire terrestre en beauté, il versa son sang pour Celui qui avait versé le sien avant lui, Jésus, et qui l'avait sauvé du pire. Hugo devenait ainsi martyr de la Miséricorde.

À l'occasion de son décès, un journaliste italien écrivit : « L'histoire de Hugo Festa démontre comment, pour Dieu, aucune vie n'est inutile ou indigne. Ainsi, la vie que le Christ aime le plus et qui est pour lui la plus précieuse est celle qui ressemble le plus à un désastre, celle que la mentalité dominante d'aujourd'hui voudrait supprimer. Il peut faire de grandes choses dans cette existence. Et le lieu du monde dans lequel l'exceptionnel se produit quotidiennement, c'est l'Église. Le lieu privilégié de la Miséricorde divine.

35

La mort d'un fils

Sous le dur soleil de juillet, le petit groupe des apôtres s'avance lentement sur les routes de Galilée. Jésus passe avec eux de synagogue en synagogue, de maison en maison. Il aime tellement s'entretenir avec ceux qui croisent sa route, malades ou bien portants, riches ou pauvres, sincères ou hypocrites… Il est attentif avant tout aux âmes qu'il perçoit divinement derrière les visages. Il vient de donner des enseignements forts sur l'amour des ennemis, ce qui n'a pas plu à tout le monde. Normal ! Jusque-là, la Torah disait : *« œil pour œil, dent pour dent »*, ce qui était plus confortable. Mais son extraordinaire pouvoir de guérison fascine les foules. Chacun fait tout son possible pour s'approcher de lui. Un simple échange de regards avec lui les illumine et les transforme. De fait, il les surprend toujours par sa compassion et sa manière unique de redonner vie à chacun et de saisir son véritable besoin. En cheminant à ses côtés, les apôtres sont souvent déconcertés et se demandent parfois entre eux : « Qu'est-ce qu'il va bien encore nous trouver aujourd'hui ?! »

Ce jour-là, accompagnés comme à l'accoutumée d'une grande foule, Jésus et ses disciples s'approchent de la ville de Naïm, près de Nazareth[46]. À la porte de cette ville, ils tombent sur un cortège funéraire. Une pauvre veuve qui va enterrer son fils unique. Les apôtres, déjà fatigués par leur longue marche sous un soleil de plomb et les incessantes sollicitations des gens, redoutent le pire ! Sans aucun doute, Jésus va s'arrêter ; il ne pourra pas rester insensible à la douleur de ces personnes en deuil. Par-devers lui, il est possible

46. Luc 7, 12 et suivants.

que Pierre ait maugréé dans sa barbe : « Eh ben ! Les gars, on n'est pas couché ! »

Il ne s'est pas trompé ! Effectivement, saisi de compassion, Jésus traverse la foule et il ne voit qu'elle, la veuve en larmes, toute vêtue de blanc, la couleur du deuil en Orient. Il sait combien elle a déjà souffert de la mort de son mari. Ce nouveau décès achève de l'anéantir. Comment va-t-elle s'en sortir sans lui ? C'était la seule personne qui lui restait au monde. Jésus la regarde, elle le regarde, silence... Les larmes coulent. « Ne pleure pas », lui dit-il avec une infinie douceur.

Puis, s'approchant du cercueil, il le touche. Les porteurs s'arrêtent. Sans attendre davantage, Jésus s'adresse directement au mort dans sa puissance de Créateur : *« Jeune homme, je te l'ordonne, lève-toi ! »* En grec, la traduction littérale est : *« Réveille-toi. »* Alors, le jeune homme se redresse et se met à parler. Que dit-il ? Nous ne le saurons qu'au Ciel.

Jésus le rend à sa mère. Celle-ci, stupéfaite, n'en croit pas ses yeux. Tous sont saisis d'émerveillement. Avec quelle joie ils glorifient Dieu ! Ils sont maintenant convaincus que ce Jésus est un très grand prophète, aussi grand qu'Élie qui, lui aussi, avait ressuscité un enfant. Ils n'ont plus de doute, à travers Jésus, c'est Dieu lui-même qui vient les visiter. Lui seul peut ressusciter les morts !

Miséricorde pour les personnes en deuil

La perte d'un être cher est particulièrement douloureuse. Qui mieux que Jésus peut le comprendre ? En regardant cette veuve qui vient de perdre son enfant unique, que ressent-il ? Son cœur est bouleversé dans ses profondeurs. Il voit par anticipation sa propre Mère : même situation, la Sainte Vierge a déjà perdu Joseph, son mari, et elle s'apprête à perdre son Fils unique. Les entrailles de Jésus sont complètement retournées. Lui, le Créateur de l'amour maternel, a voulu lui aussi avoir une mère sur cette terre. Il a voulu naître d'un sein maternel et connaître l'amour échangé dans l'intimité d'un foyer humain auprès de sa Mère. Pendant trente ans, Jésus a connu une vraie vie de famille.

À travers sa mère, il voit aussi toutes ces mères qui, au cours de l'histoire du monde, ont vécu, vivent ou vivront le transpercement de la perte d'un enfant chéri. Ému d'une compassion à la fois humaine et divine, Jésus ressent dans son Cœur ces mêmes sentiments, il participe à nos souffrances ; il les voit et, devant toutes nos larmes, il intervient.

L'Évangile nous précise qu'il demandera aux femmes qui le cherchent au tombeau, à Marie de Magdala notamment : *« Femme, pourquoi pleures-tu, qui cherches-tu ? »* De même à Béthanie, devant Marthe et Marie en pleurs après la mort de leur frère Lazare, Jésus est ému aux larmes. Soyons bien conscients qu'il est tout autant bouleversé aujourd'hui devant chacun de nous, lorsque nous pleurons un être cher.

Devant la blessure ouverte

Lorsque nous expérimentons un combat comme celui du deuil, le démon s'en mêle et tente de nous pousser au désespoir, il nous incite à nous rebeller contre Dieu, à douter de son amour et à penser que notre sort est injuste. Cette veuve de Naïm aurait pu penser : « Je suis plus vieille que mon fils, il aurait été plus juste que je meure avant lui. » L'angoisse du futur peut également nous assaillir lorsque le pilier de la famille disparaît. La jalousie peut nous envahir devant une femme qui a encore son mari et son fils auprès d'elle, alors que nous sommes terriblement seuls. Ainsi peuvent germer dans notre cœur l'envie, la dépression ou le désir de mourir. Voire la colère contre Dieu, colère qui peut nous pousser à l'exclure de notre vie. Et là, le Malin s'en donne à cœur joie[47] ! Devant la blessure ouverte due à l'absence de l'être aimé, il essaie d'infiltrer dans notre cœur ses propres poisons, ceux-là mêmes qui le tourmentent sans cesse. Devant cette blessure ouverte, Jésus a un remède très puissant qui chasse le désespoir : il appose sur le cœur meurtri un baume consolant qui va peu à peu transformer et transfigurer la souffrance.

47. Au plan psychologique, le deuil est considéré comme un processus appelé « travail de deuil » ou « résilience ». Il se déroule en cinq phases : « le déni, la colère, l'expression, la dépression, l'acceptation ».

Mais Jésus ne se contente pas d'aider seulement la veuve, il aide aussi le fils. Nous savons qu'au moment de notre mort, Dieu se révélera à chacun de nous, nous le verrons face à face et nous verrons également défiler tout le film de notre vie. Prenons l'exemple du frère Daniel.

Frère Daniel Natale (1919-1999) ou la deuxième chance

Voici l'expérience qui est arrivée à un frère capucin italien dans les années quarante. Il vivait à San Giovanni Rotondo (Italie) et le Padre Pio l'aimait beaucoup. Frère Daniel souffrait d'une grave tumeur à l'estomac et, alors qu'il était condamné par les médecins et sur le point de mourir, Padre Pio lui dit : « Va te faire opérer à Rome, par tel chirurgien ! » Fort du conseil de ce grand prophète, il alla se faire opérer. L'intervention dura huit heures et réussit. Mais peu après, le frère Daniel tomba dans le coma durant trois jours, puis il mourut. Padre Pio lui-même, choqué par la nouvelle, pria intensément pour lui, faisant avec la Sainte Vierge une sorte de deal particulier dont les Saints ont le secret. En effet, les amis du frère Daniel lui avaient dit : « Padre, c'est toi qui as demandé l'opération malgré l'avis des médecins, maintenant tu dois prier pour qu'il revienne à la vie ! » Le Padre Pio fut très vite exaucé : tout à coup, le frère Daniel se leva de son lit mortuaire, il était bel et bien vivant, il marchait, il parlait, il voyait même à travers les murs de la clinique !

Bien évidemment, il fut bombardé de questions sur ce qu'il avait pu vivre au moment de la mort ! Les détails qui suivent m'ont été rapportés par un prêtre et des laïcs qui ont bien connu ce frère. De plus, le propre neveu de frère Daniel, Padre Remigio Fiare, a donné un témoignage privé que mes amis de Rome m'ont transmis. Frère Daniel raconta qu'il fit une rencontre merveilleuse avec Jésus et qu'il vit aussi la Vierge Marie. Il déclara : « Sur la terre, on n'a aucune idée de ce qu'est l'amour de Dieu ! Il me semblait que j'étais pour Jésus le seul objet de son amour. J'avais le désir fou de m'unir à lui, tant l'amour était fort, et d'ailleurs, il m'invitait. » À ce moment-là, Daniel vit en une fraction de seconde tout le film de sa vie défiler devant lui et il comprit qu'il méritait le Purgatoire car il n'était pas prêt à entrer dans l'étreinte de Dieu. En effet, il n'avait pas confessé certains péchés, particulièrement certains manques au vœu de pauvreté dont il n'avait pas éprouvé de repentir. Il dut faire deux ou trois heures de Purgatoire, mais cette purification lui sembla plutôt durer un siècle !

Il témoigna également qu'au Purgatoire, il endura deux atroces souffrances. La première était de ne plus voir Jésus, car alors, une nostalgie indicible s'empara de lui. C'est ce que l'on appelle la peine du dam, lorsque l'on ne voit plus Dieu, alors que l'on a le désir fou de lui, le Bien Suprême. On a l'impression d'être loin de lui et l'on se trouve dans l'impossibilité de le voir et de jouir de sa présence. Toutefois, l'espérance de le revoir console l'âme. La seconde souffrance était bien plus douloureuse encore. Le Seigneur lui fit connaître le haut degré de sainteté qu'il avait conçu pour lui. Frère Daniel voyait même toutes les grâces que son Créateur lui avait offertes au cours de sa vie pour qu'il parvienne pleinement à cet état de sainteté. Pour Daniel, ce fut l'éblouissement ! Quelle beauté dans ce haut degré de sainteté ! Quelle gloire magnifique ! Quelle splendeur ! Mais quand il vit ce qu'il avait réellement accompli sur la terre, il constata qu'il n'en avait réalisé qu'une partie. Une souffrance intense s'empara de lui, qu'il décrira comme un glaive qui lui transperçait le cœur. « Il est trop tard », pensa-t-il. Et nous n'avons qu'une vie ici-bas !

En effet, il était passé à côté d'une partie du rêve que Dieu avait conçu sur lui.

C'est alors qu'il vit le Padre Pio se présenter au Purgatoire ! Il vit aussi la Sainte Vierge et se mit à l'implorer : « Ô Sainte Vierge Marie, Mère de Dieu, obtenez-moi du Seigneur la grâce de retourner sur la terre pour y vivre et y agir seulement pour l'amour de Dieu ! » Il supplia aussi le Padre Pio : « Par tes atroces douleurs, par tes plaies bénies, mon Padre Pio, prie Dieu de me libérer de ces flammes et de m'accorder de continuer mon Purgatoire sur la terre ! » Puis il se rendit compte que le Padre s'entretenait avec la Sainte Vierge. Celle-ci inclina la tête, puis sourit au frère Daniel. C'est alors que celui-ci reprit possession de son corps. Le Padre lui dit : « Je t'avais promis d'être toujours avec toi ! » En effet, la prière du Padre Pio avait obtenu de la Vierge qu'une deuxième chance lui soit accordée. C'est ainsi que le frère Daniel revint à la vie. Inutile de dire que le personnel de l'hôpital qui se trouvait présent à ses côtés fut terrifié, ils se mirent à crier car ils pensaient voir un fantôme, tant et si bien qu'ils fermèrent sa porte à clé durant quelques heures… !

À partir de ce retour sur terre, frère Daniel changea radicalement. Fort de ce qu'il avait vu et compris dans l'Au-delà, il passa le reste de son existence dans la prière, le chapelet constamment à la main. Il avait une compassion extraordinaire pour les petits, les pauvres, les handicapés et les souffrants de toutes sortes, et les accueillait inlassablement ; il voyait Jésus souffrant en eux. Il était rempli de joie malgré une très mauvaise santé et de nombreuses opérations, car il avait réalisé combien la souffrance offerte à Jésus pouvait porter de fruits dans l'économie de la Rédemption. En un mot, il ne rata pas sa deuxième chance !

Frère Daniel a été déclaré vénérable le 5 novembre 2016 et aujourd'hui, sa cause de béatification est introduite à Rome. Prions-le ! Il pourrait faire un miracle chez nous, ce qui hâterait sa cause !

Revenons au fils de la veuve de Naïm… Une fois ressuscité par Jésus, il aura certainement lui aussi reconsidéré sa vie sur terre, comprenant que seul l'amour compte et que tout le reste passe. Comme Lazare à Béthanie, comme le frère Daniel en Italie, ce jeune homme de Naïm avait désormais beaucoup de lumières à partager avec ses proches sur le devenir de l'âme après la mort, et l'on peut imaginer que cela bouleversa aussi sa propre mère. Elle avait perdu un fils, elle retrouvait un témoin de la miséricorde !

Fra Daniele Natale

36

Ses cheveux sentaient l'encens

Pourquoi la Vierge Marie dit-elle que « la mort n'existe pas[48] », comme si elle n'avait pas été elle-même témoin de la mort de son époux Joseph, de son Fils Jésus, des premiers martyrs chrétiens et de tant d'autres ?

C'est que, comme dit le père Cantalamessa, « la mort n'est pas un mur, mais une porte ». D'après le Talmud, lorsque Moïse est mort sur le mont Nebo, plusieurs anges ont été envoyés par Dieu pour prendre son âme. Mais, devant la grandeur de Moïse, aucun d'eux n'a osé s'approcher de lui. N'avait-il pas parlé avec Dieu face à face ? Alors, Dieu décida d'aller chercher lui-même l'âme de Moïse et c'est dans un baiser de sa bouche qu'il aspira son âme, c'est pourquoi il est écrit : *« Moïse mourut sur la bouche de Dieu*[49]. »

Heureux, bienheureux ceux qui meurent dans la paix de Dieu car en réalité, il s'agit d'une naissance vers une autre vie. Dans un de ses nombreux messages « choc » à Medjugorje, la Vierge nous a fait une remarque surprenante :

---

48. Message donné au groupe de prière de Medjugorje, à travers Jelena Vasilj.

49. Lisons Dt 34, 5 où nous assistons à la mort de Moïse : *« C'est là que mourut Moïse, serviteur de Dieu, en terre de Moab »*... En réalité, le texte hébreu ajoute עַל-פִּי יְהוָה (« sur la bouche d'Adonaï ») que la quasi-totalité des bibles traduisent par **« selon l'ordre de Dieu »** ! Mais le génie de la langue hébraïque permet à la Tradition juive d'affirmer que – même si c'est sur l'ordre de Dieu que Moïse est mort sur le mont Nebo après avoir vu, mais sans pouvoir l'atteindre, la terre qu'il espérait fouler depuis quarante ans – il a bénéficié d'un honneur insigne de sa part. En effet, ce texte peut signifier aussi : **C'est là que mourut Moïse**, *serviteur de Dieu, en terre de Moab,* **sur la bouche de Dieu.**

« Non, chers enfants, vous ne savez pas célébrer la mort de vos proches de façon juste ! Vous devriez célébrer la mort de vos proches avec joie, la même joie que vous avez pour la naissance d'un enfant. »

Parfois, Dieu tranche dans le vif de manière chirurgicale pour élever ses enfants dans des dimensions qu'ils n'auraient jamais pu soupçonner avant cette intervention divine. Florence habite près de Lisieux. Son mari et elle ont eu six enfants. Lorsque son premier petit garçon est né en 1988, elle était tellement émerveillée de voir en lui la splendeur de la vie qu'elle se tourna vers son Créateur et, dans une profonde gratitude envers Lui, elle laissait constamment échapper de son cœur des flots d'actions de grâce. Elle avait donné naissance à un immense trésor.

Florence était déjà pratiquante et même fervente, mais cette maternité fut pour elle un pas notoire dans son intimité avec Dieu et sa joie de vivre pour Lui. Elle se sentait toute petite devant une telle merveille, ce petit être tout nouveau déposé entre ses mains. Dans sa sensibilité maternelle, elle eut le sentiment que la vie de son petit Emmanuel ne lui appartenait pas, mais qu'elle lui était confiée par le Créateur et qu'elle aurait à collaborer avec Lui pour aider cet enfant à devenir pleinement ce qu'il est aux yeux de Dieu. À devenir un saint. D'autres enfants sont nés et Florence grandissait dans son amour pour tous.

Un jour, à l'âge de onze ans, Emmanuel eut de fortes convulsions à l'école et, après de sérieux examens, le diagnostic tomba comme un couperet : il avait trois tumeurs cancéreuses au cerveau, dont une inopérable.

Seuls des parents qui ont perdu un enfant peuvent imaginer le choc. Deux possibilités : Dieu accorderait à l'enfant une guérison miraculeuse, ou bien il ne l'accorderait pas. Florence et son mari firent alors un assaut de prière très fort vers le Ciel. L'idée même de l'arrachement leur transperçait le cœur.

Comme la nouvelle de la maladie se répandait autour d'eux, leurs proches constituèrent alors une chaîne de prière et de jeûne pour l'enfant. Une personne de ce groupe connaissait Medjugorje et transmit un des messages de la Vierge lors de leur assemblée de prière. C'est alors que Florence et son mari découvrirent Medjugorje. Ce groupe de prière et d'adoration improvisé suscita des conversions et des retours à Dieu qui semblaient inespérés.

Quant à Emmanuel, il était joyeux et réconfortait tous ceux qui arrivaient chez lui avec une boule au creux de l'estomac. Avec beaucoup de délicatesse, ses parents lui avaient révélé la vérité sur son état.

Florence comprit que le Seigneur allait reprendre son enfant. Elle le savait de cette connaissance profonde et intuitive, et c'était incontournable. Aussi, elle renouvela devant Dieu son acte d'offrande, celui-là même qu'elle avait fait spontanément au moment de la naissance d'Emmanuel.

Si elle a aussi beaucoup pleuré, c'était que la douleur se mêlait à la gloire, comme pour Jésus lors de la mort de Lazare. Son enfant avait achevé sa mission sur cette terre, il fallait le lâcher. « Le Seigneur a donné, le Seigneur va reprendre, que son Nom soit béni ! » se disait-elle. Son mari et elle le consacrèrent à nouveau au Cœur immaculé de Marie et au Sacré-Cœur de Jésus, afin qu'en partant, il soit porté par eux vers son bonheur éternel.

La nuit du départ d'Emmanuel, toute la famille était réunie auprès de lui dans le service des soins intensifs (permission spéciale obtenue sûrement de la Vierge !) et le passage fut tout simple, comme un départ en voyage. Emmanuel était déjà donné, il ne leur fut pas arraché. Ses cheveux sentaient l'encens ! Aux dires de tous, les funérailles furent plus un « enciellement » qu'un enterrement ! Sourires et larmes s'entremêlaient.

Le jour de la Toussaint (1er novembre), Florence était présente à Medjugorje, lorsque j'ai proposé à un groupe de pèlerins de vivre ces quatre étapes de consécration de la mort, la nôtre et celle de nos proches. À la fin, elle courut vers moi et me dit :

> « Mais c'est exactement ce qui m'est arrivé ! Je comprends pourquoi nous avons vécu le départ d'Emmanuel dans une telle paix ! Pas d'angoisse, pas de frustration, pas de révolte... Dans la prière, nous avons été littéralement portés. Emmanuel n'a pas disparu, il reste avec nous et nous parlons volontiers de lui en famille. Avec lui, c'est la paix de Dieu qui nous est communiquée ! »

Pour cette famille très chrétienne, Emmanuel est leur lien avec le Ciel, leur cher trésor ! Il les fait grandir dans la foi et leur donne d'aspirer aux biens qui ne passent pas. Comme Marie nous y invite, ils ont vécu ce départ comme une naissance. Des larmes, oui, mais de douces larmes. Puissions-nous tous vivre un amour véritable, et nous réjouir lorsque l'être aimé entre dans la vraie vie. *« Si vous m'aimiez*, dit Jésus, *vous vous réjouiriez de ce que je vais vers le Père ! »* (Jn 14, 28) Déjà, saint Bernard de Clairvaux disait :

> « Lorsque nous sommes sur la terre, nous ne sommes pas encore nés. Nous naissons lorsque nous entrons au Ciel. Sur la terre, nous sommes portés dans le sein de la Mère de Dieu. »

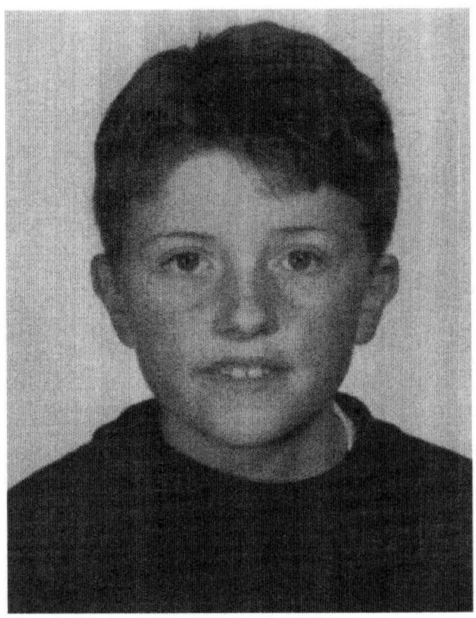

Emmanuel de Villequier

Consacre ta mort !

La perspective de la mort est le fait de chaque homme, et beaucoup en ont peur. Pourtant, il s'agit simplement du passage de cette vie à l'autre vie, il s'agit d'une véritable naissance. C'est pourquoi la Vierge nous dit que la mort n'existe pas. Lorsqu'elle a parlé du père Slavko, décédé le 24 novembre 2000, elle ne nous a pas dit dans son message du lendemain : « Il est mort saintement », mais : « Réjouissez-vous avec moi, car votre frère Slavko est né au Ciel et il intercède pour vous ! »

Consacre ta mort ! Habiter pleinement dans le sein de la Mère de Dieu signifie bannir toute peur de la mort, peur de cette mystérieuse naissance qui nous est promise et du saut dans l'inconnu qu'elle comporte. Toute bonne mère prépare la naissance de son enfant avec un soin délicat, une infinie tendresse. Combien plus la Vierge Marie ne le fait-elle pour nous ! J'aime beaucoup la formule de Vicka Ivankovic : « La mort, ce n'est rien, c'est passer d'une pièce à l'autre dans la même maison ! » Puis elle se reprend : « Non, même pas, c'est passer du coin d'une pièce vers un autre coin de la même pièce ! » « Si les gens savaient à quel point Dieu est bon, ils n'auraient jamais peur de la mort[50]. »

Mais, dans notre monde enfermé dans le brouillard du matérialisme, nous avons perdu la perspective ultime de nos vies ! Nous ne voyons souvent en la mort qu'un départ sans retour et une plongée impitoyable, un mur tout noir, alors qu'il s'agit non pas d'un mur, mais d'une porte, cette porte qui nous ouvre enfin à la vie pour laquelle nous sommes créés.

C'est pourquoi, en tant que fils et filles de la Vierge Marie, il est bon de consacrer notre mort à son Cœur immaculé et au Cœur de Jésus, afin que ce moment crucial de notre existence appartienne déjà pleinement à Dieu par les mains de Marie. Pour être bien sûr d'évacuer la peur et toute infiltration d'angoisse qui pourraient nous perturber, voire nous paralyser, voici quatre étapes que l'on pourra parcourir chacun à son rythme :

1. Remercier Dieu de tout son cœur pour **le moment** qu'il a choisi pour nous prendre chez Lui. Quel que soit ce moment, demain ou dans cinquante ans, disons à Dieu combien nous sommes confiants, sachant qu'il aura choisi le meilleur moment pour nous, dans la perspective de notre éternité.

2. Allons plus loin et remercions-le pour **la manière** qu'il a choisie pour nous reprendre. Que notre imagination ne nous fasse pas de film ! Nous souffririons alors par anticipation de quelque chose qui n'arrivera pas ! Au contraire, faisons taire la folle du logis – l'imagination – pour faire un acte d'abandon total entre les mains de Celui qui sait, tellement mieux que nous, ce dont nous avons besoin.

---

50. Voir le voyage de Vicka Ivankovic et de Jakov Colo lorsque Marie, en 1981, les a emmenés voir le Ciel, le Purgatoire et l'enfer, dans : Sr Emmanuel MAILLARD, *Medjugorje, le triomphe du Cœur*, EDB, p. 47 à 64.

3. Passons une nouvelle étape et remercions Dieu pour **le moment** qu'il a choisi pour reprendre chez Lui **la personne qui nous est la plus chère**. Demain ? Dans cinquante ans ? Qu'il en soit béni, car ce choix divin est le meilleur pour cette personne, pour son bonheur éternel. Ici, la confiance en Dieu est grande, car elle prend sa source dans l'abandon à sa sainte volonté d'amour.

4. Enfin, remercions Dieu pour **la manière** qu'il a choisie pour **reprendre cet être cher**.

Cette démarche suppose un profond travail intérieur, il ne coule pas toujours de source car on peut rencontrer de fortes résistances. C'est alors l'occasion de basculer dans la confiance de l'enfant envers son Père… Pour nous, adultes qui avons pris des coups et qui voulons garder le contrôle de notre devenir, cela peut prendre du temps ! Mais avec une forte détermination, aidés de la grâce de Dieu et d'une foi vive en son amour, nous finissons par donner notre « Oui ». Et le grand cadeau qui découle de ce « Oui », de cet abandon confiant dans les plans divins, c'est la guérison de nos peurs, voire de nos angoisses devant la mort. C'est la sérénité devant tout événement, plaisant ou déplaisant, car nous savons en qui nous avons cru. Nous avons réalisé un placement sûr ! Entre les mains d'un tel Père, d'un tel amour, comment la peur pourrait-elle encore nous pénétrer ? Comment l'angoisse oserait-elle prédominer en nous ? Si Jésus, dans le jardin de Gethsémani, a pris sur lui toutes nos angoisses, n'était-ce pas pour nous aider à les dépasser ?

37

UN COMA DE LUMIÈRE

Nous sommes au Texas. Le père Tim Deeter est vicaire de la paroisse Sainte-Marie et aussi aumônier de nuit dans un grand hôpital catholique. Là, il travaille aux heures où les médecins ont terminé les examens et les tests de la journée et où les visiteurs, familles et amis, sont repartis. Vu le nombre de malades à rencontrer, la responsabilité est de taille. Les patients qui doivent subir une intervention chirurgicale le lendemain demeurent seuls. C'est à ce moment-là, plus qu'à tout autre de la journée, qu'ils demandent la présence du prêtre.

Chaque soir, le père Tim visitait plusieurs malades, mais il ne manquait jamais de rendre visite à Hélène dont le coma durait depuis plusieurs semaines. Il savait qu'une personne dans le coma peut encore entendre car l'ouïe est le dernier sens à disparaître. Chaque soir, il récitait auprès d'Hélène un *Notre Père*, un *Je vous salue Marie* et un *Gloire au Père*, puis, le plus naturellement du monde, lui offrait un aperçu des dernières nouvelles de la journée, sports, météo, arts et spectacles, événement notoire, etc.

Mais un soir, la liste des personnes à visiter s'était allongée, aussi le père Tim pensa-t-il reporter au lendemain sa visite à Hélène. « D'ailleurs, se disait-il, elle ne répond pas de façon normale, alors, si j'omets d'y aller un soir, cela n'aura guère d'importance ! » Pourtant, après avoir fini toutes les autres visites, la pensée qu'il devait quand même aller la voir ne le quittait pas.

À trois heures du matin, il entra dans la chambre sans allumer, car la lune brillait suffisamment pour éclairer la pièce. Assis sur une chaise près du lit d'Hélène, il se mit à réciter rapidement les prières habituelles, pensant que cela suffirait. Toutefois, il avait le sentiment profond que sa tâche n'était pas achevée auprès d'elle. En effet, quelque chose (ou Quelqu'un ?) lui dit qu'il devait lui proposer de recevoir le sacrement de la réconciliation ; peut-être n'avait-elle pas eu l'occasion de se confesser avant sa maladie ?

Alors, se penchant vers elle, le père Tim lui murmura à l'oreille : « Voulez-vous recevoir l'absolution sacramentelle de vos péchés ? Je vous laisse un moment de silence pendant lequel vous pourrez avouer vos péchés à Dieu dans votre cœur. » Peu après, le père récita lentement l'Acte de Contrition et demanda à Hélène de prier en silence en même temps que lui. Puis il lui imposa les mains et lui donna l'absolution de tous ses péchés. (Notons que le mot « absolution » ne signifie pas « pardon », mais « délivrance »).

Le père Tim n'oubliera jamais le choc qu'il reçut alors ! Tandis qu'il prononçait les dernières paroles de l'absolution, Hélène se dressa soudain sur son lit ! Les yeux grands ouverts, elle tendit les bras en avant et, tout en souriant, s'écria : « JÉSUS ! » Le père Tim fut pris de peur. Il dirigea aussitôt son regard vers le mur que fixait Hélène avec intensité et, dans la pénombre du clair de lune, aperçut un petit crucifix en bois. Se retournant à nouveau vers Hélène, il vit qu'elle était retombée sur l'oreiller, morte ! Il fallut au père Tim plusieurs minutes pour comprendre ce qui était arrivé et retrouver ses esprits. Quelque chose dans la vie de cette femme l'avait retenue à cette vie, mais une fois délivrée de ce lien, elle était libre d'aller à Jésus.

Le jour des funérailles, la sœur d'Hélène vint trouver le père Tim. Elle avait entendu dire qu'il avait assisté sa sœur au moment de sa mort. Le père précisa qu'il avait donné l'absolution à Hélène, bien qu'elle fût dans le coma. Remplie de gratitude et avec des larmes dans la voix, cette femme lui révéla un fait de leur enfance : « Quand Hélène et moi étions jeunes, nos parents nous avaient appris à demander tous les soirs au Seigneur, dans la prière, la grâce d'une bonne mort (c'est-à-dire une mort en état de grâce). Maintenant, je sais que Dieu a entendu nos prières et je le remercie de ce que ma sœur soit morte dans la paix. »

Par ailleurs, le père Tim me confia que, parfois, il disait aux patients plongés dans le coma : « Voilà, je prends maintenant votre main et si vous désirez recevoir l'absolution de vos péchés, donnez-moi un petit signe en me serrant légèrement la main. » Souvent, avec leurs pauvres forces, ces patients répondaient par une légère pression, indiquant par là qu'ils avaient tout entendu, tout compris, et qu'ils désiraient recevoir ce sacrement. Ces faits sont à proclamer sur les toits aujourd'hui !

38

Le S.O.S. des âmes du Purgatoire[51]

Il ne faut surtout pas oublier qu'un des plus grands actes de miséricorde est de prier pour les âmes du Purgatoire. Nous pensons bien sûr à honorer nos défunts par de belles funérailles, des couronnes de fleurs et divers signes de notre affection. Mais lorsque les âmes ont quitté ce monde, seule la grâce de Dieu peut les aider. Nous disposons de beaucoup de moyens spirituels pour obtenir de Dieu ces grâces : nos prières et nos sacrifices, la célébration de messes et l'offrande de nos propres souffrances à leur intention, les Indulgences offertes par l'Église, pour ne citer que celles-là.

À dix minutes de notre maison se trouve le cimetière où repose le père Slavko Barbaric, ainsi que Nado, Iva et quelques personnes chères. Il m'est donc facile de m'y rendre, car j'aime beaucoup ce lieu calme où nos amis invisibles sont enterrés. En arrivant dans ce cimetière, je parle à cœur ouvert aux âmes qui seraient encore au Purgatoire : « Chères âmes du Purgatoire, je sais que vous êtes dans le besoin et combien vous désirez nos prières pour aller au Ciel. Alors, me voici, je viens vous aider, avec joie ! De mon côté, moi aussi, j'ai besoin de votre aide, alors ne m'oubliez pas, je sais que votre prière est puissante ! Obtenez-moi telle grâce [...], je vous en prie ! » J'ai remarqué que si je leur offre une Neuvaine et que je dis un chapelet à leur intention dans ce cimetière durant neuf jours de suite, rares sont les faveurs qui ne me sont pas accordées et pourtant, je ne leur demande pas de petites choses !

Le Purgatoire est un lieu de grande miséricorde, essayons de mieux cerner cette réalité qui aujourd'hui est trop oubliée, voire niée, même parmi certains catholiques ou membres du clergé.

51. L'abréviation S.O.S. signifie : *Save Our Souls* (« Sauve nos âmes »).

Le feu qui transforme

Le père Slavko Barbaric interviewe le Cardinal Ratzinger à Vienne

« Le purgatoire n'est pas une troisième voie intermédiaire entre le salut et la damnation. Il est définitivement du côté du salut pour l'âme qui nécessite encore une purification finale pour être capable de Dieu.
« Le purgatoire n'est pas non plus une salle d'attente ou une sorte de camp de concentration dans l'au-delà, où l'homme devrait subir des châtiments qui lui seraient imposés d'une manière plus ou moins positive. » (J. Ratzinger, *La Mort et l'Au-delà*, p. 238).

« Le Purgatoire est donc un processus interne et nécessaire de transformation de l'homme, par lequel ce dernier devient capable du Christ, capable de Dieu et, par la suite, capable de s'unir à toute communion des saints. Disons-le clairement, il n'y a pas trois choix à poser après la mort, quand nous verrons le Christ face à face, mais deux. Ou nous acceptons son salut, ou nous le refusons (la damnation). Acceptant son salut, nombre d'entre nous ne serons pas suffisamment prêts à vivre en sa présence et c'est en cela que cette présence, bien qu'aimante, sera douloureuse. C'est ce feu de la purification dont parle Paul. Le purgatoire n'est donc pas une salle d'attente, une pénitence préalable à la vision de Dieu, mais il est cette vision même, encore douloureuse cependant du fait d'une condition encore pécheresse du sauvé. En purgatoire, cette vision de Dieu est ressentie comme une peine autant que comme un bienfait. Comme une violence faite à notre impureté et cette violence purifie la personne de ses impuretés.

« De plus en plus de théologiens, s'appuyant sur la Tradition, pensent que c'est bien la présence même du Seigneur qui purifie et non l'attente de cette présence dans un "lieu" séparé du Ciel.
« C'est la rencontre avec lui qui, nous brûlant, nous transforme et nous libère pour nous faire devenir vraiment nous-mêmes. Les choses édifiées durant la vie peuvent alors se révéler paille sèche, vantardise vide, et s'écrouler. Mais dans la souffrance de cette rencontre, où l'impur et le malsain de notre être nous apparaissent évidents, se trouve le salut. Le regard du Christ, le battement de son cœur nous guérissent grâce à une transformation certainement douloureuse, comme "par le feu". Cependant, c'est une heureuse souffrance, dans laquelle le saint pouvoir de son amour nous pénètre comme une flamme, nous permettant à la fin d'être totalement nous-mêmes et avec cela totalement de Dieu.
« Le purgatoire serait comme un éblouissement douloureux, mais temporaire. Si nous restons un long temps dans une obscurité totale et que, d'un seul coup, nous sortons dehors, dans la pleine lumière du soleil de midi, nos yeux sont éblouis et souffrent, le temps pour eux d'une adaptation à cette pleine lumière du jour. Cet aveuglement peut durer longtemps et la douleur peut être très vive, selon le degré d'obscurité où nous vivions auparavant. La présence du Christ qui la comble de joie est encore en quelque sorte douloureuse, non pas que Dieu la punisse, mais plutôt qu'elle ne soit pas préparée pleinement à cette lumière[52]. »

Les mystiques nous éclairent

Beaucoup de saints ont vécu des expériences intéressantes avec le Purgatoire. Chaque mystique ajoute un élément qui lui est personnel, au cœur d'une doctrine qui ne varie pas, celle enseignée par l'Église. Il est étonnant de voir à quel point leurs révélations se recoupent et dévoilent les mêmes réalités, alors que, de leur vivant, ils ne se connaissaient pas. Quelques lumières puisées dans leurs œuvres peuvent nourrir notre espérance.

Lorsque **sainte Mechtilde de Hackeborn** (1241-1299) eut fini de réciter sa prière dominicale à l'intention des âmes du Purgatoire, elle eut la vision d'un grand nombre d'âmes qui, dans une immense félicité, rendaient grâce à Dieu pour leur libération. Mechtilde s'en réjouit, puis elle apprit la mort d'une certaine personne. Elle

52. Source : Encyclique de Benoît XVI, *Spe Salvi* (47).

s'empressa alors de réciter cinq Notre Père en l'honneur des cinq plaies du Christ en Croix. Un jour, désireuse de savoir quel soulagement avait reçu cette âme à la suite de sa prière, le Seigneur lui répondit : « L'âme a reçu cinq faveurs : à sa droite, les Anges ont étendu sur elle leur protection ; à sa gauche, ils lui ont procuré la consolation ; devant elle, ils lui ont donné l'espérance ; derrière elle, la confiance et au-dessus d'elle, la joie céleste. » Puis le Seigneur ajouta : « Quiconque, dans un élan de compassion et de charité, intercède pour un défunt, participe à tout le bien qui se réalise par cette âme pour l'Église. Le jour où l'intercesseur quittera ce monde, il trouvera toutes ces faveurs préparées pour son propre soulagement et pour le salut de son âme. »

Un jour où **sainte Brigitte de Suède** (1303-1373) priait, elle entendit des voix venant du Purgatoire qui disaient : « Que grâces soient rendues à ceux qui nous apportent un soulagement dans nos souffrances, leur puissance est grande ! Ô Seigneur, rends le centuple à nos bienfaiteurs qui nous permettent d'arriver plus vite au séjour de votre divine lumière. »

Sainte Catherine de Sienne (1347-1380) rapporte des paroles de Jésus sur le Purgatoire : « Si tu te tournes vers le Purgatoire, tu trouveras ma douce et inestimable Providence envers ces âmes souffrantes. Étant désormais séparées de leurs corps, elles n'ont plus le temps d'acquérir des mérites. À travers vous, qui êtes encore dans la vie mortelle et avez du temps pour elles, je pourvois à leurs besoins. Grâce à l'aumône, à l'Office divin que vous faites dire à mes ministres (la messe), grâce au jeûne et aux oraisons faites en état de grâce, vous pouvez abréger le temps de leurs peines en vous confiant en ma miséricorde. »

Sainte Catherine de Gênes (1384-1440) écrit dans son *Traité du Purgatoire* : « Aucun contentement n'est comparable à celui des âmes du Purgatoire, excepté celui des saints dans le Ciel, et ce contentement s'accroît sans cesse par l'écoulement de Dieu dans ces âmes, au fur et à mesure que les empêchements disparaissent. Elles endurent des tourments qu'aucune langue ne peut décrire, ni aucune intelligence comprendre, à moins qu'ils ne soient révélés par une grâce spéciale. L'âme, quittant le corps et ne trouvant pas en elle la pureté dans laquelle elle a été créée, voyant aussi les empêchements qui retardent son union avec Dieu, comprenant que le Purgatoire peut seul écarter ces empêchements, se jette alors dans le Purgatoire, promptement et volontairement, comprenant qu'en raison de ses fautes non expiées, elle ne peut se rapprocher de Dieu. Elle s'y jette. Elle comprend que c'est une grande miséricorde à son égard.

Elle voit à la lumière divine que Dieu ne cesse de l'attirer et de la conduire amoureusement à sa dernière perfection, avec un tendre soin et une continuelle Providence, et qu'il le fait uniquement par pur amour pour elle ; et cela la consume encore plus du désir de rendre à Dieu amour pour amour et de s'élancer en lui. Quand l'âme considère cela, si elle pouvait trouver un Purgatoire plus pénible pour être plus vite purifiée, elle s'y plongerait aussitôt, poussée par l'amour brûlant qu'elle éprouve pour Dieu et que Dieu éprouve pour elle.

Il s'allume en elle un tel désir d'être transformée en Dieu que son Purgatoire consiste en ce désir qui la consume. Sentir en soi un élan embrasé vers Dieu, et ne pouvoir le satisfaire, voilà pour elle le vrai Purgatoire. L'amour qui procède de Dieu et rejaillit dans l'âme cause en elle un contentement inexprimable ; mais ce contentement n'enlève pas aux âmes du Purgatoire une étincelle de leur peine. Ainsi, elles ont en même temps une joie extrême et une souffrance extrême, sans que l'une soit obstacle pour l'autre.

Au Purgatoire, les âmes souffrent de deux manières :

– D'une part, elles souffrent de très bon cœur leurs peines, parce qu'elles se rendent compte que Dieu leur fait grande miséricorde et qu'elles savent qu'elles ont mérité ces peines en toute justice ;

– D'autre part, elles éprouvent un contentement à voir avec quel amour et quelle miséricorde Dieu agit envers elles.

Puisqu'elles sont en état de grâce, elles saisissent ces deux manières, chacune selon sa capacité. Elles s'occupent intensément de Dieu, beaucoup plus que de leurs peines ; elles tiennent leurs peines pour rien en comparaison de Dieu. »

Sainte Françoise Romaine (1384-1440) reçut des visions du Ciel, du Purgatoire et de l'enfer. Elle définit le Purgatoire comme le règne des douleurs, divisé en différentes régions, où les peines sont proportionnées à la gravité des fautes. Les prières et les œuvres bonnes offertes pour une certaine âme du Purgatoire sont tout de suite appliquées en faveur de cette âme, mais pas exclusivement. En effet, d'autres âmes peuvent en bénéficier. Si l'âme en question est déjà dans la gloire, alors le mérite des prières et des œuvres bonnes servent à d'autres âmes qui souffrent encore au Purgatoire.

Sainte Thérèse d'Avila (1515-1582) nous fait part d'une des plus grandes grâces qu'elle ait reçues. Dans une vision, Dieu lui montra l'enfer et la place qui lui était réservée si elle avait continué à vivre dans la tiédeur et la superficialité, même dans la vie religieuse. Elle fut alors saisie par un désir infini de préserver les âmes de cet abîme. Dans son livre *Le Château intérieur*, elle décrit le tourment que les âmes du Purgatoire subissent à cause de l'ardent désir qu'elles ont de la vision béatifique de Dieu. Ce tourment peut atteindre des paroxysmes, car il n'est pas ressenti dans le corps, mais dans l'intime de l'âme. L'âme est consumée par une soif ardente de posséder Dieu, alors qu'elle ne peut pas encore s'abreuver de cette « eau ».

Sainte Marie-Madeleine de Pazzi (1556-1607), carmélite, avait de fréquentes extases. Elle vit en particulier son propre frère Alamanno au Purgatoire. « Oh ! mon pauvre frère, s'écria-t-elle, je te vois souffrir terriblement ! Mais console-toi ! Tu sais que ces peines t'ouvrent le chemin de la béatitude éternelle ! Je vois que tu n'es pas triste. Tu supportes ces peines immenses, mais volontiers, et tu es heureux. Quand tu étais encore en ce monde, tu n'as pas voulu m'écouter lorsque je t'admonestais et te donnais des conseils ; et maintenant, tu désires que ce soit moi qui t'écoute ! Que veux-tu de moi ? » Son frère lui demanda un nombre déterminé de messes et de saintes communions à son intention, ce qu'elle s'empressa de faire pour sa libération. Elle fut extrêmement frappée de voir aussi des religieux au Purgatoire.

La vénérable Orsola Benin Casa (1547-1608) avait une grande dévotion pour les âmes du Purgatoire et parfois, elle prenait sur elle leurs peines. Un jour, elle se tenait au chevet de sa sœur Cristina qui se mourait. Elle vit que celle-ci était prise d'une terrible peur du Purgatoire. Pour la réconforter et la libérer de cette angoisse, Orsola pria Dieu de diriger les peines du Purgatoire de la mourante sur elle-même et de la laisser souffrir à sa place. Le Seigneur accepta sa prière et aussitôt, Cristina fut libérée de ses tourments et de sa peur, et elle mourut dans la paix. En revanche, Orsola fut saisie de grandes douleurs qui ne l'abandonnèrent pas jusqu'à sa mort.

Teresa Musco (1943-1976) naît à Calazzo en Italie, d'une famille de modestes agriculteurs. Consacrée au Seigneur dans le tiers-ordre franciscain, elle nourrissait un amour particulier pour les âmes du

Purgatoire. Le 2 novembre 1962, ne pouvant se rendre au cimetière, elle priait dans sa chambre en s'unissant à ces âmes. Tandis qu'elle était absorbée dans sa prière, elle vit soudain sa chambre pleine de gens. Elle poussa alors un cri de joie car ces personnes la saluaient en disant : « Tu nous as libérés des peines du Purgatoire ! » Puis elles disparurent toutes. Cela l'encouragea à travailler d'autant plus pour ces âmes, offrant ses maladies pour elles. Elle consacrait la moitié de son très maigre avoir à la célébration de messes en leur faveur.

Natuzza Evolo (1924-2009), depuis l'âge de quatorze ans, manifestait des signes mystiques. Elle ne savait ni lire ni écrire, mais elle devint pour toute l'Italie comme un nouveau Padre Pio. Elle recevait des apparitions de défunts qui conversaient avec elle sur le Ciel, le Purgatoire et l'enfer. Celles qui se trouvaient au Purgatoire lui réclamaient toujours des prières, des aumônes (elle était très pauvre), des suffrages et surtout la célébration de messes pour abréger leurs peines. Natuzza invitait tout le monde à avoir un profond sens du péché. Elle disait qu'un des grands malheurs de notre temps est précisément la perte complète du sens du péché. Les âmes du Purgatoire sont en très grand nombre. Cela nous fait comprendre d'une part la Miséricorde de Dieu qui sauve autant que cela est possible, d'autre part les défauts et les carences même des meilleures âmes.

Sainte Faustine Kowalska (1905-1938) était souvent favorisée d'apparitions du Christ qui la désignait comme *Secrétaire de sa Miséricorde*. Elle recevait de sa part des paroles qui font aujourd'hui le tour du monde et invitent les fidèles à se confier sans réserve d'aucune sorte à l'infinie miséricorde divine. Ces paroles sont consignées dans son diaire sous le titre de *Petit Journal de sœur Faustine*. Un livre de chevet et un best-seller en librairie !

> « Je protégerai leur vie durant, comme une tendre mère son nourrisson, les âmes qui propageront la vénération de ma miséricorde. À l'heure de la mort, je ne serai pas pour elles un Juge, mais le Sauveur miséricordieux. Lorsqu'arrive sa dernière heure, l'âme n'a plus rien pour sa défense que ma Miséricorde. Heureuse l'âme qui, sa vie durant, puisait à la source de la Miséricorde, car la Justice ne l'atteindra pas. » (§ 1074)

> « Tout ce qui existe est enfoui au cœur de ma Miséricorde, plus profondément que l'enfant dans le sein de sa mère. Que l'incrédulité en ma Bonté me blesse douloureusement ! Ce sont les péchés de méfiance qui me blessent le plus douloureusement. » (§ 1075)

Laissons le mot de la fin à **sainte Thérèse de l'Enfant-Jésus** (1873-1897) ! Une discussion animée eut lieu au Carmel de Lisieux entre Thérèse et mère Fébronie. Celle-ci était certaine d'aller au Purgatoire tandis que Thérèse défendait la confiance en la Miséricorde, confiance qui peut nous épargner le temps de purification au Purgatoire. Mais, peine perdue, mère Fébronie tenait dur comme fer à sa vision de la Justice divine. Ce à quoi Thérèse répliqua : « Ma sœur, vous voulez de la Justice de Dieu, vous aurez de la Justice de Dieu ! L'âme reçoit de Dieu exactement ce qu'elle en attend. » Peu de temps après, mère Fébronie meurt et Thérèse fait un songe à son sujet : « La sœur demande que l'on prie pour elle ; elle est au Purgatoire pour n'avoir pas assez compté sur la Miséricorde du Bon Dieu. Par son air suppliant et son regard profond, elle semblait me dire : vous avez raison, toute justice s'accomplit sur moi, mais c'est ma faute, si je vous avais crue, j'aurais été droit au Ciel. »

« On n'a jamais trop confiance dans le Bon Dieu, dira Thérèse, si puissant et si miséricordieux. On reçoit de lui autant qu'on en espère[53] ! »

---

53. Un bel exemple est rapporté par Maria Simma (Autriche). Il montre combien *« la charité couvre une multitude de péchés »* (1 P 4, 8). J'ai déjà publié ce récit dans *L'étonnant secret des âmes du Purgatoire* aux EDB, mais il est tellement parlant que je n'hésite pas à le citer ici à nouveau.
« Je connaissais un jeune homme qui avait une vingtaine d'années, dans un village voisin du mien. Son village avait été cruellement meurtri et endeuillé par une série d'avalanches qui avaient tué énormément d'habitants. Un soir, comme il se trouvait dans la maison de ses parents, une avalanche terrible se produisit juste à côté de sa maison, puis il entendit des cris déchirants : "Sauvez-nous, sauvez-nous ! Nous sommes pris sous les avalanches !" D'un bond, il se leva de son lit et se précipita pour porter secours à ces gens. Sa mère avait entendu les cris, mais elle l'empêcha de passer, disant : "Que d'autres aillent les secourir, ce ne doit pas être toujours nous. Il y a trop de danger, je ne veux pas qu'il y ait un mort de plus." Mais lui, transpercé par ces cris, voulait vraiment secourir ces personnes. Il bouscula sa mère et lui dit : "Si ! J'y vais, je ne peux pas les laisser mourir ainsi." Il sortit et, en chemin, il fut pris par une avalanche et fut tué. Deux jours après sa mort, il vint me visiter la nuit et me dit : "Fais dire trois messes pour moi, ainsi je serai délivré du Purgatoire." J'ai été prévenir sa famille et ses amis. Ils furent très étonnés de savoir qu'après seulement trois messes, il serait délivré du Purgatoire, étant donné toutes les bêtises qu'il avait faites. Ce jeune homme m'a dit : "J'ai fait un acte de pur amour en risquant ma vie pour ces personnes et c'est grâce à cela que le Seigneur m'a accueilli si vite dans son Ciel."
Oui, la charité, un seul acte d'amour gratuit, couvre une multitude de péchés : ce jeune homme avait eu une vie fort dissolue, il n'aurait peut-être jamais eu une autre occasion dans sa vie d'exercer un acte d'amour aussi fort et il serait peut-être devenu un homme mauvais, risquant dangereusement son éternité. Dans sa miséricorde, afin d'assurer son salut, le Seigneur l'a repris juste au moment où il était le plus beau devant lui, le plus pur, grâce à cet acte d'amour ».

39

Jacqueline et Mère Teresa, une union d'âmes créatrice

Ça y est, enfin, Jacqueline de Decker nage dans le bonheur ! Son rêve le plus cher, le plus profond, ce désir qui la dévore depuis des mois se réalise. Elle vient d'atterrir en Inde ! Elle a troqué les vêtements chauds de sa Belgique natale contre un simple sari de coton qui détonne un peu avec son teint clair de Nordique. D'origine aristocratique, riche et cultivée, elle se contente de peu, mangeant la nourriture des pauvres, assise par terre, dormant sur une natte à même le sol en compagnie des gros lézards verts et autres visiteurs nocturnes de la gente animale, et se lavant à partir d'un simple robinet fiché dans un mur de ciment nu. Ne parlons pas de l'électricité qui si souvent fait défaut.

Tout commence pour elle à Patna, capitale de l'État du Bihar au Nord-Est du pays, l'un des plus pauvres de l'Inde. Jacqueline a beau être Belge de toutes les fibres de son être, la voilà chez elle dans ce pays du bout du monde.

Chez elle ? Oui ! Il y a deux principales raisons pour lesquelles on se trouve chez soi dans un pays :

– Soit nous y sommes nés ;
– Soit nous y sommes appelés.

Jacqueline, pour sa part, a reçu de Dieu un appel profond et incontournable pour l'Inde, confirmé par son père spirituel, un Jésuite qui l'encourage à fond. Mais à peine a-t-elle posé le pied en Inde, le 31 décembre 1946, que ce bon prêtre meurt subitement et que

Jacqueline se retrouve sans soutien spirituel. Sur le plan matériel, arrivée les mains vides, elle se trouve dans une pauvreté totale.

À Patna, dans la chapelle d'un centre médical chrétien, elle rencontre une religieuse albanaise qui parle un anglais très simple en roulant les « r ». Après des années dans le couvent des sœurs de Loretto à Darjeeling, ce petit bout de femme énergique et déterminée est venue faire une formation de courte durée en soins infirmiers pour mieux servir les pauvres dans les bidonvilles. Son nom ? Teresa. Les deux femmes se sentent tout de suite sur la même longueur d'ondes. Toutes deux brûlent d'un même feu, elles veulent se pencher sur Jésus souffrant caché dans les plus pauvres des pauvres. Elles désirent étancher sa soif d'amour torturante dissimulée en ceux dont personne ne veut. L'appel est viscéral, indéniable. Leur immense compassion pour les membres souffrants de cette population brisée les réunit profondément. Déjà adolescentes, chacune d'elles avait décidé de consacrer sa vie à Dieu. Dans la joie de se découvrir « âmes sœurs », Jacqueline et Teresa échangent leurs visions et leurs espérances avec passion. Pourquoi ne pas collaborer ?

Déjà, Jacqueline conçoit l'idée de se joindre à la nouvelle fondation de Mère Teresa, et les voilà toutes les deux parties à Calcutta.

Calcutta ! Qu'est-ce qui attire tant Jacqueline dans cette ville mal construite par les Anglais, dans la zone la plus insalubre du Bengale ?

Cette chaleur moite qui vous colle à la peau ? Certes non !

Le peuple indien, si touchant par sa douceur naturelle et son humilité ? Non plus.

La petite communauté chrétienne, tellement fervente que Jean-Paul II l'a décrite comme la meilleure chrétienté du monde ? Pas davantage !

Alors quoi ?

Dès sa descente de l'avion à Netaji-Subhash-Chandra-Bose, l'aéroport international de Calcutta, le climat humide et torride du pays l'a saisie, sans parler de cette odeur unique au monde et indéfinissable. La voilà enfin arrivée à destination !

Calcutta ! Les bidonvilles qui encerclent la ville, les enfants faméliques, les vieillards abandonnés à même le sol au coin des rues, les diseurs de bonne aventure pour piéger les naïfs, les femmes qui fouillent dans les monceaux d'ordures dans l'espoir d'y trouver quelque nourriture jetée par les riches, les mendiants en haillons qui ne savent plus quoi inventer pour susciter la pitié, quitte à couper le bras d'un enfant et à le mutiler pour assurer la survie de leurs autres enfants. C'est le monde de la misère. Voilà précisément ce que Jacqueline est venue rejoindre ! « Voilà ma place, voilà mon appel », se dit-elle.

La voici maintenant œuvrant aux côtés de Mère Teresa et elle rayonne. Devant l'exemple de cette sainte sœur, si intrépide dans ses entreprises envers les pauvres et si persuasive envers tous ceux qui sont susceptibles de l'aider dans ses œuvres, Jacqueline apprend chaque jour davantage la manière de secourir les mourants et de leur rendre leur dignité d'enfants de Dieu, d'enfants de Roi ! Elle s'imprègne surtout du secret qui constitue la clé de voûte de toute action et la source de toute cette incroyable bonté : les heures d'adoration quotidiennes passées devant le Christ présent dans le Saint-Sacrement.

La vie quotidienne et le rythme de travail sont très durs physiquement pour Jacqueline, car même avec toute la bonne volonté du monde, la nature ne peut effacer ses origines familiales douillettes et les fragilités qui en découlent. Mais la coïncidence parfaite entre l'appel profond qui résonne dans son âme et cette existence radicalement livrée à Dieu dans les pauvres, tout cela sous la houlette d'une femme remarquable, comblent Jacqueline d'un bonheur indicible. L'union d'âme qu'elle vit avec mère Tersa est si intense, leur collaboration si ajustée, que la future « sainte de Calcutta » verra en Jacqueline « une autre moi-même ». La petite fondation grandit au sein des épreuves grâce à sa profonde unité[54].

Toutefois, au fil des jours, la santé de Jacqueline se détériore. À l'âge de quinze ans, elle avait eu un accident de plongée dans une piscine et à l'époque, les médecins n'avaient pu prendre la mesure de la blessure ni en évaluer ses conséquences à long terme. La chaleur extrême et humide de Calcutta, ajoutée à l'inconfort physique constant, ont fini par provoquer chez Jacqueline de grandes douleurs. Elle doit retourner à Anvers pour y faire des examens médicaux et

54. À Medjugorje, la Vierge insiste énormément sur l'importance de l'unité des cœurs dans la famille et les groupes de prière, allant jusqu'à dire aux jeunes du groupe de prière créé par elle en 1982 : « Si vous êtes unis entre vous, alors votre groupe sera plus puissant qu'une centrale nucléaire ! ».

tenter de sortir de cette impasse. Mais revenue dans son pays natal, la pire des surprises l'attend.

En Belgique, on découvre qu'elle souffre d'une grave maladie de la colonne vertébrale, compliquée par la tendance de son organisme à produire des fibres anormales.

Un jour, alors qu'elle masse un de ses amis malade, elle se rend compte que ses bras commencent à être paralysés. Ensuite, c'est le tour d'un de ses yeux, puis de sa jambe droite. (On comprit alors pourquoi ses chaussures étaient constamment usées de ce côté.)

Enfin, on lui annonce que, pour éviter une paralysie totale, il lui faut subir diverses interventions chirurgicales. Elle reçoit plusieurs greffes, dont une dans le cou. Jacqueline a passé une année entière dans le plâtre avant d'être greffée à douze reprises au niveau des vertèbres.

Jacqueline se trouve devant une terrible évidence : elle ne pourra jamais plus retourner en Inde ! Son engagement auprès des pauvres et des déshérités, qu'elle croyait si profondément être la volonté de Dieu pour elle, ne pourra donc pas se poursuivre. Pendant quelque temps, elle sombre dans la dépression et envisage même le suicide. Assaillie de doutes et de tentations, elle va jusqu'à penser avoir échoué dans sa vocation ; elle imagine avoir déçu Dieu au point d'en être rejetée. Tout devient affreusement sombre pour elle. C'est l'heure de l'épreuve…

Mais grâce à son ancrage indéfectible dans la prière, elle se ressaisit. Non, bien sûr, Dieu ne l'a pas rejetée ! Et non seulement il ne l'a pas abandonnée, mais il a préparé pour elle un chemin qu'elle n'aurait jamais pu imaginer. Dieu va lui redonner au centuple ce qu'elle pense avoir perdu.

J'ai besoin d'âmes comme la vôtre

À l'automne 1952, elle reçoit une lettre de Mère Teresa qui change son deuil en une fête :

« Aujourd'hui, je vais vous faire une proposition. Vous avez ardemment désiré être missionnaire. Pourquoi ne pas vous joindre en esprit à notre communauté que vous aimez tant ? Pendant que nous travaillerons dans les bidonvilles, vous partagerez nos mérites, nos prières et notre travail grâce à vos souffrances et à vos prières. Le travail ici est énorme et requiert des ouvriers, c'est vrai, mais j'ai besoin d'âmes comme la vôtre pour prier et souffrir pour ce travail : physiquement, vous serez en Belgique, mais en esprit, vous serez en Inde où tant d'âmes désirent ardemment le Seigneur et ne peuvent aller vers Lui. [...]

« Vous serez une véritable Missionnaire de la Charité si vous offrez vos souffrances pour ces personnes, pendant que les sœurs – vos sœurs – les aident physiquement à aller à Dieu. J'ai besoin que beaucoup de gens qui souffrent se joignent à nous, car je voudrais (1) avoir une communauté glorieuse dans le Ciel, (2) une communauté en souffrance sur la terre : les enfants spirituels et (3) une communauté militante : les sœurs sur le champ de bataille.

« Vous pouvez être physiquement dans votre pays, et également une missionnaire en Inde et dans le monde. Soyez heureuse, car vous êtes choisie par le Seigneur, qui vous aime tellement qu'il partage avec vous une part de sa souffrance. Soyez courageuse et joyeuse, et offrez beaucoup pour que nous puissions amener de nombreuses âmes à Dieu. Une fois que vous serez entrée en contact avec les âmes, cette soif augmentera de jour en jour en vous. »

En lisant cette lettre, Jacqueline comprend quelle est sa « vocation dans la vocation » : oui, elle peut continuer à donner sa vie à Dieu pour les pauvres, mais en se laissant configurer au Christ souffrant, à travers sa santé délabrée, les opérations multiples qu'elle subit et toutes les douleurs qu'elle endure. En réalité, Dieu va bien plus loin qu'elle ne le soupçonnait, il rend par là sa vocation encore plus belle, plus féconde pour le Royaume. Ce jour-là, Jacqueline comprend que ses maladies deviennent des cadeaux de Dieu et elle l'en remercie. Non par amour de la souffrance en soi, certes non, mais par amour de Jésus qui, à travers son offrande, va pouvoir étendre son salut dans un plus grand nombre d'âmes. En somme, Jacqueline perçoit ce nouvel appel comme celui de devenir, à l'instar de la Vierge Marie, une « co-rédemptrice ».

En juin 1953, Jacqueline jette les bases du réseau des Coopérateurs malades et souffrants des Missionnaires de la Charité.

Mère Teresa lui écrit alors cette lettre qui donne tout son esprit à cette fondation :

« Je suis très heureuse de vous savoir prête à rejoindre les membres souffrants des Missionnaires de la Charité [...]. Vous voyez que le but de notre communauté est d'étancher la soif de Jésus sur la Croix pour l'amour des âmes, en travaillant pour le salut et la sanctification des pauvres dans les bidonvilles. Qui pourrait le faire mieux que vous et les autres qui souffrent comme vous ? Votre souffrance et vos prières seront le calice dans lequel nous, les membres qui travaillons sur le terrain, allons verser l'amour des âmes, ces âmes que nous lui apportons. Par conséquent, vous êtes tout aussi importante et nécessaire à l'accomplissement de notre mission. Pour étancher cette soif, nous devons avoir un calice, et vous ainsi que les autres – hommes, femmes, enfants, jeunes et vieux, pauvres et riches – êtes tous bienvenus pour former ce calice.

« En réalité, vous pouvez faire beaucoup plus sur votre lit de douleur que je ne puis le faire en courant partout. Vous et moi ensemble pouvons faire toutes choses en Celui qui nous fortifie. Nous pouvons vous donner quelques prières que nous disons, pour que vous puissiez les dire aussi de façon à augmenter l'esprit de famille, mais il y a une chose que nous devons avoir en commun – c'est l'esprit de notre communauté, un abandon total à Dieu, une confiance aimante et une indéfectible bonne humeur.

« C'est par cela que vous serez reconnue comme une Missionnaire de la Charité. Toute personne, quelle qu'elle soit, qui souhaite devenir Missionnaire de la Charité et porteuse de l'amour de Dieu, est la bienvenue. Mais je voudrais en particulier que les paralysés, les estropiés, les incurables nous rejoignent, car je sais qu'ils apporteront beaucoup d'âmes aux pieds de Jésus. Grâce à vous, chaque sœur recevra une âme-sœur qui prie, souffre, pense à elle et s'unit à elle – qui sera une “autre elle-même“, un *alter ego*. Vous savez, ma chère sœur, notre travail est extrêmement difficile. Si vous êtes avec nous, priant et souffrant pour nous, nous serons en mesure d'accomplir de grandes choses pour l'amour du Christ, grâce à vous.

« Pour ma part, je ressens une joie et une force nouvelles dans mon âme à la pensée que vous et d'autres personnes se joignent spirituellement à la communauté. Maintenant que vous tous travaillez avec nous, qu'est-ce qui pourrait nous arrêter ? De quoi ne serions-nous pas capables ? Que ne ferions-nous pas pour Lui, n'est-ce pas ?

« Souriez à Jésus dans votre souffrance – car pour être une véritable Missionnaire de la Charité, permettez à Jésus de vivre sa vie en vous, en acceptant tout ce qu'il donne et en donnant tout ce qu'il prend avec un grand sourire. »

Jacqueline se chargea activement de trouver d'autres personnes souffrantes désireuses de se joindre à elle pour partager cette belle vocation.

Malgré l'aspect pauvre et exigeant de la Congrégation des Missionnaires de la Charité, on comptait déjà 48 sœurs en 1954. Il se trouvait également 48 membres souffrants qui accompagnaient ces sœurs de leurs prières et de l'offrande de leurs souffrances.

Soixante ans plus tard, plus de 3 000 malades ou souffrants ont trouvé un profond sens à leur vie en rejoignant les Coopérateurs. Grâce à ce lien de communion, ils permettent aux membres actifs des Missionnaires de la Charité de recevoir d'eux une nouvelle force et un nouvel élan. Ils savent que quelqu'un prie spécialement pour eux et renforce leur zèle à soulager la souffrance des pauvres. Dans un monde où la souffrance conduit de nombreuses personnes à perdre la foi, ces Coopérateurs sont la preuve vivante qu'elle peut aussi rapprocher l'homme de son Dieu.

Le 3 avril 2009, Jacqueline s'éteignait en Belgique. Elle avait dépassé ses désirs pour adopter ceux de Dieu et se lancer avec sainte Teresa de Calcutta dans une aventure beaucoup plus belle encore, celle d'être totalement dépouillée, vulnérable et identifiée aux pauvres qu'elle voulait secourir. Exigeante, mais ô combien féconde miséricorde !

40

Gandhi et l'enfant diabétique

Ruya est rongée par l'inquiétude, car son petit garçon de cinq ans est déjà diabétique malgré son jeune âge. Le cœur serré, elle s'applique à l'empêcher de manger des sucreries, mais c'est plus fort que lui, il va en manger en cachette avec ses amis. Que faire ?

À cette époque-là, dans les années cinquante, le Mahatma Gandhi recevait volontiers les personnes en quête de conseils car il était très proche de son peuple. Bien que non chrétien et non baptisé, cet homme remarquable vivait l'Évangile à sa manière et il est beau de voir combien l'Esprit Saint peut être à l'œuvre dans le cœur d'un homme de bonne volonté. Ruya plaça tous ses espoirs en lui pour son petit Manoj. « Je vous en supplie, lui dit-elle, parlez avec mon enfant ! Si c'est vous qui lui dites de ne plus jamais prendre de sucre, il vous écoutera. Avec moi, ça ne marche pas ! »

Ruya amena donc le petit auprès de Gandhi et, après quelques minutes de conversation en tête à tête, l'enfant revint tout content et tout fier, mais il n'avait absolument pas été question du sucre. Ruya rentra chez elle très déçue : le petit Manoj continuait à en prendre.

Toutefois, quelques semaines plus tard, ne trouvant toujours pas de moyen efficace d'aider son fils, elle retourna chez Gandhi et lui fit la même demande. L'entretien en tête à tête avec l'enfant dura à nouveau quelques minutes. Cette fois-là, le petit revint convaincu de ne plus prendre de sucre. Ruya rayonnait de joie ! Elle remercia vivement Gandhi et lui posa cette question : « Comment se fait-il que, durant votre première rencontre avec mon fils, vous ne lui ayez pas parlé du sucre ? » Une réponse des plus inattendues tomba comme un trait de lumière :

« Comment pouvais-je demander à cet enfant de se priver de sucre alors que moi-même je prends chaque jour du sucre ? Après ma première conversation avec lui, j'ai décidé de me priver moi-même de sucre et ainsi, je pouvais demander à l'enfant de faire de même. »

La vénérable Marthe Robin connaissait Gandhi sans l'avoir jamais vu, car mystiquement, elle voyait certaines personnes, même dans des pays éloignés, et elle priait pour elles. Parfois même, elle biloquait. Un jour, dans les années soixante, mon amie Brigitte C. se rendit chez elle. Durant leur courte conversation, Brigitte parla de Gandhi. Ayant séjourné en Inde, elle avait pu apprécier ses qualités, en particulier ses attitudes remarquables de cœur et d'esprit. À sa grande surprise, Marthe s'écria soudain : « Mais Gandhi, c'est comme un autre Jésus ! »

41

Le criminel s'appelait Dismas

Du Temple de Jérusalem s'élève le son déchirant du shofar. Tous les juifs religieux se préparent à célébrer l'entrée en shabbat. Cette année-là, c'est aussi la Pâque juive et le moment solennel de l'immolation de l'agneau pascal dans le Temple.

Sur le Golgotha, une grande agitation règne. D'après la vénérable Marthe Robin[55], deux malfaiteurs se font crucifier juste avant Jésus. Dismas et Gesmas font partie l'un et l'autre de cette troupe de pirates établis sur les frontières d'Égypte. (D'après la légende, les parents de l'un d'eux auraient donné l'hospitalité à la Sainte Famille lors de sa fuite en Égypte. Le petit Dismas était lépreux. La Vierge proposa à sa mère de le laver avec l'eau qui avait servi à baigner l'Enfant Jésus. Dismas fut aussitôt guéri.)

Les deux brigands étaient restés très longtemps en prison avant d'être condamnés. Tandis que les soldats se préparaient à le hisser sur la croix, Dismas avait remarqué la patience étonnante avec laquelle Jésus se laissait faire au milieu des pires sévices qui lui étaient infligés, car tout l'enfer, trop content de l'avoir saisi, se déchaînait contre lui avec l'imagination que peut susciter la plus violente des haines. Dismas n'était pas méchant de nature et déjà son cœur était touché par l'infinie douceur de Jésus. Il parlait de lui à son compagnon avec beaucoup de déférence et de compassion. « Ils

---

55. Ce passage de Luc 23, 39-43 a été abondamment décrit par Marthe Robin. En effet, elle revivait la Passion du Christ chaque semaine et en connaissait chaque personnage. Ses révélations sont en grande partie publiées dans : *La douloureuse passion du Sauveur*, disponible aux éditions Foyers de Charité. www.lesfoyersdecharité.com

maltraitent horriblement le Galiléen », lui disait-il, en entendant les coups de marteaux et les vociférations des bourreaux.

Au moment où on le hissait sur sa croix, Dismas dit à ses bourreaux : « Si vous nous aviez traités comme le Galiléen, vous n'auriez pas la peine maintenant de nous crucifier, nous serions morts depuis longtemps de tout ce que vous lui avez fait subir. » Mais aucun ne lui répondit.

Les croix des deux larrons avaient été dressées un peu en contrebas de celle de Jésus et en regard l'une de l'autre. On avait cependant laissé de la place entre elles pour qu'un homme à cheval puisse facilement passer et en faire le tour. Ces deux malheureux présentaient sur leurs croix un aspect si lamentable qu'ils inspiraient vraiment la pitié, surtout celui de gauche, un hideux scélérat qui avait toujours l'injure et l'imprécation à la bouche. Leurs visages étaient effrayants à voir, meurtris et livides. Leurs lèvres étaient toutes noircies par le breuvage qu'on leur avait fait prendre et par le sang qui y affluait. Leurs yeux étaient rouges et comme prêts à sortir de leurs orbites. Les souffrances que leur causaient les liens qui les enserraient si durement leur arrachaient des hurlements vraiment affreux.

Tout leur corps était agité de mouvements convulsifs occasionnés par la douleur qui les tourmentait sans répit. Gesmas criait et blasphémait sans arrêt contre Jésus, pendant que Dismas, déjà touché par la grâce, essayait de prier et gardait le silence en regardant Jésus, le cœur rempli d'une bien douce espérance.

Jésus en croix ramassa les dernières forces qui lui restaient et ouvrit enfin les yeux. Il les éleva vers le Ciel et laissa déborder, du plus profond de son cœur aimant jusqu'à la folie, ce testament de bonté infinie ; s'adressant à son Père, il murmura ces paroles incroyables avec une mansuétude sans limite : *« Père, pardonne-leur, car ils ne savent pas ce qu'ils font ! »* Marie répéta les mêmes paroles que son Fils et implora avec lui le pardon de ses ennemis malgré les affreux cris de haine qui montaient autour d'eux, et elle pria le Père de pardonner.

Les insultes continuaient sans arrêt contre Jésus comme un orage de grêle. Mais Dismas, qui avait déjà commencé à prier, fut vivement touché en entendant Jésus prier pour ses ennemis. Saisi tout à coup d'un profond repentir au moment même où la très Sainte Mère de Jésus se rapprochait de la croix, il fut favorisé d'une grande lumière intérieure : il eut vraiment connaissance à ce moment-là que Jésus intervenait dans son âme. Il dit d'une voix forte à la foule qui outrageait Jésus : « Comment pouvez-vous ainsi injurier votre Sauveur quand il prie pour vous ? Il s'est tu quand vous le maltraitiez et il a patiemment souffert tous vos affronts et vos mépris alors qu'il pouvait tous vous anéantir ! Et maintenant encore, il prie pour vous et vous ne l'entendez pas ! » Il s'enflamma encore et ajouta : « C'est un Prophète ! C'est notre Roi ! C'est le Messie, le Fils du Dieu Très-Haut ! Le Rédempteur et le Sauveur de tous ! »

À ces paroles inattendues sortant de la bouche même d'un misérable assassin attaché à son gibet, un grand tumulte s'éleva parmi les assistants, qui ramassèrent des pierres pour le lapider. Mais le centurion Abenadar le leur interdit sévèrement et les dispersa, puis il rétablit l'ordre.

Dismas dit alors à son compagnon qui, malgré la défense du centurion, n'arrêtait pas d'injurier le Seigneur : « Tu n'as donc pas même la crainte de Dieu, toi qui es condamné au même terrible supplice ? Pour nous, c'est justice, nos crimes nous ont mérité le châtiment que nous subissons, mais lui, il n'a rien fait de mal. Songe donc que tu vas mourir et demande-lui pardon ! »

Une lumière divine inondait maintenant son âme, il était sensiblement touché et confessa ses fautes au Seigneur. Puis il lui dit : « Seigneur, si tu me condamnes, ce sera justice, car mes fautes m'ont mérité l'Enfer ; mais aie pitié de moi ! » Jésus lui dit : « Tu auras part aujourd'hui même à ma Miséricorde. »

L'exemple du Bon Larron repentant nous révèle à tous l'efficacité souveraine du pardon divin quand il rencontre dans l'homme, même le plus coupable, ce simple sentiment : le regret de ses péchés. Consolation isolée peut-être que celle du Bon Larron à cette heure d'Amour, mais combien douce au cœur de Jésus et de Marie au milieu de cet océan de haine et d'amertume ! Un seul pécheur converti ne donne-t-il pas au Ciel une joie supérieure à la joie procurée par quatre-vingt-dix-neuf justes qui n'ont pas besoin de pénitence ? Au moins, un homme ose, dans cet universel flot d'injures, rendre hommage à l'amour et témoigner de la mission du Fils de Dieu !... Et cet homme-là est un assassin ! Mais sa foi est contagieuse et bientôt vont jaillir d'autres repentirs.

La divine emprise que Jésus avait exercée sur ses Apôtres, ses disciples et sur les foules dès le début de son ministère, loin de disparaître à cette heure, comme ses ennemis l'avaient espéré, s'imposait malgré eux à tous ceux qui assistaient à cette terrible scène et ils en étaient confondus.

Tout ceci se passait entre midi et midi et demi. Mais il se produisit à partir de ce moment-là de grands changements et de grandes transformations dans l'âme des spectateurs comme dans la nature. En effet, pendant que le Bon Larron accusait sa vie de péchés et de crimes, il y eut dans la nature des signes extraordinaires qui remplirent d'épouvante et de stupeur les blasphémateurs qui se turent aussitôt.

Vers la sixième heure, suivant la manière de compter des juifs, ce qui correspond à peu près à midi et demi chez nous, le ciel s'obscurcit tout à coup d'un épais brouillard rougeâtre et il y eut bientôt une éclipse de soleil. Une terreur générale s'empara alors des assistants et, à mesure que les ténèbres augmentaient, chacun devenait plus pensif et s'éloignait ou se rapprochait de la Croix en tremblant. Les animaux qui étaient restés au pâturage beuglaient et s'enfuyaient, apeurés. Les chevaux et les ânes des Pharisiens se serraient les uns contre les autres et baissaient la tête en hennissant. Les oiseaux cherchaient des refuges pour s'abriter comme à l'approche d'un orage et fondaient en grand nombre sur les collines environnant le Calvaire. Ceux qui, jusqu'à ce moment-là, avaient injurié le Seigneur, baissaient le ton et se retiraient à l'écart. Le brouillard devenait de plus en plus inquiétant !

Les Pharisiens essayaient encore de tout expliquer par des causes matérielles, mais ils y réussissaient bien mal, étant eux-mêmes intérieurement saisis de terreur. Chacun gardait les yeux obstinément fixés sur le ciel.

Peu à peu, les dispositions de la foule changèrent. On sentait qu'un très grand mystère planait sur cette scène incomparable. Quelque chose de divinement grand, de divinement beau et solennel s'accomplissait sur cette mystérieuse colline qui devenait pour tous la sainte colline de l'amour d'un Dieu pour ses frères pécheurs.

Le ciel s'obscurcissait toujours davantage et les ténèbres couvrirent bientôt toute la terre. La violence et la haine commencèrent à céder devant la crainte et même le repentir. Quelques-uns se frappaient la poitrine et se tordaient les mains de désespoir pendant que d'autres tombaient à genoux en implorant son pardon.

Près de Marie se tenait l'apôtre Jean qui allait bientôt recevoir la récompense magnifique de sa parfaite fidélité au Christ et à sa Sainte Mère. Non loin d'eux, Marie de Magdala, au comble de la désolation, était effondrée au pied de la Croix qu'elle entourait de ses bras. Appuyant son front contre les pieds sanglants de son Bien-Aimé, elle les couvrait de ses baisers brûlants. Très près de la Sainte Vierge, il y avait également Salomé et Marie de Cléophas s'unissant elles aussi par la douleur et l'amour au grand et divin mystère de la Croix et de la mort du Christ.

Dismas, toujours plongé dans l'abîme de son profond repentir, leva la tête vers son Sauveur et lui dit avec une humble espérance : *« Seigneur, souviens-toi de moi quand tu seras dans ton Royaume ! »* Jésus lui répondit : *« En vérité, je te le dis, tu seras aujourd'hui même avec moi dans le Paradis ! »*

Quand le condamné se fait l'avocat

Grâce à ces révélations de Marthe, il nous est donné de mieux pénétrer les sentiments de Jésus et du Bon Larron. Ce n'est sans doute pas un hasard si le Père a permis que ce soit un malfaiteur qui prenne la défense de Jésus. En effet, nous ne trouverons pas de meilleur avocat que lui ! C'est même l'unique personne qui se prononce ouvertement en sa faveur à l'heure de la croix, et l'on peut imaginer quelle consolation immense cela a pu procurer à Jésus. Le Christ est en train de donner sa vie pour les pécheurs, pour toi et pour moi, pour nous tous. Et qui se trouve à ses côtés ? Quelqu'un qu'il peut sauver immédiatement ! Quelqu'un en qui il peut voir le fruit de sa Passion. Jésus, trop content de trouver un cœur qui accepte son sacrifice et en accueille le fruit, fait de lui le premier saint de l'histoire chrétienne.

Lequel d'entre nous, aux prises avec d'atroces douleurs comme celle des crucifiés, pourrait encore déclarer qu'il mérite un tel sort ? L'humilité de cet homme déchaîne les torrents de la miséricorde du Christ. L'humilité du pécheur, qui reconnaît sincèrement son péché et s'en repent, provoque l'immense tendresse de Dieu, toujours heureux d'effacer nos péchés, quelle qu'en soit la gravité.

Si nous nous rendions compte de la grandeur du Cœur de Dieu et de la profondeur abyssale de sa miséricorde, nous nous jetterions aveuglément dans ses bras. Or, c'est souvent notre manque de foi en sa miséricorde qui nous entrave ! Jésus l'a rappelé à sainte Faustine :

« Dis aux âmes qu'à cette source de miséricorde, les âmes ne puisent qu'avec le vase de la confiance. Lorsque leur confiance sera grande, il n'y aura pas de bornes à mes largesses. Ce qui me cause le plus de douleur, ce qui me blesse le plus, encore davantage que le péché, c'est le manque de confiance dans ma miséricorde. » (*PJ* § 1601)

Que nous susurre le démon, au contraire ? « Laisse tomber ! C'est trop tard pour toi, vu tout ce que tu as fait, ne t'attends pas à ce que Dieu pose son regard sur toi. Désormais, tu es perdu, n'essaie même pas, tu fâcherais Dieu encore plus. » Combien de pécheurs, écoutant son discours venimeux, refusent de voir un prêtre au moment de leur mort et passent à côté de la grâce offerte !

Bien sûr, le démon est jaloux de cette possibilité qui nous est donnée sur terre de nous convertir, de revenir au Cœur brûlant de Jésus. Car Dieu est toujours impatient de nous donner une nouvelle chance, même cent fois par jour, quelle que soit notre situation. Dieu est si grand !

42

BRUNO CORNACCHIOLA
ET LES SIGNES DES TEMPS

Bruno Cornacchiola, son épouse et ses enfants

Le Ciel aurait-il une attirance particulière pour les criminels ? Le fait est que Jésus lui-même, du haut de la Croix, a canonisé un bandit de grand chemin. Le condamné à mort *Dismas* est devenu *saint Dismas,* le premier saint canonisé – et par Jésus en personne ! *« Aujourd'hui même, tu seras avec moi dans le Paradis »*, lui dit-il.

En matière de crimes, Bruno Cornacchiola n'avait pas grand-chose à lui envier.

Qui est-il ? Bruno naît en Italie dans une famille très pauvre, d'un père alcoolique et violent, et d'une mère qui n'a guère de temps à lui consacrer ni de tendresse à lui prodiguer. Après son mariage avec Jolanda, de laquelle naîtront quatre enfants, Bruno s'engage avec les nationalistes aux côtés de Franco dans la guerre d'Espagne en 1936. Là, il rencontre un protestant qui lui communique une haine farouche envers l'Église catholique et le pape Pie XII. Désormais,

Bruno nourrira un grand projet : éradiquer le Pape de la surface de la terre. De plus, la foi de sa pieuse épouse l'agace. Un jour de violente colère, il saisit un crucifix, le jette par terre en grimaçant et celui-ci se brise en mille morceaux. Puis, tandis qu'il commence à écrire un discours contre la thèse de la conception immaculée de Marie, Bruno décide de tuer le pape Pie XII. Il prépare un couteau bien aiguisé sur lequel il grave ces mots : *Mort au Pape*[56] *!*

Le samedi 12 avril 1947, il se trouvait avec ses enfants aux abords de Rome, non loin de l'abbatiale des Trois Fontaines qui doit son nom au martyre de saint Paul. En effet, c'est là que l'Apôtre des Gentils fut décapité, lors de la persécution de l'empereur Néron. La tradition dit que sa tête rebondit trois fois sur le sol et que trois sources d'eau en jaillirent.

Bruno a trente-trois ans. Ses trois enfants sont en train de jouer au ballon près d'une grotte (le quatrième enfant naîtra plus tard). Mais le ballon se perd dans un bosquet et Bruno part à sa recherche. Ses enfants, entrés dans la grotte, tombent l'un après l'autre à genoux dans la poussière. Les voilà figés sur place, les mains jointes et, comme fascinés, ils répètent tous les trois les mêmes paroles : « Bella Signora, bella Signora ! » Bruno les appelle du dehors, mais en vain.

Courroucé, il se rend d'un pas rapide vers la grotte et là, il trouve ses enfants à genoux, le regard extatique. « Qu'est-ce que vous faites là ? leur dit-il. Ce n'est pas un endroit pour prier ! » Mais les enfants restent sourds à ses cris et ne se retournent même pas pour regarder leur père. De plus en plus furieux, Bruno tente de les saisir, mais ils sont rigides et lourds comme de la pierre. Il est alors projeté par terre malgré lui, tombe à genoux et tourne la tête vers le fond de la grotte. La Sainte Vierge se tient là, majestueuse, grave, extrêmement belle, vêtue d'une robe ivoire et d'un long voile vert émeraude qui descend jusqu'à terre. Sa ceinture est d'un vieux rose ! La Vierge regarde Bruno et lui dit : « Je suis celle qui habite dans la Trinité divine. Je suis la Vierge de la Révélation. Tu me persécutes, maintenant ça suffit ! (*Basta* !) Rentre dans le saint troupeau[57] ! »

---

56. Un an plus tard, il rencontrera Pie XII pour lui remettre ce couteau et lui demander pardon.
57. Cette apparition a été reconnue informellement par le pape Pie XII lorsqu'en 1956, il a béni la statue de la Vierge qui se trouve encore actuellement dans la grotte. Le culte est autorisé dans la petite chapelle.

Bruno raconte que la Vierge fit un geste de son bras droit, pointant le sol de l'index. Or, gisant à ses pieds, il vit une croix brisée, celle-là même qu'il avait jetée par terre quelque temps auparavant. Il vit aussi un morceau de tissu noir et une soutane abandonnée à terre. La Vierge lui dit alors : « Voilà, l'Église sera persécutée, brisée, cela est le signe que mes fils se dévêtiront... Toi, sois fort dans la Foi ! » (Les « fils » dont Marie parle ici sont les membres du clergé.) Puis la Vierge lui révéla ce qui allait arriver, en particulier la défection de tant de prêtres et combien, lui, Bruno, devait aimer et servir l'Église malgré tout ce qui s'y passait. Cette croix brisée signifie le martyre des prêtres qui restent fidèles au Christ dans la persécution. « Les prêtres, lui dit Marie, même s'ils se trouvent dans le tourbillon infernal, me sont chers. Ils seront piétinés et trucidés. Voilà la croix brisée près de la soutane, signe du dépouillement sacerdotal. » La soutane jetée par terre signifie l'abandon du sacerdoce par tant de prêtres. Le tissu noir signifie que l'Église sera laissée veuve, elle sera livrée à la merci du monde.

Bruno se convertit sur-le-champ, il devient un apôtre de feu comme un grand défenseur de l'Église jusqu'à sa mort en 2001. Durant toutes ces années jusqu'en juin 2001, il reçoit des paroles de la Vierge, surtout à travers des songes, comme don Bosco. Ces messages sont prophétiques, ils concernent l'avenir proche et lointain de l'Église, et les drames internes qu'elle traverse. La plupart se rapportent au temps que nous vivons actuellement[58].

Or, le 2 mai 2016, la voyante Mirjana Soldo reçut, lors de l'apparition mensuelle de la Vierge à Medjugorje, le message suivant :

> « Chers enfants ! Mon cœur maternel désire votre conversion véritable ainsi qu'une foi forte, afin que vous puissiez propager l'amour et la paix à tous ceux qui vous entourent. Mais, chers enfants, n'oubliez pas que chacun de vous est un univers unique devant le Père céleste. C'est pourquoi, permettez à l'action incessante de l'Esprit Saint d'œuvrer en vous... Je vous appelle, chers enfants, à bien **regarder les signes des temps**, à **"recueillir les croix brisées"** et à être **"les apôtres de la Révélation"**. Je vous remercie. »
> (Mirjana demanda que l'on mette ces mots entre guillemets, elle a aussi confirmé qu'ils se rapportaient aux apparitions des Trois Fontaines.)

58. Pour ceux qui lisent l'italien, ces messages se trouvent dans le livre de Saverio Gaeta : *Il Veggente, il secreto delle Tre Fontane*, Salani Editore, 2016. Là, Saverio a recueilli des Archives du Vatican toutes les prophéties de la Vierge à Bruno Cornacchiola.

L'Apocalypse se réalise-t-elle ?

Pourquoi la Vierge nous parle-t-elle aujourd'hui des croix brisées qu'il nous faut recueillir ? Cela ressemble à un appel de phares de sa part pour ceux qui veulent servir le Christ et son Église, dans le contexte actuel d'une grande confusion des esprits et d'une profonde douleur. Notre monde nage en eaux troubles. Il ne s'agit plus d'une seule croix brisée, comme celle montrée à Bruno en 1947, mais de nombreuses croix brisées, celles que l'on brise aujourd'hui dans les pays qui veulent repousser le Christ hors de leurs frontières. Marie nous exprime également son immense douleur face à la défection de tant de chrétiens, prêtres et laïcs, face aux trahisons au sein même de l'Église, face à la grande apostasie de notre époque.

Marie révèle à Bruno le nom par lequel elle désire être invoquée en ce lieu : « Je suis **la Vierge de la Révélation**. » Elle tient en ses mains un petit livre : l'Apocalypse de saint Jean, appelé aussi « le livre de la Révélation ».

La *Vierge de la Révélation* nous invite aujourd'hui à être *« les apôtres de la Révélation »* ! Elle indique ce qui caractérise les apôtres qui auront à rester fidèles au sein de la tribulation. Traits de caractère qui, précise-t-elle à Bruno, étaient les siens durant sa vie terrestre :

> « Ils ne se lamentent pas,
> ils se taisent,
> et ils ne se rebellent pas. »

Le livre de l'Apocalypse est un texte sacré en partie scellé, il annonce le devenir de l'humanité et la victoire de Dieu sur le Dragon et la Bête, après un terrible combat. Comment ne pas ouvrir les yeux et constater qu'en effet, aujourd'hui comme jamais auparavant, le combat contre la Bête s'avère violent et décisif ? Satan sait que ses jours sont comptés et il joue ses dernières cartes avec l'énergie du désespoir. La Vierge voudrait-elle nous dire que nous sommes à un moment charnière, à un tournant important de la vie de l'Église ? Un temps où s'approche la réalisation de l'Apocalypse et où chacun va devoir prendre position, avec le Christ ou contre le Christ ? Personnellement, je le crois, car dans ses messages à Medjugorje, Marie n'a jamais fait allusion à un autre lieu d'apparition, si ce n'est, en août 1991, à celui de Fatima. Pourquoi reprend-elle maintenant les points fondamentaux des *Trois Fontaines* ?

Il est bon de relire le livre de l'Apocalypse, en particulier le chapitre 12 où la Vierge est présente. Elle a dit à Bruno : « Avant de me retirer, je te dis cela : la Révélation est la Parole de Dieu et cette Révélation parle de moi. Voilà pourquoi j'ai pris ce titre : *La Vierge de la Révélation.* »

Il est important aussi de saisir, dans le cœur à cœur d'une prière fervente, combien la Vierge attend que nous fassions réparation pour les sacrilèges et le peu de cas que nous faisons de Jésus présent dans l'Eucharistie. Réparation aussi pour les attaques contre le sacerdoce des prêtres. « Mon Cœur immaculé saigne », a-t-elle dit le 25 avril 2016 à Medjugorje. Elle ne nous demande pas de « recueillir les croix brisées » pour ensuite émettre des critiques et des considérations négatives contre certains prêtres ou prélats, et encore moins de sombrer dans le découragement. Non, elle nous invite à faire tout ce qui est en notre pouvoir pour les aider et les soutenir par notre prière et nos sacrifices. Quelle consolation nous pouvons lui apporter, en unissant notre cœur à son Cœur immaculé qui, certes, saigne, mais qui voit déjà la victoire finale.

Pour faire une analogie, imaginons que nous sommes sur une petite route de montagne, étroite et mal entretenue, ça tourne, ça tourne, on a mal au cœur, ça n'en finit pas et tout à coup, on sent la mer, on ne la voit pas, mais on hume son odeur iodée si particulière. Alors, on reprend courage, elle n'est pas loin, on va y arriver ! Puis, au détour d'un virage, la voilà, elle est là, belle, immense, magnifique !

La victoire approche, mais en attendant, Marie cherche des âmes qui veulent bien ne faire qu'un avec son âme et combattre avec elle jusqu'à ce qu'elle écrase la tête du serpent. Le combat s'annonce acharné.

Jolanda sauve son mari

L'épouse de Bruno Cornacchiola, Jolanda, nous donne un exemple admirable qui sera une piste de sainteté pour beaucoup de conjoints en difficulté dans leur mariage. Malgré les infidélités répétées de Bruno avant sa conversion, Jolanda est restée fidèle au poste, priant avec ferveur. À tel point que la Vierge elle-même l'a louée devant Bruno : « Les promesses de Dieu sont et resteront immuables, lui dit-elle. *Les neuf vendredis du Sacré-Cœur* que tu faisais, poussé amoureusement par ta fidèle épouse avant que tu ne prennes le chemin de l'erreur, t'ont sauvé ! » Voilà la simple pratique de piété qui a sauvé Bruno de la perdition[59] ! La Vierge prit la défense de Jolanda, affirmant à Bruno qu'elle lui était restée fidèle et n'avait jamais commis les fautes dont il l'accusait. En fait, il la battait, sans doute pour décharger sur elle le remords de ses propres infidélités, jusqu'à la nuit même qui précéda l'apparition. (On pourrait suggérer au Saint-Siège de béatifier Jolanda en même temps que son mari !)

Et la Vierge continue ainsi : « Les *Ave Maria* que vous dites avec foi et amour sont autant de flèches d'or qui rejoignent le Cœur de Jésus. »

---

59. À Paray-le-Monial, en 1675, le Christ confia à sainte Marguerite-Marie Alacoque **12 promesses** pour ceux qui vénéreraient son Sacré-Cœur de façon particulière durant neuf premiers vendredis du mois consécutifs. La vraie dévotion au Sacré-Cœur de Jésus est aussi la dévotion au Saint-Sacrement. Ces promesses sont pour ceux qui vivront une heure d'adoration avec Jésus dans le Saint-Sacrement. Les voici :

1. Je leur donnerai toutes les grâces nécessaires à leur état.
2. Je mettrai la paix dans leur famille.
3. Je les consolerai dans toutes leurs peines.
4. Je serai leur refuge assuré pendant la vie et surtout au moment de la mort.
5. Je répandrai d'abondantes bénédictions sur toutes leurs entreprises.
6. Les pécheurs trouveront dans mon Cœur la source et l'océan infini de la miséricorde.
7. Les âmes tièdes deviendront ferventes.
8. Les âmes ferventes s'élèveront à une grande perfection.
9. Je bénirai même les maisons où l'image de mon Cœur sera exposée et honorée.
10. Je donnerai aux prêtres le talent de toucher les cœurs les plus endurcis.
11. Ceux qui propageront cette dévotion auront leur nom écrit dans mon Cœur, et il n'en sera jamais effacé.
12. Je te promets, dans l'excès de la miséricorde de mon Cœur, que mon amour tout-puissant accordera à tous ceux qui communieront les premiers vendredis, neuf fois de suite, la grâce de la pénitence finale, qu'ils ne mourront pas dans ma disgrâce ni sans recevoir les sacrements, et que mon Cœur se rendra leur asile assuré à cette heure dernière.

Conditions à vivre, afin de se rendre digne des 12 promesses :

1. Faire une communion sacramentelle, à condition de se trouver en état de grâce. Si l'on se trouve en état de péché mortel, il est alors nécessaire de faire au préalable une bonne confession.
2. Faire cette communion durant neuf mois consécutifs. Si ces communions se trouvent interrompues, même un seul mois, du fait que l'on a oublié ou pour toute autre raison, il est nécessaire de recommencer du début.
3. Communier chaque premier vendredi du mois. Cette pieuse pratique peut commencer à partir de n'importe quel mois de l'année.

Quelles prophéties Bruno a-t-il reçues ?

Curieusement, le livre *Il Veggente* (« Le voyant »)[60] a été publié quatre mois seulement avant que la Vierge, à Medjugorje, n'évoque ses apparitions aux Trois Fontaines. Ou du moins ne fasse allusion aux trois éléments centraux qui les caractérisent. Il semble qu'elle ait attendu que ces prophéties soient rendues publiques et accessibles à tous pour les mentionner. Voici des extraits de ce livre que Bruno écrivit, entre 1947 et 2001, dans une grande souffrance :

> « Toute l'Église fera l'objet d'une terrible épreuve afin de se purifier de toutes sortes de concupiscences qui se sont infiltrées parmi ses ministres, en particulier dans les Ordres qui ont fait vœu de pauvreté : ce sera une épreuve morale et une épreuve spirituelle. Au temps indiqué dans les livres célestes, les prêtres et les fidèles se trouveront à un tournant dangereux et courront le risque d'être précipités dans le monde des damnés *(par exemple les satanistes, note de l'auteur)* qui les attaquera par tous les moyens possibles, entre autres par de fausses idéologies et théologies ! Les supplications viendront des deux côtés, aussi bien des fidèles que des infidèles, et elles seront à la mesure des épreuves. Moi (la Vierge), je serai parmi vous, les élus, le Christ sera notre Capitaine, et nous combattrons pour vous […].

> « La colère de Satan n'est plus contenue, l'Esprit de Dieu est retiré de la terre, l'Église sera laissée veuve, voici le drap funéraire. Elle sera laissée à la merci du monde. Enfants, devenez saints et sanctifiez-vous davantage, aimez-vous toujours les uns les autres. [...] Mobilisez-vous sous la bannière du Christ. En œuvrant de cette façon, vous verrez les fruits de la victoire dans l'éveil des consciences pour le bien ; en dépit du mal ambiant, vous verrez, grâce à votre coopération aidante et efficace, des pécheurs convertis et le Troupeau rempli d'âmes sauvées. » (Chap. 4, p. 81)

> « Il y aura des jours de souffrance et de deuil. De l'Orient se lèvera un peuple fort, mais loin de Dieu, qui lancera une attaque terrifiante et brisera les choses les plus saintes et les plus sacrées quand il lui sera donné de le faire. » (Chap. 10, p. 192)

60. Saverio Gaeta, *Il Veggente, il secreto delle Tre Fontane*, Salani Editore, 2016.

« “Regarde !” Je regarde et vois une multitude de gens affairés qui ressemblent à des fourmis, ils vont et viennent, s’affairent, sont fatigués… Certains tombent par terre et je vois qu’ils se jettent les uns sur les autres en se donnant des coups, et j’entends aussi leurs voix excitées, pleines de colère, qui blasphèment et s’accusent mutuellement du mal qui existe dans le monde. Quelques-uns ont à la main des armes spéciales, ils font la guerre. Je vois du sang, des morts partout… Soudain, j’entends trembler la terre sous mes pieds… je m’agite… je suis effrayé. La Vierge me dit : “N’aie pas peur. C’est un tremblement de terre, signe d’avertissement pour le monde entier.” Je demande : “Ce sont des avertissements en vue de la conversion ? Ou bien des rappels pour revenir à la doctrine, à l’Esprit de vérité qu’ils ont combattu ?” La Vierge me répond : “Ils sont sourds et sans intelligence ! Ils voient les signes qui sont un avertissement, mais ne réfléchissent pas à cette réalité. Toi, prie et offre.” » (Chap. 10, p. 195)

1er janvier 1990 : « Les hommes de Dieu, ceux qui sont appelés à sauver les hommes, rencontreront des obstacles pour accomplir leur mission ; et ils ne parleront ni de Dieu, ni de Jésus-Christ, ni du Saint-Esprit. Ils ne pourront pas non plus parler de moi qui suis véritablement la Mère de Dieu, l’Épouse de Dieu, la Fille de Dieu. Ils en seront empêchés et ils ne pourront pas parler des sacrements ni des sacramentaux. Ceux qui parleront de ces choses seront persécutés, physiquement et moralement, et deviendront de vrais confesseurs de Jésus Christ. » (Chap. 11, p. 218)

Marie a confié à Bruno, le 31 décembre 1990 :

« De faux prophètes sont déjà à l’œuvre, qui cherchent par tous les moyens à empoisonner les âmes, remplaçant la doctrine de Jésus, mon Fils bien-aimé, par des doctrines sataniques. Ils supprimeront le sacrifice de la croix qui se perpétue sur tous les autels du monde ! Ces empoisonneurs supprimeront les moyens du salut ; et ils ont déjà pénétré dans la lumière de l’Église, qui est divine, fondée sur mon Fils, la pierre angulaire, cette pierre qu’il a déposée sur les épaules de Pierre et des apôtres. » Mais en même temps la Vierge a précisé que « Jésus a promis que les ennemis peuvent abîmer les âmes, altérer l’espérance, mais ils ne peuvent abîmer l’Église ni prévaloir contre elle. Et l’Enfer, avec toute sa puissance, ne pourra rien contre l’Église de mon Fils. Celui qui vivra en elle sera sauvé. » (Chap. 11, p. 221)

Bruno Cornacchiola

Sanctuaire des Trois Fontaines © EDM

43

Échapperons-nous à la menace ?

Il a vingt-neuf ans, il est marié et père de famille, maigre et nerveux. Teint basané, cheveux noirs, regard fixe et déterminé. De sa bouche sortent des paroles terrifiantes sur un ton monocorde et de façon mécanique. Nous sommes en juin 2016, dans une prison de Libye. Ce kamikaze de Daech (ISIS) vient d'être arrêté alors qu'il préparait un attentat à Tripoli (Libye) contre le général Serra. Dans l'interview diffusée à la télévision italienne, ce qui frappe, c'est l'absolue tranquillité avec laquelle il exprime son projet de se faire sauter au nom d'Allah.

> « Ma peur ne compte pas, dit-il au journaliste du *Corriere della Sera*. Je fais ce qui est juste aux yeux de notre religion. Je mourrai et j'irai au paradis. C'est ce qui est écrit, c'est ce que demande le Coran. Nous arriverons vite à Rome, la ville qui symbolise l'Occident infidèle. De là, nous prendrons toute l'Europe ; depuis la Libye, c'est facile ! Pour les chrétiens et les infidèles, il restera trois possibilités : se convertir à l'islam, payer la taxe prévue par notre loi religieuse, ou être tués s'ils n'y consentent pas. »

Ce kamikaze ne pouvait être plus clair ! Son discours relève aujourd'hui d'un cliché. Rien de nouveau ! Toutefois, le fait d'affirmer cela en direct à la télévision résonne différemment et peut faire réfléchir. Il s'agissait bien d'assassiner, entre autres, Paolo Serra, le général italien, conseiller militaire de Martin Kobler, l'envoyé de l'ONU pour la Libye.

Se confier à Dieu ne veut pas dire faire l'autruche ni rester aveugle sur les réelles menaces qui pèsent sur nous.

J'ai eu la joie de rencontrer en février 2016 Fabio Gregori, l'un des deux voyants de Civitavecchia (près de Rome) avec sa fille Jessica[61]. Ces apparitions ont été précédées en février 1995 par une lacrimation de sang sur une statue de Marie dans le jardin des Gregori. Comme à Fatima et à Medjugorje, la Vierge nous interpelle et donne à nouveau les moyens les plus sûrs d'éviter les destructions, les guerres et toutes formes de maux, promettant aussi sa fidèle protection maternelle SI nous faisons ce qu'elle dit. « Je ne peux pas vous aider, dit-elle à Medjugorje, si vous ne vivez pas les commandements de Dieu, si vous ne renoncez pas au péché et si vous ne vivez pas la messe. » (25.10.1993) En effet, elle ne peut pas agir si nous refusons le dessein de Dieu sur nous. Elle n'est pas un électron libre au milieu de la Cour céleste !

En bref, dès 1995, la Vierge de Civitavecchia, sous le vocable de *Reine des familles*, nous prévient de la menace d'un conflit nucléaire entre l'Orient et l'Occident. Par ailleurs, le démon va tout faire pour miner l'unité de la famille chrétienne fondée sur le mariage. Et, sans un nouvel élan de conversion, beaucoup de prêtres vont trahir leur propre vocation et même provoquer de graves scandales. L'Église va connaître une grande apostasie, c'est-à-dire le reniement des vérités chrétiennes fondamentales, réaffirmées au cours des siècles dans la Tradition et dans la Doctrine[62].

Parmi les messages prophétiques reçus par Fabio et Jessica depuis 1995, deux d'entre eux ne sont-ils pas en train de se réaliser déjà avec force ?

– La destruction de la famille par Satan en haine du Créateur. En effet, la famille est au cœur du plan de Dieu pour l'humanité, c'est

---

61. Ces apparitions n'ont été reconnues que sur le plan diocésain par Mgr Grillo. Jean-Paul II entretenait un rapport étroit avec cette famille exceptionnelle. Il s'est rendu personnellement dans la paroisse de San Agostino où la statue est exposée au culte public. Dans son livre *Diario del Vescovo*, Mgr Grillo raconte aussi que, par deux fois, le pape Jean-Paul II s'est rendu à Civitavecchia incognito, au cours de ses nombreuses « fugues hors les murs ».

62. Lire *La Madonna di Civitavecchia* du père Flavio Ubodi, Edizioni Ares. www.amazon.it (en italien). On y trouve une grande partie des prophéties de la Vierge. D'autres prophéties sont tenues secrètes par l'évêque du lieu. Lire aussi *La Madonna si fa la strada, Civitavecchia nel tempo di Maria*, de Riccardo Caniato, Edizioni Ares. Enfin : Intervista de Riccardo Caniato pubblicato su Studi Cattolici nr. 652, juin 2015, http://ares.mi.it/riviste-652-187.html

le nid de la vie pour l'homme créé à l'image de Dieu. « De l'unité de la famille, dit saint Jean-Paul II, dépend l'avenir de l'Église et du monde. » L'enjeu est donc crucial !

– La perte de la foi et une grande apostasie, ainsi que des scandales au sein même de l'Église.

Sœur Lucie, la voyante de Fatima, le confirme. En effet, lorsque Jean-Paul II demanda au cardinal Caffarra de fonder l'Institut Pontifical d'Études sur le Mariage et la Famille, ce dernier écrivit à sœur Lucie de Fatima pour solliciter sa prière. À sa grande surprise, il reçut d'elle une longue lettre écrite de sa main, actuellement conservée dans les archives de l'Institut. En voici un extrait :

> « La bataille finale entre le Seigneur et le règne de Satan portera sur le mariage et la famille. N'ayez pas peur car tous ceux qui travailleront pour le caractère sacré du mariage et de la famille seront toujours combattus et haïs de toutes les manières, parce que c'est le point crucial. »

En conclusion, elle ajoutait :

> « Cependant, Notre-Dame lui a déjà écrasé la tête. »

Lucie avertissait aussi qu'en touchant à la famille, on touchait à la colonne qui soutient toute la Création, à la vérité sur la relation entre l'homme et la femme et entre les générations. Quand on touche à la colonne centrale, tout l'édifice s'écroule et c'est cela que nous voyons aujourd'hui.

De son côté, Bruno Cornacchiola cite clairement les prophéties reçues de la Vierge de la Révélation, entre autres sur le fait qu'à Rome couleront des rivières de sang (voir chapitre précédent, 42).

Sous la menace de catastrophes naturelles et de guerres, l'angoisse monte de plus en plus face à l'avenir. La paix en Europe est plus que fragile. Des musulmans extrémistes veulent faire disparaître complètement la culture chrétienne de l'Occident. On se trouve ici en plein cœur d'un gigantesque combat spirituel.

En 1976, le cardinal Karol Wojtyla s'exprimait déjà ouvertement :

> « Nous nous trouvons actuellement devant la plus grande confrontation que l'histoire de l'humanité ait jamais connue. Je ne pense pas que la

majorité de la société américaine, pas plus que l'ensemble de la chrétienté, en saisisse toute la portée. Nous sommes actuellement face au combat final, celui de l'Église et de l'anti-église, celui de l'Évangile et de l'anti-évangile, celui du Christ et de l'antéchrist. Cette confrontation s'insère dans les desseins de la Providence divine. C'est pourquoi elle est dans le plan de Dieu. Il faut qu'il y ait un combat que l'Église assume et mène avec courage... »

À Lourdes en 2007, le cardinal Ivan Dias conclut ces mots de Jean-Paul II, pour notre consolation :

> « De toute façon, une chose est sûre : la victoire finale appartient à Dieu et cette victoire finale sera remportée sur l'intercession de la Vierge Marie, la femme de la Genèse et de l'Apocalypse qui combattra à la tête de ses armées, de ses fils et de ses filles contre le pouvoir de Satan. Elle écrasera la tête du serpent. »

À Medjugorje, les voyants ont reçu des secrets sur l'avenir du monde. Ils ont pleuré abondamment en recevant l'un des derniers. Ils n'ont bien sûr pas révélé de quoi il s'agissait, mais plus tard, la Vierge leur a dit que le contenu de ce secret avait été adouci grâce aux prières et aux jeûnes, mais pas complètement supprimé. Au début des apparitions, la Vierge avait fait connaître qu'au terme des secrets, nous verrions la fin du pouvoir de Satan et le voyant Ivan Dragicevic déclara aussi : « Lorsque les secrets seront révélés, on retrouvera la foi de nos pères. »

N'oublions pas que les vraies prophéties annonçant malheurs et souffrances sont données par Dieu pour ne pas se réaliser ! Elles sont toujours accompagnées d'une ouverture sur la miséricorde, d'une invitation à la conversion et au retour aux commandements de Dieu. Si nous nous repentons et faisons pénitence, alors Dieu empêche le mal d'arriver. La Bible et l'histoire de l'Église nous en donnent bien des exemples !

Mais, sauf erreur de ma part, notre monde d'aujourd'hui ne semble pas se rapprocher du Seigneur, du moins en Occident où l'on préfère rendre un culte aux dieux Argent et Pouvoir. En 1981, la Vierge de Medjugorje disait : « Je suis venue pour rapprocher le monde du Cœur de Dieu. » Mais, en 2012, elle affirmait : « Le monde s'éloigne chaque jour davantage du Cœur de Dieu. » La Reine de la Paix aurait-elle échoué dans sa mission ? Non, c'est nous qui n'avons guère prêté attention à sa voix maternelle qui nous invitait sur les vrais chemins de la paix. Trop préoccupés que nous sommes par d'autres objectifs que celui de la sainteté.

Sous le manteau de Marie

Mon propos n'est pas d'insister ici sur les menaces qui pèsent sur le monde, ni sur les offenses continuelles dont nous abreuvons le Cœur infiniment aimant de notre Dieu.

Je souhaite plutôt rappeler une fois de plus que la Vierge Marie, Mère de Miséricorde et Refuge des pécheurs, est LA réponse providentielle aux angoisses de nos contemporains. Examinons le parcours de cette parfaite disciple de Jésus. Elle est l'Épouse par excellence et, comme les disciples du Christ, elle est la première à *« suivre l'Agneau partout où il va »* (Ap 14, 4). Effectivement, Marie n'a jamais manqué de suivre son Fils en tous ses chemins, et quels chemins ! Il est né à Bethléem dans une extrême pauvreté. Il a échappé de justesse au massacre des Saints Innocents. Il a fui en Égypte avec ses parents, survivant avec peine comme tant de réfugiés loin de leur patrie. Trente ans de vie cachée à Nazareth, puis trois ans de prédication. Soudain, il se laisse arrêter sans opposer la moindre défense, comme un agneau que l'on mène à l'abattoir. Là, plus aucune échappatoire. Son Heure est venue. Il doit maintenant être livré aux mains des pécheurs et conduit à la plus ignominieuse des morts…

Voilà, ça y est, l'Agneau est immolé sur l'autel de la croix ! Pour les siens, le monde s'écroule. Ils sont accablés de douleur et de désespoir. Tout est fini. Ils n'y comprennent plus rien. C'est l'horreur absolue. Toutefois, seule une âme ne vacille pas. Marie se tient là, debout au pied de la croix, droite, calme. Elle garde sa grande dignité devant tous et une beauté d'attitude qui ne peut se voir à un tel degré que dans la Mère de Jésus. Elle est soutenue par une espérance indéfectible, ou plutôt par une certitude : le plan du Père s'accomplit sous ses yeux, le salut du monde se joue sur le Golgotha, son Fils est en train de réaliser parfaitement sa mission, il terrasse la mort sur son propre terrain et rachète l'humanité.

Voici comment Marthe Robin[63] décrit ce qui habite le cœur de la Vierge à cette heure-là :

> « La douleur de Marie est infinie. Pourtant, il ne faudrait pas se représenter sa souffrance comme un océan d'amertume que n'éclaire aucun rayon d'En-Haut. Loin de là ! Elle est si parfaitement heureuse dans son immense douleur de faire jusqu'au bout la volonté du Père et de contribuer largement, par son amour et son offrande, au plan rédempteur et éternel de Dieu, et d'enfanter avec Jésus une humanité nouvelle à la vie divine. Elle prévoyait aussi la Résurrection prochaine et l'exaltation universelle du Divin Crucifié. »

Cette Mère que Jésus nous a donnée du haut de la croix n'est pas un symbole ni une gentille mère de substitution. C'est une vraie maman, c'est-à-dire une femme qui conçoit l'enfant en elle, le porte dans son sein, le met au monde et l'accompagne de sa sollicitude. Certes, notre mère terrestre nous a déjà donné la vie. Mais ce corps que nous avons reçu d'elle va mourir un jour. En revanche, la vie à laquelle la Vierge nous enfante est une vie qui ne finira pas, la vie dans l'Esprit qui prend sa source en Dieu Créateur et se déploiera pleinement dans la vie éternelle. « Lorsque nous sommes sur la terre, dit saint Bernard de Clairvaux, nous ne sommes pas encore nés. Nous naissons lorsque nous entrons au Ciel. Sur la terre, nous sommes portés dans le sein de la Mère de Dieu. » Marie est donc notre vraie Mère dans l'ordre surnaturel et divin, tout comme notre mère terrestre est notre vraie mère dans l'ordre de la nature. Marie nous a donné infiniment plus que notre mère de la terre. Elle nous a enfantés pour une vie sans fin, divinement belle et heureuse !

Avec Marie et comme elle, l'Église suit l'Agneau partout où il va. Partout où il va ? Il arrivera forcément un moment où, à la suite de son Maître, l'Église que Marie porte en elle aura elle aussi à vivre la mise à mort du Christ, avant son triomphe. C'est la nuit du Samedi saint. C'est le silence de Dieu.

Alors, si, dans un proche avenir, l'Église semble écrasée comme son Maître, si elle paraît anéantie, voire détruite comme son Maître, si l'on assiste à la confusion et à la débandade du clergé, si nos églises sont réquisitionnées ou attaquées, si nos sécurités tombent,

63. *La douloureuse Passion du Sauveur*, éd. Foyer de Charité. www.martherobin.com

si enfin nous ne voyons plus que ténèbres autour de nous, alors il nous restera toujours le plus sûr des refuges, le manteau maternel de Marie devenue notre Mère à la croix[64]. C'est-à-dire vivre avec elle, en elle, par elle, suivre ses instructions comme elle nous y invite[65] ! Les traits enflammés du Malin n'ont jamais pu pénétrer le manteau de la Vierge, car ce manteau est la nuée même de l'Esprit Saint qui l'a couverte de son ombre dès l'Annonciation et qui ne l'a plus jamais quittée, comme il est écrit : *« L'Esprit Saint te couvrira de son ombre. »* (Lc 1, 35) Heureux, bienheureux ceux qui accueilleront Marie comme leur Mère, ils ne seront pas confondus au milieu des tempêtes[66].

Pas sans l'archange Michel !

Le nom de Michel est évoqué pour la première fois dans l'Écriture au livre de Daniel :

> *« En ce temps-là se lèvera Michel... qui se tient auprès des fils de ton peuple. Car ce sera un temps de détresse comme il n'y en a jamais eu depuis que les nations existent. » (Dn 12, 1)*

---

64. Le 13 janvier 1864, le vénérable père Louis Cestac (fondateur de la congrégation des Servantes de Marie), fut frappé d'une vision lui montrant des démons causant des ravages inexprimables sur la terre. En même temps, il eut une vision de la Vierge Marie qui lui dit qu'en effet, les démons étaient déchaînés dans le monde, que l'heure était venue de la prier comme Reine des Anges et de lui demander d'envoyer les Légions saintes pour terrasser les puissances de l'enfer. « Ma Mère, dit le prêtre, vous qui êtes si bonne, ne pourriez-vous pas les envoyer sans qu'on vous le demande ? » « Non, répondit-elle, la prière est une condition posée par Dieu même pour l'obtention des grâces. » « Eh bien, ma Mère, voudriez-vous m'enseigner vous-même comment il faut prier ? » Il reçut alors de la Vierge Marie cette prière : « Auguste Reine des Cieux et Maîtresse des Anges, vous qui avez reçu de Dieu le pouvoir et la mission d'écraser la tête du Serpent, nous vous en supplions humblement, envoyez les Légions célestes pour que, sous vos ordres, elles poursuivent les démons, les combattent partout, répriment leur audace et les refoulent dans l'abîme. Qui est comme Dieu ? Ô bonne et tendre Mère, vous serez toujours notre amour et notre espérance. Ô divine Mère, envoyez les Saints Anges pour nous défendre et repousser de nous le cruel ennemi ! Saints Anges et Archanges, défendez-nous, gardez-nous ! ».

65. « Celui qui prie n'a pas peur de l'avenir, dit-elle à Medjugorje, celui qui jeûne n'a pas peur du Mal », nous dit-elle ! (Message du 25 janvier 2001).

66. Texte inspiré de *Le Triomphe du Cœur*, revue éditée par La Famille de Marie, www.de-vrouwe.info Sept/Oct 2016. Sources : Ildebrando A. Santangelo, *Il ritorno di Gesù*, Adrano/Catania, p. 14 et suivantes.

Que nous soyons entrés dans ce temps, quelque deux mille quatre cents ans plus tard, nous est confirmé par le grand pape marial Léon XIII (1810-1903). Le 13 octobre 1884, trente-trois ans exactement avant le miracle du soleil à Fatima, il reçoit en effet une vision prophétique – alors qu'il est par nature très mesuré et circonspect – dont il fait part à son confesseur. Ce dernier en fait un « legs spirituel » qu'il transmet à son tour au cardinal Pietro Boetto qui le publia après la Seconde Guerre mondiale.

Le pape Léon XIII eut cette vision après avoir célébré la messe. Il voit subitement se dérouler un événement dont il semble être le seul témoin. Son visage trahit la frayeur et l'étonnement et en devient livide, à la suite de quoi il se dirige directement vers son bureau où, d'un seul trait, il écrit deux prières : « Oh mon Dieu ! Vous qui êtes notre secours ! » et « Saint Michel Archange, Prince de la Milice céleste ». Que voit le Pape ?

Il voit la terre s'ouvrir comme une grenade. De la fente d'une profondeur abyssale montent des myriades de démons qui envahissent toute sa surface en répandant partout des mensonges et provoquant des insurrections, des guerres et des révolutions. Une brume d'une immense ampleur s'étend sur la terre. Il y a tellement de morts que la terre semble être immergée dans le sang. Il voit à ce moment-là comme une bande de démons qui se jettent sur l'Église représentée sous le signe de la basilique Saint-Pierre. L'Église en est tellement ébranlée qu'elle semble s'effondrer. C'est le moment où le Saint-Père s'écrie dans la vision : « Mais n'y a-t-il donc aucun moyen de sauver l'Église ? » Il voit alors descendre du Ciel l'archange saint Michel qui engage un combat contre les démons et les vainc. Les démons rentrent peu à peu dans la fente abyssale de la terre qui se referme aussitôt. Le sang est absorbé par la terre ; la brume disparaît et un jour radieux se lève. Une voix se fait alors entendre : « Tout cela commencera sous le pontificat d'un des prochains papes – et la Russie en sera la cause. »

On ne peut douter que Léon XIII ait vraiment vécu cela. Le cardinal Nasalli Rocca, archevêque de Bologne, affirme dans sa lettre du Carême 1946 :

« Léon XIII écrivit lui-même cette prière. Les paroles "Repoussez en enfer Satan et les autres esprits mauvais qui errent dans le monde pour la perte des âmes" ont une explication historique. Léon XIII a eu réellement la vision des esprits infernaux groupés au-dessus de la Ville éternelle de Rome. C'est en voyant cela qu'il écrivit cette supplique qu'il voulut faire prier par toute l'Église. Le pape Léon XIII lui-même la priait d'une voix tremblante et forte. Nous l'avons entendu bien des fois dans la basilique vaticane de Saint-Pierre. »

En 1886, on envoya un écrit dans tous les diocèses du monde dans lequel le pape Léon XIII demandait de dire cette prière à genoux après chaque messe. Lors de la réforme liturgique de 1969/1970, on n'a cependant plus tenu compte de cette puissante prière.

Le pape Jean-Paul II, lui aussi, croyait à l'authenticité de cette vision. Déjà, lorsqu'il était cardinal, il était convaincu de « se trouver devant la plus grande confrontation jamais vécue de toute l'histoire de l'humanité ». Quelques décennies plus tard, il ajoute : « Laissons-nous fortifier par la prière pour affronter le combat spirituel... Le livre de l'Apocalypse se réfère à ce combat quand il nous présente la figure de saint Michel (Ap 12, 7). C'est à cette scène que pensait sûrement le pape Léon XIII en introduisant dans toute l'Église à la fin du siècle dernier une prière particulière à saint Michel :

> « Saint Michel Archange, défendez-nous dans le combat : soyez notre secours contre la malice et les embûches du démon. Que Dieu lui fasse sentir son empire, nous vous en supplions ! Et vous, Prince de la milice céleste, précipitez en enfer, par la force divine, Satan et les autres esprits mauvais qui errent dans le monde pour perdre les âmes. Amen. »
>
> « Bien que cette prière ne soit plus récitée à la fin de la célébration eucharistique, j'invite tout le monde à ne pas l'oublier et à la prier pour obtenir l'aide dans le combat contre les puissances des ténèbres et la sécularisation. » (Jean-Paul II, le 24 avril 1994, place Saint-Pierre)

Revenir à Jérusalem !

Nous savons que la Vierge compte beaucoup sur les petits groupes de prière créés un peu partout dans le monde. « Les groupes de prière sont forts et à travers eux, je peux voir, petits enfants, que l'Esprit Saint agit dans le monde. » (24 juin 2004) Si l'Église doit plonger dans une grande épreuve à l'instar de son Maître, comme cela a déjà commencé dans plusieurs pays, il est vrai que plus nous serons petits, plus nous serons invisibles à l'ennemi. Déjà le jeune Ratzinger avait parlé d'une Église pauvre, dépouillée de ses biens et de ses prérogatives, persécutée, mais fervente[67]. Cette Église aura perdu son « pouvoir » au profit d'une grande autorité spirituelle. Jésus n'avait pas où reposer la tête, il n'avait pas de puissance terrestre ni aucun bien matériel, mais quelle autorité dans son enseignement et son témoignage !

Autrement dit, l'Église est invitée à *revenir à Jérusalem*. Non pas sur le site de la Ville sainte, mais sur ses traces, la trace des premiers chrétiens qui n'avaient certes pas pignon sur rue, mais qui vivaient tellement dans la mouvance du Saint-Esprit à la suite du Christ qu'ils ont inondé le monde de leur lumière. De ces « petits îlots de ferveur », comme les voyait Marthe Robin, ressurgira une Église purifiée, renouvelée, humble et forte comme son Maître, fidèle à l'Esprit Saint, son fondateur. Grâce à sa prière fervente et à l'amour fraternel vécu, elle s'adaptera à la détresse présente et tout homme de bonne volonté reconnaîtra en elle le vrai message de paix, de consolation et d'amour. Dès aujourd'hui, en relisant les Actes des Apôtres, nous pouvons percevoir la beauté d'une telle Église et en préparer les commencements dans notre cœur.

Étude de la Torah à Jérusalem © Feu et Lumière

67. Voir chapitre 45 « La prophétie oubliée de Ratzinger » dans : Sr Emmanuel Maillard, *La paix aura le dernier mot*, EDB, 2014.

44

DES ÉTOLES TREMPÉES DE LARMES

© *Photo Bernard Gallagher*

Début août 1984, la Vierge révèle aux voyants la date exacte de sa naissance. L'Église célèbre la Nativité de Marie le 8 septembre, mais c'est une date liturgique et non historique. D'après les voyants, la Vierge Marie est née le 5 août et cette année-là, en 1984, elle devait célébrer son 2000e anniversaire, bien sûr sans une ride !

La veille de ce jour, le groupe de prière s'était réuni et Jelena Vasilj, responsable de ce groupe, fit une expérience inhabituelle. Depuis deux ans, cette jeune fille du village avait reçu le don, non pas de voir la Vierge dans une apparition comme les six voyants, mais de la voir ainsi que Jésus dans son cœur et de recevoir des locutions intérieures qui corroboraient et enrichissaient les messages reçus par les voyants. Ces messages étaient destinés à la croissance du groupe de prière que Marie avait formé sous la houlette de Jelena et qui comportait une majorité d'adolescents.

Nous sommes donc le 4 août 1984, dans la petite salle de prière toute sobre du jardin de la famille Vasilj. Les jeunes sont assis par terre et prient le rosaire de tout leur cœur. Jelena commence à réciter le *Notre Père*, mais, soudain, elle voit Satan qui l'empêche à tout prix de prier. Elle n'a que quatorze ans et doit déjà affronter l'ennemi du genre humain. C'est en vain qu'elle essaie de prononcer les paroles du *Notre Père*. Satan se roule par terre, il est visiblement très mécontent. Il dit à Jelena : « Demande à la Sainte Vierge de ne pas bénir le monde demain. »

Mais Jelena est bien formée à l'école de Marie et elle ignore cette parole. Puis c'est la Vierge qui se manifeste à elle et celle-ci lui offre son plus beau sourire. « Il sait pourquoi il demande cela, dit-elle, car le Très-Haut m'a permis de donner au monde demain ma bénédiction solennelle. Satan sait que ce jour-là, il sera lié et ne pourra pas agir. » Jelena achève en paix son *Notre Père* et se réjouit dans l'attente de ce jour très particulier. On peut supposer que, pour célébrer l'anniversaire de sa Mère, Jésus ait suspendu pour un temps l'impact de l'ennemi sur les âmes et leur ait permis d'aller vers lui librement et sans entrave.

Le lendemain, la grâce coulait tellement à flots que tous ceux qui se trouvaient à Medjugorje ont expérimenté le Ciel sur la terre. Les soixante-dix prêtres présents ont confessé toute la journée car les gens se sentaient poussés de l'intérieur à faire la paix avec Dieu dans le sacrement de réconciliation. L'onction du Saint-Esprit était si forte que tous pleuraient leurs péchés devant les prêtres. Les prêtres quant à eux témoignaient que leurs étoles étaient baignées de larmes et qu'ils mêlaient leurs propres larmes à celles de leurs pénitents. Des personnes qui étaient venues en touristes au bord de l'Adriatique se sont senti poussées irrésistiblement à venir à Medjugorje et se sont mêlées aux files des pénitents pour pouvoir elles aussi pleurer leurs péchés et recevoir de Dieu la paix du pardon. Ce jour-là, combien d'âmes retrouvèrent l'état de grâce ! Cette moisson fut spectaculaire.

Comment ne pas lier la promesse que Satan serait ligoté avec les fruits étonnants de cette bénédiction ? Comment ne pas remarquer que le jour où Satan était lié et incapable d'agir, les flots de la miséricorde divine se déversèrent sur tous les habitants de Medjugorje proches et lointains ? Comment s'étonner que notre ennemi déteste la miséricorde qui nous fait tomber dans les bras de Dieu et non dans ses griffes ? Comment s'étonner que tous les blocages qui nous empêchent d'accueillir la miséricorde aient sauté au moment où Satan était lié ?

N'est-ce pas lui en effet, par ses discours insidieux dans notre conscience, qui nous fait croire que le péché est bien normal, bien humain, et que nous n'avons nul besoin de l'abandonner. Et encore moins de le jeter dans la fournaise ardente du Cœur de Jésus par le sacrement de la confession.

N'attendons pas que la Vierge ait 3 000 ans pour étreindre la miséricorde !

Église de Medjugorje en 1984, photo d'archives

45

L'ILLUMINATION DES CONSCIENCES

Depuis longtemps, voyant la dégradation de notre société où, comme dit la Vierge (et pas seulement elle !), « tout s'écroule », j'ai souvent interrogé le Seigneur sur sa vision de notre avenir, en lui précisant très simplement : « Je ne vois pas du tout comment tu vas t'en sortir ! » et je guettais des pistes de réponse de sa part. Sans avoir de visions ou de locutions, il me suffit d'ouvrir les yeux pour constater que nous assistons aujourd'hui à un phénomène spirituel tout à fait remarquable qui touche de plus en plus de personnes, indépendamment de leur culture ou de leur religion. Je salue ce phénomène avec bonheur car il m'apparaît comme un immense cadeau du Ciel.

Nous pouvons désigner ce phénomène comme un « avertissement » ou une « illumination des consciences », peu importe l'étiquette que nous lui attribuons.

Lorsque je suis allée trouver la vénérable Marthe Robin, je lui ai raconté ma conversion ainsi que la floraison des dons et charismes au sein des groupes du Renouveau dans l'Esprit Saint à Paris, où j'avais vécu cette conversion[68]. Je croyais lui exposer du merveilleux, du fantastique, du jamais vu… elle m'a répondu sur le ton le plus naturel du monde : « Cela n'est rien à côté de ce que le Seigneur prépare ! »

---

68. Voir Chap. 4 du livre *L'Enfant caché de Medjugorje*, EDB, où l'auteur raconte sa conversion.

Lorsque **Marthe** parlait de l'avenir, elle évoquait l'arrivée d'une « Nouvelle Pentecôte d'Amour ». Elle avait une foi inébranlable en cette promesse que lui avait faite le Christ. Cette Pentecôte sera-t-elle le fait d'une poignée d'hommes réunis dans un Cénacle, comme lors de la première Pentecôte à Jérusalem ? Cela est peu probable. Nous avons tout lieu de croire qu'elle sera différente, totalement inédite et d'une ampleur considérable. Marthe souffrait profondément de voir se développer l'apostasie, elle alla même jusqu'à dire, au sujet de l'Église en France : « Il n'y aura plus rien, si ce n'est de petits îlots de ferveur. » Ces petits îlots, humbles et pauvres, souvent cachés aux yeux de l'ennemi, sont les pierres d'attente de cette Nouvelle Pentecôte d'Amour.

Les milliers de groupes de prière suscités par Medjugorje dans le monde entier font certainement partie de ces *petits îlots de ferveur*.

Saint Louis-Marie Grignion de Montfort a prophétisé sur les « Apôtres des Derniers Temps » et il en fait une description précise, à rendre jaloux les apôtres des premiers temps ! Ils évangéliseront avec l'autorité du Christ et dans la Puissance du Saint-Esprit[69].

À **La Salette**, en 1846, Marie s'exprime ainsi :

> « Enfin, j'appelle les Apôtres des derniers temps, les fidèles disciples de Jésus-Christ qui ont vécu dans un mépris du monde et d'eux-mêmes, dans la pauvreté et dans l'humilité, dans le mépris et le silence, dans l'oraison et dans la mortification, dans la chasteté et dans l'union avec Dieu, dans la souffrance et inconnus du monde. Il est temps qu'ils sortent et viennent éclairer la terre. Allez et montrez-vous comme mes enfants chéris ; je suis avec vous, en vous, pourvu que votre foi soit la lumière qui vous éclaire dans ces jours de malheurs. Que votre zèle vous rende comme des affamés pour la gloire et l'honneur de Jésus-Christ. Combattez, enfants de lumière, vous, le petit nombre qui y voyez ; car voici le temps des temps, la fin des fins. »

Figliola, une grande mystique française du XXe siècle, a reçu du Christ des révélations sur l'Église et en particulier sur la France[70]. Elle parle aussi de « l'Église de la Lumière » que Jésus prépare dans

69. Voir dans *Le Secret de Marie* les pages sur les Apôtres des derniers temps.
70. Figliola (1888-1976). Voir *Chemins de Lumière* et *Qui est Figliola ?* éd. Téqui, 1999. Le pape Benoît XVI évoquait souvent avec tristesse « la lente apostasie de l'Occident ».

le secret et d'une « Nouvelle Pentecôte » à la suite d'une grande apostasie. Elle a vu d'avance quelques personnes choisies par Dieu qui seront des chevilles ouvrières de cette *Église de la Lumière*. Elle a même invité certaines d'entre elles à venir la trouver, ce qui nous laisse à penser que cette Nouvelle Pentecôte est proche et concerne notre génération.

Pour ma part, je constate que cette réalité de l'illumination des consciences a commencé, de manière encore ténue, mais réelle et indéniable.

Symptômes communs à ces expériences

L'illumination des consciences est toujours inattendue et surprenante. Même si elle vivait dans le péché, la personne se voit soudain dans la lumière de Dieu, comme Jésus lui-même la voit. Elle expérimente la réalité de son âme avec une acuité inconnue auparavant. Elle ressent comme jamais l'immense amour de Dieu pour elle. Cet amour, qui n'est que douceur et miséricorde, la bouleverse. Cette révélation dépasse tout ce qu'elle pouvait en imaginer et elle ne trouve pas de mot pour la décrire.

En un flash, elle voit aussi le film de sa vie passée dans ses moindres détails et, par amour de Dieu, elle souffre terriblement du mal qu'elle a commis contre Dieu, contre les autres et contre elle-même. Elle s'humilie et pleure abondamment sur ses péchés avec une vraie contrition, parfois pendant plusieurs jours (don des larmes ou componction). Elle conçoit une horreur farouche du péché et un vif désir de le confesser au plus vite.

À partir de cette expérience, la personne change radicalement de vie et la remet en ordre sans compromis, laissant la première place à Dieu et à son amour. Elle a soif de sa Parole et des sacrements. L'opinion des autres, qui parfois la critiquent, n'a plus aucune prise sur elle, elle est déterminée. Elle éprouve un grand désir de Dieu et aspire à le rejoindre, si bien que la nostalgie du Ciel lui devient une brûlure douloureuse. Elle prie beaucoup et avec le cœur, ayant goûté combien le Seigneur est bon. Assoiffée du salut des âmes, elle désire les évangéliser et fait fi de tout respect humain.

Quelques exemples…

Parmi les vivants, j'ai rencontré :

Notre ami **Patrick Latta**, Canadien, vit à Medjugorje depuis 1993. Lui-même déclare : « J'avais un pied en enfer et je ne le savais pas ! » Dans son business de « car dealer », l'argent coulait à flots. Il vendait plus de 50 voitures par semaine. L'argent était au centre de sa vie et Dieu le grand absent. Il multipliait les adultères. En un mot, il vivait comme un athée bien que baptisé catholique dans son enfance. Un jour, il s'apprêtait à jeter à la poubelle un tas de papiers et l'un d'eux tomba entre ses mains. C'était un message de Marie à Medjugorje envoyé par son beau-frère croate et abandonné sur le réfrigérateur, et il lut : « Je suis venue appeler le monde à la conversion pour la dernière fois… » Puis : « Je suis venue vous dire que Dieu existe. » Patrick est foudroyé sur place. Il se met à sangloter sans pouvoir s'arrêter. Cela va durer des jours. Il me dira : « En un instant, j'ai su que Dieu existe, que la Bible est vraie, que Marie est réelle, que Dieu est amour… » Sa vie change du tout au tout, comme nous l'avons évoqué plus haut. Trente ans plus tard, Patrick n'est jamais revenu en arrière, il témoigne avec puissance de l'amour de Dieu et de Marie ! Combien de cœurs n'a-t-il pas touchés[71] !

Notre ami **Samuel Jintonic**. J'ai rencontré Samuel en 2015 et je connais bien sa famille. Ce jeune père de famille catholique menait à Kota Kinabalu, en Malaisie, une vie de péché. Au fond, il avait bon cœur, mais il s'était lié à un mauvais groupe d'amis et était très belliqueux. En 2014, atteint du cancer des testicules suivi de métastases aux poumons et au foie, il ressentait une grande confusion en lui-même et toute paix l'avait quitté. Des sentiments contradictoires se bousculaient en lui et l'angoisse montait de jour en jour. Il décida de participer, chez ses parents, à la prière du matin, mais il leur dit : « Je n'arrive pas à trouver la paix ! Je dois pardonner à ceux qui m'ont fait du mal, je fais leur liste dans ma tête, mais c'est dur, je n'arrive pas à leur pardonner, je leur en veux encore. » Dans son désespoir, il adressa cette prière au Christ : « Pourquoi je n'arrive pas à trouver la paix ? Qu'est-ce qui me bloque ? Libère-moi, Seigneur ! »

---

71. Le témoignage complet de Patrick se trouve au chapitre de la page 73 dans : Sr Emmanuel MAILLARD, *Medjugorje, le triomphe du Cœur*, EDB, 1996.

Plus tard, Samuel dut passer une IRM à l'hôpital. Lorsqu'il se trouva dans cette redoutable machine, étroite et fermée comme un tombeau, et qu'il n'en menait pas large, il eut soudain un flash devant les yeux et revit toute sa vie de péché durant sa jeunesse. Cela lui était extrêmement douloureux. Tout se déroulait devant lui comme dans un *vidéo-clip*, selon son expression. Il se voyait lui-même regardant ce *vidéo-clip*. Il en était profondément honteux et brisé. Il se voyait comme une épave et la souffrance qu'il en éprouvait lui était insupportable. Il reçut alors la grâce de se repentir très sincèrement de tous ces horribles péchés et demanda pardon à Dieu. Il fit la plus belle confession de sa vie et comprit alors qu'il devait lui-même pardonner, d'un pardon qui se situait sur deux niveaux : il devait se pardonner à lui-même et il devait pardonner à ceux qui l'avaient blessé. (Entre autres, il avait été victime d'un faux témoignage de la part d'un jeune à la suite d'un vol, ce qui lui avait valu injustement plusieurs jours de prison.) Il eut la grâce de pardonner enfin de tout son cœur.

Puis tout à coup, toujours enfermé dans la machine, il vit Jésus sur la croix, ensanglanté, la chair en lambeaux, souffrant atrocement. Samuel en fut tout bouleversé. Il se mit à sangloter. Puis la machine disparut à ses yeux et fut remplacé par un beau ciel bleu. C'est alors qu'il entendit la voix de Jésus qui lui disait du haut de la croix : « Ta foi t'a sauvé ! » Un fleuve de paix divine coula en lui, une paix indescriptible qu'il n'avait encore jamais connue. De ce jour-là, Samuel se vit profondément transformé. Ses amis ne le reconnaissaient pas, ils venaient à lui pour recevoir des embruns de cette paix qu'il irradiait ! Son cancer continuait à se répandre dans son corps, mais pas une seule plainte ne sortait de sa bouche.

Peu après, comme l'hôpital ne pouvait plus rien pour lui, Samuel retourna chez lui et là, il rassembla toute sa famille pour partager avec eux son expérience. Tous pleuraient à la fois de douleur et de joie, de douleur de voir qu'il allait mourir, et de joie en voyant le travail incroyable que Dieu avait réalisé en lui ; ils avaient tellement prié pour lui ces dernières années ! Samuel repartit vers le Seigneur le 7 mars 2016, peu après ce témoignage auprès des siens. Il avait vingt-neuf ans. Deux jours après sa mort, sa tante le vit dans un songe. Elle avait alors de graves problèmes financiers. Elle vit Samuel venir à elle et lui dire avec un immense amour : « Dans la vie, il faut faire son maximum. On n'est rien sans Dieu. Si tu dois aimer, aime ! La vie est si courte ! Ne te fais pas de souci pour l'argent, aime ! Donne le meilleur de toi-même ! »

Nous pourrions faire une longue liste de personnes ayant vécu une illumination de la conscience. Par exemple ce Colombien, **Marino Respetro**, un malfaiteur notoire, dont le témoignage se trouve sur internet.

J'ai connu aussi plusieurs juifs, pratiquant ou non, devenus *juifs messianiques* après avoir rencontré le Christ au sein d'une expérience vivante avec lui. Ils n'ont jamais hésité à proclamer sa Seigneurie, même en Israël où ils sont rejetés par leurs concitoyens la plupart du temps. Il faudrait un livre pour tout raconter !

Parmi ceux qui ont fait une expérience de mort imminente, puis en ont témoigné :

Gloria Polo (voir chapitre 5) : je l'ai rencontrée plusieurs fois. Si l'on considère la peste de première classe qu'elle était avant d'être foudroyée, il est impossible, en la voyant vivre aujourd'hui, de comprendre qu'il s'agit de la même personne. Elle est métamorphosée ! Après l'avoir entendue, la plupart des gens courent vers le confessionnal pour y faire la confession de leur vie !

Le père James Manjakhal, originaire de l'Inde et mondialement connu pour ses prédictions de feu et son don de guérison. En Afrique, au cours d'une mission, il a été empoisonné par un sorcier jaloux de son succès auprès des populations. Il n'en est pas mort, mais est resté durant un an dans un profond coma. Sortant de ce coma, il a raconté ce qu'il avait vécu : une visite circonstanciée du Ciel, du Purgatoire et de l'enfer. Il a aussi reçu des lumières et des connaissances extraordinaires sur les réalités d'En-Haut. Il en témoigne dans son livre *J'ai vu l'éternité*[72].

Pouvons-nous dire que **le Bon Larron** a bénéficié lui aussi d'une illumination de sa conscience, au moment où le ciel est devenu sombre et que tous les assistants réunis au Golgotha commençaient étrangement à se frapper la poitrine ? Au moment où il a regardé

72. Disponible en français et en anglais (version originale) chez Verbum Dei. Commandes à Vollererhof-Str.309 - 5412 Puch bei Hallein, Autriche. Tél. (+43) 664 86 54 607 - child-jesus@yahoo.com

Jésus avec les yeux de son cœur ? Pour ma part, je le crois, même si nous ne le saurons vraiment qu'au Ciel…

Le père Steven, dont l'histoire se trouve au chapitre 30.

Pourquoi certains et pas d'autres ?

Cela reste un mystère et le secret de Dieu. Lorsque les voyants de Medjugorje ont demandé à la Vierge : « Pourquoi nous ? », celle-ci leur a répondu : « Telle est la volonté de Dieu ! » Cependant, je constate que cette grâce insigne se multiplie devant nos yeux. La Vierge ne lui donne pas d'appellation particulière. À ma connaissance, dans ses messages à Medjugorje, elle n'a pas parlé de « l'illumination des consciences ». Mais elle la fait vivre à certains pèlerins !

Pour nous qui avons la chance – ou plutôt la grâce – de connaître Jésus et sa Mère, il est urgent que nous nous préparions à vivre cette Nouvelle Pentecôte d'Amour. Elle peut tomber sur le monde au moment où nous nous y attendons le moins ! J'imagine que des foules considérables viendront demander de l'aide, comme à la première Pentecôte lorsque des milliers de personnes demandèrent aux apôtres : *« Que devons-nous faire ? »* (Ac 2, 37.)

Ceux qui se trouveront en état de grâce seront profondément heureux de rencontrer leur Sauveur bien-aimé et de se livrer à lui. Ils seront confirmés dans leur foi. Pour les autres, ce sera l'occasion de faire le choix entre Dieu et les ténèbres. Ce sera pour eux l'épreuve de vérité. Beaucoup se repentiront et se convertiront. Ils auront besoin d'être écoutés, soutenus, consolés, apaisés, fortifiés, encouragés et évangélisés. D'autres s'enferreront dans le rejet de Dieu, car nous avons tous reçu la liberté.

Nous sommes alors appelés à beaucoup prier, adorer, écouter Dieu dans le silence intérieur, pour recevoir sa paix et les grâces nécessaires pour traverser positivement cette « épreuve de Miséricorde ». Se laisser instruire et former, notamment par Marie. Sainte Faustine rapporte :

> « Le soir quand je priais, la Vierge Marie me dit : "Ta vie doit être semblable à la mienne : douce, cachée, union incessante à Dieu, intercéder pour l'humanité et préparer le monde à la seconde venue de Dieu." » (PJ § 624)

Par Marie, en Marie, avec Marie !

La Vierge a été pour les apôtres l'image de l'Église en prière, dans le petit Cénacle de Jérusalem, dans l'attente du Saint-Esprit promis par Jésus, le Paraclet que le Père enverrait. C'est elle qui a animé la toute première neuvaine de l'histoire, entre l'Ascension et la Pentecôte. Tel un nouveau précurseur, c'est elle encore qui prépare aujourd'hui le monde à cette Nouvelle Pentecôte, appelant tous ses enfants à revenir vers Dieu, à retrouver l'état de grâce et à mettre Dieu à la première place dans leur vie. Ses interventions maternelles se multiplient aujourd'hui de façon évidente ! Lourdes, Fatima, Medjugorje… C'est tout l'Évangile redonné avec ses mots de Mère, c'est l'invitation pressante d'une maman qui voit que le temps se fait court et qu'il n'y a plus une minute à perdre.

Ce mouvement de l'illumination des consciences ou avertissement nous introduira peu à peu dans la *Civilisation de l'amour* dont parlait Jean-Paul II, dans la Nouvelle Évangélisation, la Pentecôte d'Amour, le Printemps de l'Église, le triomphe du Cœur immaculé de Marie !

46

SCANDALEUSE MISÉRICORDE !

Comme vous l'avez compris, la miséricorde de Dieu n'a rien à voir avec la justice des hommes ni même avec la simple morale. Un dernier fait divers permettra de l'illustrer. Un fait totalement inédit car il est sorti en direct de mon imagination. Imagination ? Oui et non, car un événement similaire aurait très bien pu se produire. Et qui sait si quelques lecteurs ne pourraient pas s'identifier à ce personnage ?

Revenons ensemble deux mille ans en arrière, un certain vendredi au cours duquel a basculé l'histoire de l'humanité et qui est devenu le point culminant de la miséricorde.

Avigaël hâte le pas dans la Jérusalem populeuse des jours de fête. C'est le Moyen Orient, avec ses sons, ses couleurs et ses senteurs ! Dans ces petites ruelles étroites, hommes et bêtes se fraient un chemin parmi les enfants qui s'interpellent en criant. Ils sont à mille lieues de savoir ce qui va se passer aujourd'hui.

En cette Pâque de l'an 33 de notre ère[73], l'atmosphère est chargée de graves questions : va-t-il venir à la fête ? Le cœur d'Avigaël est pris entre l'amour et la haine. Elle aime ce Jésus de Nazareth, ce « Ieshoua » qu'elle admire comme un grand prophète. N'a-t-il pas guéri son cousin Aaron de sa paralysie et rendu la vue à sa petite sœur ? Depuis plus d'un an, elle le suit autant que possible pour capter chaque mot sorti de sa bouche. Elle le connaît bien car elle aussi vient de Galilée. De plus, on dit que c'est le Fils de Dieu et

73. Cette date est remise en cause par les exégètes et historiens actuels, qui situent la naissance de Jésus plusieurs années avant notre ère.

Avigaël en est intimement persuadée. Personne ne peut réaliser les œuvres qu'il fait si Dieu n'est pas avec lui. Personne ne peut parler comme il parle, mêlant la douceur à la puissance, l'humilité à l'autorité. Splendide ! Et quel regard quand il croise le vôtre ! C'est le Ciel lui-même qui coule en vous et qui vous transporte. Les scribes et les Pharisiens peuvent dire ce qu'ils veulent, un tel regard ne trompe pas.

Ces derniers temps, Avigaël a remarqué Myriam, la mère du prophète Ieschoua, pourtant si discrète. Elles se sont liées d'amitié durant les longues marches à la suite de Jésus au bord du lac de Tibériade. Elle a réalisé l'immense bonté qui se dégage de cette maman si simple et au demeurant si belle, si pure, qui trouve toujours le moyen de donner la parole qui réconforte, le sourire qui redonne espoir. Oui, la mère du prophète est une femme de cœur à laquelle Avigaël aime se confier.

Mais voilà, il y a quelques jours, non loin du petit hameau de Cana en Galilée, la fille d'Avigaël a été violée et sauvagement assassinée à l'âge de seize ans par un voleur de grands chemins, et son cœur de mère est ravagé de douleur. Elle a bien des fils merveilleux, mais Rachel était sa fille unique. Après les funérailles, elle s'est dépêchée d'arriver à Jérusalem pour la Fête. Elle a appris que ce criminel a été arrêté, puis condamné à mort, il va être crucifié aujourd'hui vendredi avec un autre de la même espèce que lui. Avigaël se dit : « Tant mieux, c'est ce qu'il mérite ! », elle ne veut pas rater un tel spectacle et elle se dirige au pas de course vers le Golgotha où l'assassin de sa fille va agoniser durant de longues heures avant de mourir en croix. « C'est bien fait ! » se répète-t-elle avec une satisfaction qui toutefois ne calme ni sa douleur ni son angoisse.

Il est environ midi et les trompettes du Temple retentissent avec force car c'est l'heure où l'agneau pascal va être immolé. Aux abords du Golgotha, Avigaël remarque une chose insolite, elle voit une femme très noble d'une quarantaine d'années, elle pense la reconnaître… Mais oui, c'est Myriam, la mère du prophète. Que fait-elle ici, à côté des soldats romains ? Elle semble si affligée… À ses côtés, un jeune homme la soutient, il est aussi triste qu'elle. « Mon Dieu, se dit-elle, ils n'ont quand même pas condamné à mort mon Jésus ? Non, ce n'est pas possible ! »

Mais si ! S'approchant du Golgotha, elle le reconnaît, crucifié entre les deux brigands, c'est bien lui, Jésus !

Avigaël est effondrée, il représentait tout pour elle, et quelle espérance pour la Nation ! Comment ont-ils pu condamner un tel innocent, ils ont perdu la tête ! Elle s'approche encore un peu et tout à coup, son sang se glace dans ses veines. Abasourdie, elle murmure d'une voix blanche : « Le voilà, l'assassin de ma fille ! Le fameux Dismas ! L'horrible criminel ! » Elle s'approche encore et se place non loin de la mère de Jésus, par-derrière. Des sentiments contraires s'affrontent en elle, son cœur oscille entre son amour pour Jésus et sa haine envers l'assassin de sa fille. Elle entend la voix de Jésus qui s'écrie : *« Père, pardonne-leur, car ils ne savent pas ce qu'ils font ! »* Mais, toute concentrée sur l'assassin Dismas et sa haine envers lui, elle ne prête pas attention à cette parole.

Ce qui suit sera pour elle de l'ordre de l'insupportable, du scandaleux, de l'impensable. A-t-elle bien entendu ? Dismas a parlé. Dans un murmure, après avoir été touché par le regard de Jésus, ce brigand s'est mis à le défendre devant l'autre larron qui l'insultait. Son souffle était altéré par les douleurs de la crucifixion, mais Avigaël a capté l'essentiel de ses paroles. Elle ne s'y attendait absolument pas : Dismas vient de reconnaître qu'il mérite cette mort terrible, vu le mal qu'il a commis ! Bizarre, il fait amende honorable ! Et la réponse de Jésus la surprend encore bien davantage : *« Aujourd'hui même, tu seras avec moi dans le Paradis ! »*

« QUOI ?? Ce criminel ? Ce sadique ? J'hallucine ? » Elle hurle ! Elle va devenir folle ! Lui, Dismas, au Paradis aujourd'hui même ? Quel scandale ! Comment est-ce possible ? ! C'est le monde à l'envers !

Avigaël reste plantée là, hébétée. Son corps ne répond plus, la voilà soudain inerte, le choc est d'une violence inouïe.

Mais son Jésus a tout prévu. Il savait. De toute éternité, il savait, il voyait, il préparait. Il savait qu'au pied de la croix, une autre mère que la sienne aurait perdu son enfant dans des circonstances atroces. Il s'adresse à Myriam, sa Mère : *« Femme, voici ton fils ! »* lui dit-il, puis à Jean, son disciple : *« Voici ta mère ! »* Par cette parole, c'est aussi à Avigaël qu'il donne sa mère, ainsi qu'à tous les hommes, jusqu'à la fin des temps.

Myriam devient Mère au pied de cette croix, cette triple croix qui réunit dans le même sort un Dieu et deux malfaiteurs. Jésus a tout accompli, il rend maintenant son dernier souffle en poussant un grand cri, un cri que même un homme en bonne santé ne saurait émettre. Satan se frotte les mains, sûr de sa victoire : il vient enfin de mettre à mort son pire ennemi ! Mais il ne sait pas qu'en faisant ainsi, en tuant l'Auteur de la vie, c'est lui qui perd tout, et pour toujours. La mort est vaincue sur son propre terrain. L'Adversaire est terrassé au moment même où il croit avoir remporté la victoire !

Myriam regarde. Pour elle aussi, on vient d'assassiner son Enfant bien-aimé, Jésus, son unique. Elle n'avait que lui. Brisée de chagrin, elle reste debout et regarde en silence. Puis, comme poussée de l'intérieur, débordante de cette onction maternelle et universelle que son Divin Fils vient de lui conférer, elle se retourne. Avigaël se tient là, raide, dévastée, la bouche tordue. Un regard échangé a suffi et – ô miracle – la Mère du Crucifié se dirige vers elle en lui tendant les bras !

« Quelle est celle-ci qui surgit comme l'aurore, belle comme la lune, resplendissante comme le soleil ? (Ct 6, 10.)

Les membres d'Avigaël s'assouplissent à nouveau. Les deux femmes s'étreignent longuement. Silence. Larmes de paix et de douleur mêlées. Pas un mot n'est prononcé. Peu à peu, comme par une eau pure qui coule en elle, Avigaël comprend. Désormais, il n'y aura plus dans son cœur cette haine qui côtoyait l'amour. Une étincelle de miséricorde a jailli au plus profond d'elle-même. Abandonnée sur le Cœur de Marie, elle repose enfin son âme agitée. Seul l'amour demeure. Le cœur de Marie brûle comme une torche ; comment cette flamme pouvait-elle laisser subsister en Avigaël une seule parcelle de haine envers Dismas, le criminel ? La révolte, la frustration, la haine, le désespoir, toutes ces ordures ont fondu comme neige au soleil. Sur le cœur de Marie, Avigaël pardonne l'impardonnable…

Jésus a bien fait toutes choses. À l'heure de son dernier cri, alors que le voile du Temple se déchirait et que les rochers se fendaient, ne lui fallait-il pas donner sa propre Mère à son Avigaël ravagée et lancer vers elle le cordage de la miséricorde ? Et quelle miséricorde ! Scandaleuse miséricorde !

Annexe I

Sainte Faustine excellait à chanter la Miséricorde Divine ! Elle a laissé ces Litanies jaillir de son cœur et nous fait cette promesse : « L'amour divin est la fleur et la miséricorde en est le fruit. Que l'âme qui doute lise ces méditations sur la miséricorde et elle deviendra confiante. » (PJ § 949)

Miséricorde Divine, jaillissant du sein du Père, *j'ai confiance en vous !*

Miséricorde Divine, le plus grand attribut de Dieu, *j'ai confiance en vous !*

Miséricorde Divine, mystère inconcevable, *j'ai confiance en vous !*

Miséricorde Divine, source jaillissante du mystère de la Sainte Trinité,

Miséricorde Divine, insondable à tout esprit humain ou angélique,

Miséricorde Divine, d'où jaillissent la vie et le bonheur,

Miséricorde Divine, au-dessus des cieux,

Miséricorde Divine, source de miracles et de merveilles,

Miséricorde Divine, qui enveloppe le monde entier,

Miséricorde Divine, venue sur la terre en la Personne du Verbe Incarné,

Miséricorde Divine, qui coula de la blessure ouverte du Cœur de Jésus,

Miséricorde Divine, contenue dans le Cœur de Jésus pour les pécheurs,

Miséricorde Divine, insondable dans l'institution de la Sainte Eucharistie,

Miséricorde Divine, en l'institution de la Sainte Église,
Miséricorde Divine, dans le sacrement du Saint Baptême,
Miséricorde Divine, notre justification par Jésus-Christ,
Miséricorde Divine, qui nous accompagne pendant toute la vie,
Miséricorde Divine, qui nous enveloppe particulièrement à l'heure de la mort,
Miséricorde Divine, qui nous gratifie de la vie éternelle,
Miséricorde Divine, présente à chaque instant de la vie,
Miséricorde Divine, qui nous préserve du feu infernal,
Miséricorde Divine, pour la conversion des pécheurs insensibles,
Miséricorde Divine, étonnante aux Anges, inconcevable aux Saints,
Miséricorde Divine, insondable dans tous les mystères divins,
Miséricorde Divine, qui nous relève de toute misère,
Miséricorde Divine, source de notre bonheur et de notre joie,
Miséricorde Divine, nous appelant du néant à l'existence,
Miséricorde Divine, qui englobe toutes les œuvres de Ses mains,
Miséricorde Divine, couronnant tout ce qui existe et existera,
Miséricorde Divine, en laquelle nous sommes tous plongés,
Miséricorde Divine, doux apaisement des cœurs tourmentés,
Miséricorde Divine, seul espoir des âmes désespérées,
Miséricorde Divine, repos des cœurs, paix au milieu des angoisses,
Miséricorde Divine, délice et merveille des âmes saintes,
Miséricorde Divine, qui éveille la confiance contre tout espoir, *j'ai confiance en vous !*

Annexe II

Maria Multi Media propose une sélection des CD et DVD réalisés par l'auteur, qui permettent d'approfondir les thèmes de ce livre.

DVD :

– Les petits conseils spirituels de Sr Emmanuel
– Gloria Polo, « J'ai frôlé l'enfer ! »

CD :

– La belle histoire de Medjugorje racontée aux enfants de 7 à 97 ans
– L'étonnant secret des âmes du purgatoire (CD et livre)
– Guérisons et délivrances par le jeûne (CD et livre)
– « Famille, ne te laisse pas détruire ! »
– Se préparer au mariage et le réussir
– Que faire quand l'épreuve frappe à la porte ?
– Les miracles de Marie sont aussi pour toi !
– Apprendre à aimer jusqu'à l'union des cœurs
– Vaincre l'épreuve à l'école de saint Joseph
– Acquiers la paix intérieure !
– Il a vaincu notre angoisse !
– Une Mère pour guérir du vide

– Quand la mort sépare ceux qui s'aiment
– Quand l'amour traverse la mort
– La prière qui obtient tout
– Consacre ta mort, guéris de la peur
– Enfant Jésus, mon Dieu, mon Enfant !
– Le miracle du rosaire, Mystères joyeux
– Le miracle du rosaire, Mystères lumineux
– Le miracle du rosaire, Mystères douloureux
– Le miracle du rosaire, Mystères glorieux
– Le Rosaire avec Medjugorje
– Mystères de la compassion
– Mystères de la miséricorde
– C'est le temps de la Miséricorde
– La Divine Miséricorde, Chapelet de sainte Faustine
– Jésus à sr Faustine, messages de miséricorde
– Maryam de Bethléem, coffret double CD et livre
– La Confession, coffret double CD

Et aussi :

– 9 jours pour retrouver la joie de prier (Père Jacques Philippe)
– Prier le chapelet avec Mère Teresa
– Prier le chapelet avec Padre Pio
– Prier le chapelet avec Marie qui défait les nœuds
– Prier le chapelet avec le Curé d'Ars
– Prier le chapelet avec Jean-Paul II

– **Maria Multi Media**, Domaine de Burtin, 41600 Nouan-le-Fuzelier, Tél : 02 54 94 15 85 - contact@mariamultimedia.com - www.mariamultimedia.com

– **Association « Les Enfants de Medjugorje »**, 24 rue du Carmel, F-14100 Lisieux, France.

– Site : www.enfantsdemedjugorje.fr

– Email : gospa.fr@gmail.com

– **Pour recevoir la Lettre mensuelle** de sœur Emmanuel :

– En français, gospa.fr@gmail.com

– Anglais et allemand, commentscom@gmail.com

– Italien, info@vocepiu.it

– Espagnol, gisele_riverti@gmail.com

– Flamand, gclaes@scarlet.be

– Croate, djeca.medjugorja@gmail.com

– Portugais, medjugorje.portugal@gmail.com

– Chinois, teresamedj@gmail.com

– Arabe : friendsofmary@live.com

Pour participer au direct du 3 du mois avec sr Emmanuel, cliquez sur le site www.enfantsdemedjugorje.fr

Une vidéo de 40 minutes : « Comment vivre la Messe » : http://www.enfantsdemedjugorje.fr/index.php/prier-videos.html

Vivez un pèlerinage intérieur ! Vous souhaitez venir à Medjugorje et vous ne le pouvez pas ? Sur le site www.iMedj.net, vous pourrez vivre les grâces de onze lieux importants de Medjugorje, guidés par sr Emmanuel. Priez aussi avec elle un chapelet sur la Colline des Apparitions.

Youtube : http://www.youtube.com/channel/UCj0N4Onr3OLP3ATJt0QbAoA

Twitter : @EnfantsdeMedj

Page Facebook : https://www.facebook.com/EnfantsdeMedjugorje/

Table des matières

Achevé d'imprimer le 30 janvier 2017
sur les presses de
La Manufacture - Imprimeur – 52200 Langres
Tél. : (33) 325 845 892

N° imprimeur : 170045 - Dépôt légal : février 2017
Imprimé en France

Composition et mise en pages réalisées par
EDL - 41100 - Vendôme
Janvier 2017